本书为广东省哲学社会科学规划 2022 年度一般项目
"超大城市智慧养老融入困境的社会因素及治理机制研究"
（批准号：GD22CSH06）的阶段性研究成果。

供需协调视角下社区居家养老服务实施效果及优化策略研究

——以 G 市为例

付　舒　著

 吉林大学出版社

·长　春·

图书在版编目（CIP）数据

供需协调视角下社区居家养老服务实施效果及优化策
略研究：以 G 市为例／付舒著. —长春：吉林大学出
版社，2023.11
　ISBN 978-7-5768-2608-1

　Ⅰ.①供… Ⅱ.①付… Ⅲ.①养老-社区服务-研究
-中国 Ⅳ.①D669.6

中国国家版本馆 CIP 数据核字（2023）第 226519 号

书　　名：供需协调视角下社区居家养老服务实施效果及优化策略研究——以 G 市为例
　　　　　GONGXU XIETIAO SHIJIAO XIA SHEQU JUJIA YANGLAO FUWU SHISHI
　　　　　XIAOGUO JI YOUHUA CELüE YANJIU——YI G SHI WEI LI

作　　者：付　舒
策划编辑：黄国彬
责任编辑：张维波
责任校对：崔吉华
装帧设计：姜　文
出版发行：吉林大学出版社
社　　址：长春市人民大街 4059 号
邮政编码：130021
发行电话：0431-89580036/58
网　　址：http：//www.jlup.com.cn
电子邮箱：jldxcbs@ sina.com
印　　刷：天津鑫恒彩印刷有限公司
开　　本：787mm×1092mm　　1/16
印　　张：16.25
字　　数：260 千字
版　　次：2025 年 1 月　　第 1 版
印　　次：2025 年 1 月　　第 1 次
书　　号：ISBN 978-7-5768-2608-1
定　　价：98.00 元

前　言

党的二十大报告提出要"实施积极应对人口老龄化国家战略"。老龄化程度的加深必将伴之养老服务需求的增加，做实做细做优养老服务成为打造老年人高品质生活标杆的一大发力点。在积极应对人口老龄化的进程中，社区居家养老因其既可以兼顾老年人"不离家"的情感需要，又能够通过链接社会养老服务资源缓解老年人外溢的居家养老压力，正逐渐成为化解和转介老龄化问题的主要方式。从政策发展层面看，我国养老服务政策主要经历了政府包揽养老服务供给、政府主导养老服务供给和政府创新养老服务供给三个主要阶段。社区居家养老服务在政策的演进中展开了四维演进路径，即养老服务政策供给主体从政府向社会转向，政策供给内容从基本向复合转向，政策供给方式从家庭到居家转向，政策供给对象从补缺向普惠转向。政策工具的使用呈现出由"强制性政策工具"为主转向"自愿性政策工具"和"混合性政策工具"运用比例增加的趋势。在政策合作网络的变化中，政策行为者合作规模经历了"封闭—半开放—开放"的转变，政策行为者互动紧密度经历了"松散—趋紧—紧密"的变化，政策行为者信息中介能力呈现出"核心—半边缘—边缘"的基本格局。总的来看，在国家养老服务政策的推动下，我国养老服务的政策范围不断扩大，养老服务项目内容日趋丰富，政策工具组合使用愈发多元。

G市作为国家中心城市及人口超过一千万的超大型城市，其人口老龄化的特征主要表现在以下五个方面：一是老年人口总量不断增加，人口老龄化速度较快；二是低龄老年人口占比较高，人口高龄化趋势初现；三是中心城区人口老龄化程度较深，区域分化特征明显；四是女性老年群体数量高于男性，性别失衡现象凸现；五是纯老家庭老人群体数量波动，家庭养老功能逐渐弱化。为积极应对人口老龄化发展趋势，G 市的社会保险供给坚持扩面提待的基本思路，在服务供给主体上积极探索政府与社会合作的创新模式，在养老服务内容上形成了"1+N"社区居家养老服务网络、社区居家养老服务"3+X"创新试点、医养结合长护险试点等先行先试做法。为更好地了解 G 市社区居家养老服务状况，本书结合调查数据，从老年人个人及家庭基本情况、老年人养老服务需求情况、社区居家养老服务供给情况三个层面重点分析老年人的养老服务需求强度、结构与偏好及其与养老服务的供需协调情况。

从需求侧看，G 市老年人的医疗照护需求是养老需求中最为核心、最重要的需求。其中，失能、半失能老年人以及高龄老人更需要医疗资源、生活照料的深度介入；各个收入群体均对医疗保健表达出较高的需求程度，特别是低收入群体老年人表达出较为旺盛的需求；农业户口的老年人医疗保健需求强度明显高于持居民户口的老年人。与此同时，老年人养老服务需求结构呈现逆序发展特征，即随着年龄的升高，养老需求范围逐渐变窄，需求水平逐渐下降。且随着年龄的增长和自理能力的下降，老年人弹性需求减弱，刚性需求凸显，并且呈现出难以逆转和调整的特征。当前，家庭养老仍然是老年人最为接受的养老方式，但居民户口老年人相比于农业户口老年人更易于接受社会化的养老方式，老年人对家庭养老形式的偏好程度随着年龄的升高而提高。总的来讲，G 市老年人养老服务需求的基本变化趋势表现为以下四个方面：一是养老需求呈现多样化发展趋势，但需求结构分化明显；二是养老服务具有一定潜在需求，但有效需求转化能力不足；三是医疗保健服务需求已得到关注，但精神健康需求容易被忽视；四是利己式社会参与需求充分，但利他式社会参与需求匮乏。

从宏观层面看，为满足老年人的社区居家养老服务需求，G 市社区居家养老服务体系以政府为主导，通过持续的财政投入、养老服务设施建设、服务项目设置、相关政策配套等多项措施完成基础性工作，并在服务的可及向度、回应向度、满意向度以及质量向度四个方面获得了自下而上较好的实践效果。但不可否认的是，G 市社区居家养老服务发展至今仍存在一定的供需结构矛盾，这一方面在数量上表现为社区居家养老服务资源较为稀缺，服务内容单一，无法满足日益膨胀的养老需求，特别是高龄老人、独居老人、空巢老人、失智失能老人等特殊群体的需求；另一方面在结构上表现为社区居家养老服务水平参差，运作结构处于低水平、碎片化状态。社区居家养老服务亟待在服务质量、专业人才、软硬件设施方面优化提升。

从微观层面看，G市社区居家养老服务的供给机制主要包括"政社合作""政企合作"以及"自发互助"三种典型模式。其中，"政社合作"模式采取自上而下的以合同为导向的服务提供策略，通过免费、补贴、低费等手段优先保障贫困老年群体的需求，在递送方式上采取以现场中心服务为主、上门服务为辅、适度扩展线上服务的模式，但服务对象范围主要以辖区内老年群体为主；"政企合作"模式采取自下而上以需求为导向的服务提供策略，采取免费、补贴、收费等多种服务定价模式，扩大现场中心服务的辐射范围，不仅包括户籍和非户籍老人，而且可以吸纳非辖区老年长者的参与；"自发互助"模式是建立在信任关系基于情感导向的服务提供模式，以时间货币为度量服务价值的媒介，采取线上搭建供需信息对接平台，提供上门服务的方式，但辐射范围比较有限。

G市社区医养结合服务供给机制主要包括"以医办养""养中有医"以及"医养合作"三种典型模式。其中，"以医办养"模式以社区医院提供社区医养结合服务为代表，体现出其整合医疗资源提供专业医养服务的优势；"养中有医"模式以养老企业提供社区医养结合服务为代表，体现出养老企业专业化、规模化、连锁化高效协同资源的优势；"医养合作"模式以社工机构提供社区医养结合服务为代表，体现出社工服务的专业伦理价值。但老年人就医行为与医养结合模式之间存在一定的矛盾，表现为老年就医"投资"行为缺乏，政策引导功能未能充分发挥；就医"便利"趋向明显，医疗资源向基层倾斜的配套措施不足；高龄失能老人就医"依赖"行为强烈，政策忽视了家庭的支持作用；就医"拖延"行为普遍，政策保障对象和服务水平仍需完善；特别是失能/半失能老年人就医需要实现"医疗"和"养老"的无缝衔接，但现有"医养结合"模式实现自由切换有难度。

结合社区居家养老服务需求和供给两侧的分析，笔者认为，G市社区居家养老服务发展仍面临服务项目供需协调、服务设施供需协调以及服务政策供需协调的三重困境。其中，服务项目供需协调困境表现在养老服务自上而下的设置与老年人实际需求之间存在矛盾；养老服务供给不充分与潜在养老服务需求转化为有效需求之间存在矛盾，兜底型养老服务设置与发展型养老服务诉求之间存在矛盾；服务设施供需协调困境表现在区域间发展不均衡与城乡协调发展之间存在矛盾，设施划分碎片化与养老服务功能统筹发展之间存在矛盾，基层医疗资源不足与医疗需求膨胀之间存在矛盾；服务政策供需协调困境表现在现行政策已进入扩面提待的瓶颈阶段，但老龄群体政策认知能力较为有限，政策补贴手段缺乏需方补贴方式等。从制度性制约因素寻找问题发生的根源，主要表现为政府部门多头管理，政策协同推进难度增加；政府财政投入面临总量和结构的双重压力；政策支持合力发挥不足，社会力量参与能动性不强。

对此，G 市社区居家养老服务体系的优化要明确发展定位由"保基本"向"促发展"转变，建立多层次的社区居家养老服务政策体系。发展原则坚持"以人民为中心"的权利公平观，细化服务对象分层标准，合理划分公共服务和特殊服务。发展目标响应健康老龄化号召，强调打造以健康为核心的社区居家养老服务体系。具体在供给管理方面，建立财政投入动态调整机制并进一步优化财政补贴结构；出台配套政策，支持城乡间养老服务资源配置整合及优化；落实优惠政策，释放"政—企—社"参与活力；建立政策协调联动机制，推动部门间合作。在需求管理方面，精准把握老年人有效需求，合理设置社区居家养老服务项目；把握老年人社会分层趋势，做好社区居家养老服务需求动态管理。在运作机制方面，借助"互联网+"技术发展优势，开发基础数据库系统、服务信息系统、功能操作系统和软件开发系统，提升运作效率。搭建市级养老服务信息平台，适度引入市场机制在服务供给中的积极作用。

目　录

第 1 章　绪　论

1.1　研究的现实背景与重要意义

1.1.1　研究的现实背景

党和政府历来十分关注老龄化问题，党的二十大报告提出："实施积极应对人口老龄化国家战略，发展养老事业和养老产业，优化孤寡老人服务，推动实现全体老年人享有基本养老服务。"我国老年人口基数大、增长速度快、高龄老年人数量多。在民政部发布的《2022 年民政事业发展统计公报》中显示，截至 2022 年底，全国 60 周岁及以上老年人口 28，004 万人，占总人口的 19.8%，其中 65 周岁及以上老年人口 20，978 万人，占总人口的 14.9%。[①] 可以预见，人口老龄化不仅将成为今后较长一段时期内我国的基本国情，而且还会与新兴工业化、城镇化、信息化、现代化进程相伴随，从而形成时空上、地域间复杂的社会问题。

老龄社会问题的复杂化一方面体现在人口老龄化对社会资本积累存在负向影响。劳动力供给数量减少，总和劳动参与率下降以及社会抚养比上升，存在拉低我国潜在经济增长率的经济风险；另一方面，人口老龄化对家庭赡养模式以及社会化养老服务供给将带来巨大压力。计划生育政策的长期执行所积累的"四二一"家庭结构风险在面对跨地区就业流动、抚养子女与赡养老

---

① 中华人民共和国民政部：《2022 年民政事业发展统计公报》https：//www. mca. gov. cn/n156/n2679/c1662004999979995221/attr/30635. palf

人的矛盾中被不断凸显。青年一代的就业流动不仅使家中提供老人照顾的人力资源减少，而且催生出了城市空巢老人和农村留守老人较多的社会现象。在社会福利社会化程度相对不足，养老服务建设相对滞后的背景下，老龄化问题给社会稳定发展带来了诸多挑战。

自 2008 年全国十部委出台《关于全面推进居家养老服务工作的意见》，提出政府和社会力量依托社区为居家老年人提供生活照料、家政服务、康复护理和精神慰藉等方面的服务后，社区居家养老服务模式因其既可以兼顾老年人"不离家"的情感需要，又能够通过链接社会养老服务资源缓解老年人外溢的居家养老需求，正逐渐成为化解和转介老龄化问题的主要方式。对此，国务院在《社会养老服务体系建设规划（2011—2015）》中明确了建立以居家为基础、社区为依托、机构为支撑的社会养老服务体系。此后，为进一步加快解决养老服务领域存在的城乡区域发展不平衡、体制机制不完善、养老服务和产品供给不足等问题，国务院于 2013 年出台《关于加快发展养老服务业的若干意见》支持社区引入社会组织和家政、物业等企业，兴办或运营居家养老服务项目。《"十三五"国家老龄事业发展和养老体系建设规划》中更进一步提出创新服务模式，提升质量效率，为老年人提供精准化、个性化、专业化服务。《"十四五"国家老龄事业发展和养老体系建设规划》提出强化居家社区养老服务能力，建设普惠养老服务网络。可见，支持社区居家养老服务发展的国家相关政策稳步有序推进，系列相关政策在确立社区功能定位、引入多元化供给主体、丰富多样化供给内容、提高服务供给质量方面为社区居家养老服务发展提供了确切的政策指引。

但是随着中国特色社会主义进入新时代，我国社会矛盾已经由"人民日益增长的物质文化需要同落后的社会生产之间的矛盾"转化为"人民日益增长的美好生活需要和不平衡不充分的发展之间的矛盾"，社会主要矛盾的变化对社区居家养老服务体系建设及未来发展提出了新要求。社会主要矛盾发生全局性、历史性的变化一方面表明人民群众的需求端性质已经发生了根本转变，不再是没有需求或唯经济需求至上，而是产生了更加多层多维的需求；另一方面，"落后的社会生产"转向"不平衡不充分的发展"指出了当前发展中供给端正遭遇供给总量有余而供给结构调整滞后，中低端供给过剩而高端供给不足，无效供给过多而有效供给不足等问题的多重挑战。

将社会矛盾变化放置于老年人群体中体察可以发现，老年人的"美好生活需要"不仅包括"日益增长的物质文化需要"，而且还衍生出获得感、幸福感、安全感等更高层次的需要。虽然社会主义市场经济体制的建立创造出巨大的物质财富，极大地丰沛了社会产品的供给，但长期采用追求速度、规模、产值的"粗放"发展模式忽视了养老服务在供给中的质量和效益，以至于无法满足老年人需求端向高质量转型的要求。与此同时，"让一部分人先富起来"的经济效果对社会领域民生福祉的拉动效果有限，社区居家养老服务供给存在能力不足、硬件设施不规范、服务内容单一且服务水平低及服务评估与监管不足[1]、供需失衡、利用率不足[2]等问题，由福利制度造成的群体间发展关系失衡以及"群体差距"还比较明显。换而言之，我国社区居家养老服务发展至今一直存在供需矛盾，这一方面在数量上表现为社区居家养老服务资源较为稀缺，服务内容单一，无法满足日益膨胀的养老需求，特别是高龄老人、独居老人、空巢老人、失智失能老人等特殊群体的需求；另一方面在结构上表现为社区居家养老服务水平参差，运作结构处于低水平、碎片化状态。社区居家养老服务亟待在服务质量、专业人才、软硬件设施方面优化提升。因此，从兜底式的民生福利供给到"以人为本""以人民为中心"的普惠式福利供给，社区居家养老服务亟须从供给侧角度进行调整以适应老年人需求端的变化。

从更广义来讲，人口老龄化对我国工业化、城镇化以及社会结构的变化都将产生持续而深刻的影响，化解人口老龄化压力正成为社会治理中的重要议题之一。中国传统的社会治理结构是单位治理，社会治理成为单位治理中的一部分。党的十八届三中全会在《中共中央关于全面深化改革若干重大问题的决定》中首次提出"社会治理"后，党的十八届五中全会指出"加强和创新社会治理，推进社会治理精细化，构建全民共建共享的社会治理格局"。党的十九大报告更进一步提出"营造共建共治共享"的社会治理格局，社会治理的内涵不断丰富和明晰。随着单位制的解体，"单位人"逐渐成为"社会人"，社区

---

① 王莉莉，杨晓奇，董彭滔. 城市社区养老服务业发展现状分析[J]. 老龄科学研究，2014，2（03）：29-36.

② 王震. 居家社区养老服务供给的政策分析及治理模式重构[J]. 探索，2018，（06）：116-126.

治理成为实现社会治理的重要抓手。随着老龄化速度加快，以家庭为供给主体的养老方式遭遇家庭结构小型化危机，以政府为供给主体的养老服务遭遇社会化不足危机，以市场为供给主体的社会资本遭遇参与能力有限危机。换而言之，传统社会治理结构下，基于自上而下的行政权力分配模式所形成的社区居家养老服务体系正面临供给体制僵硬、资源链接能力不足、精准化供给特征不明显等问题。

新时代社会治理应包括以下五个方面的内容：一是在治理理念上，在保障经济与社会发展成果全民共享的同时，向实现社会公平正义的应然状态迈进；二是在治理主体上，明确政府由社会的直接"管理者"逐步向社会治理的"主导者"转变，鼓励动员社会力量参与社会治理，强调在政府主导、社会力量积极参与下构建一个政府、社会、社区和家庭多元参与的协同治理格局，形成共治的最大合力；三是在治理范式上，强调改变传统"粗放式"管理思维以及"经验型"管理方式，在促进社会发展和提供公共产品的过程中实现绩效目标约束下的精细化管理；四是在治理过程上，注重整体框架顶层设计，将治理环节标准化、治理手段专业化、治理范围全面化、服务内容人性化；五是在治理效果上，相对于传统的社会治理来说更强调高效治理，在保证质量的前提下，意味着相同的时间内完成更多的任务或完成相同的任务花费更短的时间。

在社会治理精细化要求下，社区居家养老服务的精准化供给必须在其目标定位、需求把握、供给主体、供给对象、供给内容和供给方式上持续优化升级。社区居家养老服务供给不仅要基于国际老年社会服务的经验，同时还要考虑到我国基本国情和文化资源；既能够充分发挥政府的统领性，又能发挥群众的主体性以及社会的协同性作用；既以家庭为基础，以社区为依托，以机构为支撑，又能整合辖区内的社会资源；既为老人提供无偿的公益服务、低偿的基本养老服务，又提供以市场定价为原则的个性化养老服务。

鉴于老龄化形势日趋严峻，在社会化养老服务资源有限的情况下，本书以 G 市作为研究对象，结合宏观人口数据与微观需求调查数据，对社区居家养老服务供需协调情况进行分析，并进一步对其实施效果进行评价。在此基础上，提出社区居家养老服务体系建设的优化策略。可以说，社区居家养老服务供需协调的研究是符合新时代社会主要矛盾变化，丰富社会治理形态的重要研究议题。

1.1.2　研究的重要意义

1.1.2.1　理论意义

对 G 市社区居家养老服务实施效果进行宏观评价，扩展了自下而上的社会政策评估理论意涵。政策评估是通过选择科学的评估标准和评估方法，对政策系统及政策过程进行综合的、全方位的考察、判断和总结的功能活动。其目的是优化政策措施，提高政策执行质量，为调整、判断未来政策走势等提供决策参考和依据。西方公共政策评估经历了从实证主义研究范式到后实证主义研究范式的演进路径。实证主义奉行实证主义哲学，在"价值中立"原则指导下，以定量研究为主，采用测量和分析手段发现规律并预测、解释和控制社会现象。其研究的内容包括目标达成、成本效益分析、投入产出分析和绩效测验等。虽然实证主义的政策评估期望以客观的数据反映政策的实现效果，但其"价值中立"的预设忽视了人的价值观、情感、文化等主观因素对经验事实和知识获取的作用，忽视了利益相关者对政策的感受和评判，忽视了政策实施对社会结构、公众认知和公众行为的建构意义。

强调基于事实与价值融合基础上的多元主体参与的后实证主义政策评估将有助于进一步展开政策在多元主体间的对话和协商。多元主体参与的公共政策评估形成了对传统"中心—边缘"治理结构的挑战。虽然公共政策的制定和执行是一种国家行为，但公共政策过程的"去国家中心化"已经成为科学民主制定公共政策的必然路径。目前，对于地方养老服务政策执行效果的评估应用较少，有必要在特定制度结构和制度环境下基于利益、价值等原则对养老服务实施效果做出评价。

1.1.2.2　现实意义

其一，有利于从宏观上判断养老服务资源分配的合理性。从供需平衡角度出发，分别将 G 市社区居家养老服务的供给和需求作为研究对象。由于 G 市人口老龄化速度较快，并呈现高龄化发展的趋势，这必然会催生出社会化养老服务的大量需求。从政府角度来说，亟须通过社区居家养老服务体系建设来满足老年人激增的养老服务需求。本书在问卷调查的基础上，从老年人视角出发，对社区居家养老服务需求类型加以甄别和排序，进行需求层次划分、结构分析以及强度识别，进而形成对老年人需求情况的总体把握。在此基础上，依据一定标准和程序，围绕政策相关者受政策影响的感受进行自下而上评估，把握社区居家养老服务的实施效果的效益、效率、效果和价值。上述分析有助于判断养老服务政策对社会公共资源分配的合理性，包括有形资源、无形资源、实际资源和潜在资源。对现有社区居家养老服务供给和需求的评估不仅可以判明相关政策的价值、效益和效率，也决定了各项政策资源投入的优先顺序和比例，进而形成政府政策调整的现实依据。

其二，有利于从微观上优化社区居家养老服务运行机制。国内学者越来越强调社会养老供给主体的多元性、互补性要求，强调政府部门和非政府部门等众多公共行动主体彼此合作，以实现多元供给主体协同治理格局。特别是在信息化时代，面对社会养老模式发展滞后的现状，"互联网+社区养老""智慧社区养老""医养结合""网络化治理"等养老方式被提出，其特点是能够根据社区居民的不同需求，特别是在高龄老年人数量不断增多的背景下，因地制宜地为老年人提供专业和个性化的社区养老服务。目前，国内实践领域已出现了比较典型的如南京鼓楼模式、大连医养结合模式、武汉百步亭模式等，但是研究总体上大都停留在经验层面，缺乏成熟的理论体系支撑。目前相关研究大多数都侧重于养老服务的内涵、老年人需求、服务内容和供给等单方面的研究，所涉及的体系研究通常只是针对体系的某些局部给出建议，而对于不同类型社区养老服务供给整体的、全过程的运作方式还涉及较少。以供需视角介入对社区居家养老服务运作过程，提出社区养老服务供给模式优化策略，有助于增强社区养老服务供给的社会化程度以及精准性，对优化社区居家养老服务供给具有较强的实践意义。

其三，有利于拓宽供给侧结构性改革实践的具体领域。目前供给侧结构性改革更多地应用于经济领域，着眼于改变供给端对劳动力、资本、技术等资源要素的投入方式、投入结构以确保资源要素的有效配置以及市场机制的高效运行。但实际上，在公共服务领域，特别是养老服务领域同样存在供给侧结构性调整和改革的必要。当前我国养老服务供给普遍存在供给总量不足、供给分布不均、服务质量有待提升等问题。推进养老服务领域供给侧结构性改革将有助于推进政府职能转型，对提升民生福祉，促进社会和谐稳定具有重要的现实意义。

1.2 相关文献研究

1.2.1 国外相关文献研究

（一）社区居家养老服务的内涵及其优势的研究

依托社区的居家养老服务在西方被称为"社区照顾"（community care）。社区照顾的实践始于 20 世纪 50 年代，起源于英国，最初是针对住院式照顾而提出的。英国 1989 年颁布的《社区照顾白皮书》将"社区照顾"定义如下："社区照顾指的是为那些因年龄、精神疾病、大脑不健全等身体或感官方面的残疾而需要住在家里或住在社区内类似家庭环境的人提供的服务和支持。"[①]

基于西方对于社区照顾的讨论，一般将其分为"在社区内照顾"（care in the community）和"由社区照顾"（care by the community），前者指的是在社区的小型服务机构或住所中获得专业人员的照顾，后者则强调充分动员社区内的资源，如专业人士、医疗手段和信息等，在被照顾者的亲人、朋友、邻居等的协助下，提供更全面的照顾（Bayley，1973）[②]。Blumer（1987）也将由专业的工作人员提供照顾的模式称为"正式照顾"（formal care），而将由家人、亲戚、朋友、邻居及志愿者等提供的照顾称为"非正式照顾"（informal care）。[③] 社区照顾政策主要集中于医院长期护理的那些生活能力障碍和精神疾病者的安置，主要表现为政策设计从公共支出安排转向对老年人的居家照顾（Lewis & Glennerster，1996）[④]。

相对于家庭照顾（family care）和机构照顾（institutional care），社区照顾被认为是最贴近老年人生活需求的一种养老方式。其优势如下：一是社区照顾相比机构照顾更具成本优势。Sharfstein 和 Nafziger（1976）研究发现社区照顾对

---

① ［英］迈克尔·希尔. 理解社会政策［M］. 刘升华译. 北京：商务印书馆，2003：354.

② Bayley，M. Mental handicap and community care：A study of mentally handicapped People in Sheffield［M］. Routledge & Kegan Paul，1973：26-27.

③ Blumer Martin. The Social Basic of Community Care［M］. London：Unwin Hyman Ltd，16-17.

④ Lewis，Glennerster. Implementing the new community care［M］. Open University Press，1996：77.

慢性老年病人的照顾成本更低，而照顾效果更好。① Challis 和 Davies(1980)同样认为社区照顾在成本较低的前提下提供了如同等于(或优于)机构的服务。二是社区照顾更利于老年人身心健康。② Abrams(1977)认为社区照顾使老年人在获得资源支持的同时也能居住在熟悉的环境，从而有利于老年人的身心健康。③ Walker(1981)则认为社区照顾可避免老人在机构接受服务时产生的抑郁和孤独。④ 三是社区照顾较家庭照顾更专业。由于被照顾老年人可能需要医疗、护理、心理辅导等专业服务，在这些方面社区照顾具有更多资源优势和技术优势，相比家庭照顾更能提升服务质量(Cantor, 1983)⑤。

(二)社区居家养老服务的供给主体研究

西方的社区照顾模式强调正式资源与非正式资源的结合，而且更注重调动社会的非正式资源。1981 年英国发布的《走向老龄化》白皮书指出："照顾老年人的基本资源是社会中的非正式资源和志愿部门。因此，'在社区照顾'也更多的意味着'由社区照顾'……公共服务的作用，在于维持和发展非正式照顾而非取而代之。"⑥随后于 1989 年发布的《照顾人们》白皮书，则再次强调对照顾人有实际意义的支持应当是服务的主要目标之一。对老人而言，最有价值的社区照顾资源来自其家庭亲属。⑦ Bulmer 在《社区照顾的社会基础》一书中强调政府应当注重家庭照顾作用的发挥，通过强化并支持家庭照顾以实现老年人的居家养老，最终将此类非正式照顾整合进正式照顾系统之中。⑧ 除家庭之外，邻里照顾(社区志愿者)在满足一定条件下，也可发挥积极作用。

---

① Sharfstein SS, Nafziger J C. Community care：Cost and Benefit for a Chronic Patient [J]. Psychiatric services，1976(27)：170-173.

② Challis D, Davies SB. A new approach to Community Care for the Elderly [J]. British Journal of social work，1980，10(1)：1-18.

③ Abrams，P. Community Care：Some Research Problems and Priorities [J]. Policy and Politics，1977(2)：125-131.

④ Walker，A. Community Care and the Elderly in British：Theory and Practice [J]. International Journal of Health Services，1981(4)：541-557.

⑤ Cantor M. H. Strain among Caregivers：A study of Experience in the U. S [J]. The Gerontologist，1983(23)：47-54.

⑥ CMND. 8173(1981)Growing Older，HMSO，London：3.

⑦ CM849. (1989)Care for People：Community care in the next decade and beyond，HMSO，London.

⑧ William C. Cockerham. The Social Basis of Community Care by Martin Bulmer [J]. Contemporary Sociology，1988(17)：686-687.

这些条件包括：对志愿者的招募、组织及监督；由专家去推进；对邻里或志愿者给予补贴或认可；给予非专业照顾者更多的报酬等。①

　　随着福利多元主义影响力的逐渐扩大，西方的社区照顾开始主张由政府、社区、社会组织、志愿团体、市场主体以及家庭、邻里等共同承担照顾老年人的责任。Salvage(1984)指出社区照顾与传统家庭照顾具有明显差异，其意味着邻里、志愿者、志愿团体、正式与非正式的社会支持网络起到照顾和协助的作用，即所谓"照顾混合经济模式"。② Higgins(1986)认为社区照顾的服务应主要由政府、企业、非营利组织、志愿者、非专业护理人员、行业协会等多元主体来共同提供。③ 而社会照顾服务资金的来源也可以多元化，可通过政府、保险基金、行业协会和慈善团体等机构来提供(Susan Tester，2002)。④ Midgley 等(2000)指出，社会组织参与养老服务，顺应了社会发展的需求。既可以吸收政府公共服务资源，又可调动市场资源，且能最大限度调动社会力量，从而弥补政府与市场的失灵问题。⑤ Goldman(1998)探讨了有关西方社区照顾的政策演变，分析了影响政策变化的一些主要因素，如福利多元化的趋势、新右派、政府职能转变等，并详细分析了政府、企业(保险公司等)、非政府组织、非营利性机构、志愿者团体、个人在老年人社区照顾中所发挥的积极作用。⑥

　　(三)社区居家养老服务的供给机制研究

　　西方学者注重社区居家养老服务供给的整体协调及资源整合。Johnson 等人(2003)强调在目标设定、地方当局、多专业领域合作的服务输送等方面的

　　① PSSRU, Community Care, in PSSRU Newsletter, Summer 1983.

　　② Salvage, A. Developments in domiciliary care for the elderly, London, Kings Fund, 1984.

　　③ Higgins J. Comparative Social Policy [J]. The Quarterly Journal of Social Affairs, 1986, 2(3)：221－242.

　　④ [英]苏珊·特斯特. 老年人社区照顾的跨国比较[M]. 周向红，张小明，译. 北京：中国社会出版社，2002：284.

　　⑤ Midgley J, Tracy M B, Livermore M. Handbook of Social Policy [M]. Thousand Oaks, CA：Sage Publications, 2000：15－45.

　　⑥ Goldman H H. Deinstitutionalization and community care：social welfare policy as mental healthpolicy. [J]. Harv Rev Psychiatry, 1998, 6(4)：219－222.

系统整合。① Davey 和 Levin(2005)认为社会工作者与全科医生的合作，或者社区工作者与社区护士之间的合作，可使老年人获得更系统而全面的服务，前提是改善多方的协作关系。② Shannon 等人(2006)考察了远程照顾管理在降低服务成本方面的作用，认为利用合适的途径将老人和社区照顾资源连接起来，既能降低费用，也能明显提高服务利用率。③ Challis 等人(1995)提倡一种"照顾管理模式"，该模式的目标在于加强对照顾的管理，提供更有效率的长期照顾，并将碎片化的照顾服务整合成一个一致性、有条理的服务包，形成对机构照顾的有效替代。④

随着老年人医疗护理问题被逐渐重视，医养结合的服务供给模式也越来越受关注。学者们的研究中心也逐步从居家养老服务体系的建设转向老年人医疗护理服务及资源投入方面(Larsson，2006)⑤。较受关注的如美国具有代表性的医养结合项目——综合护理项目(Program of All-Inclusive Care，PACE)。该项目以全科医生、专科医生、护士、药剂师、康复师、理疗师、营养师、家庭护理助手、社工、司机等在内的多专业综合小组为老人(会员)提供"打包式"的健康服务和生活护理，取得较好成效(Brugha，Ruairi & Varcasovszky)。⑥

(四)相关文献研究简评

西方的社区养老服务内容主要集中于社区照顾，内容相对集中，而我国的社区养老服务内容则涵盖广泛，两者存在较大差异。此外，从服务理念上看，西方社区照顾的理念强调正式资源与非正式资源的结合，而且更注重非

① Johnson P, Wistow G, Schulz R, Hardy B. Interagency and Interprofessional collaboration in community care：The interdependence of structures and values [J]. Journal of Interprofessional Care, 2003, 17 (1)：69-83.

② Davey B, Levin E. Integrating health and social care：Implications for joint working and community care outcomes for older People [J]. Journal of Interprofessional Care, 2005(1)：22-34.

③ Shannon GR, Wilber KH, Allen D. Reductions in Costly Health Care Service Utilization：Findings from the Care Advocate Program [J]. Journal of the American Geriatrics Society. 2006, 54(7)：1102.

④ David Challis, Robin Darton, Lynne Johnson, Malcolm Stone, Karen Trasks. Care Management and Health Care of Older People [M]. University of Kent, 1995：10.

⑤ Larsson, K. Care needs and home help services for older people in Sweden：does improved functioning account for the reduction in public care [J]. Ageing & Society, 2006, 26(3)：413-429.

⑥ Brugha, Ruairi, Zsuzsa Varcasovszky. Stakeholder analysis：A review [J]. Health Policy and Planning , 2000, 15(3)：239-246.

正式资源的调动，即由社区照顾的原则。这与我国当前社区养老服务的理念有所差别，我国更多地强调让老年人可以生活在熟悉的家庭中，由社区组织、非营利组织、单位组织、市场组织等为老年人提供文化娱乐、健康、生活照顾等方面的支持服务，而并不强调家庭、邻里等非正式照顾资源的利用，因此我国的社区养老服务更着重于"在社区照顾"而不是"由社区照顾"。另外，西方国家社区照顾主要作为"去机构化"的结果，注重福利传递过程的成本和效率，在理论和实践中均在照顾管理和服务递送方面积累了较多经验。譬如突出社区照顾的专业化，主张引入专业化的医疗护理机构，加强老年人长期护理服务的制度建设等方面，这些成果对我国社区居家养老服务的理论和实践均具有较大的借鉴意义。但是，西方学者的研究也较缺乏从系统的视角对社区老年人的动态需求做出分析和回应，在如何优化社区养老服务的组织和递送环节方面仍待完善。

1.2.2 国内相关文献研究

1.2.2.1 养老服务需求相关研究述评

(一)养老服务需求类型

我国相关老龄政策将老年人需求类型划分为六大方面，即"六个老有"。包括"老有所养、老有所医、老有所为、老有所学、老有所乐、老有所教"六个方面。其中"老有所养"是核心，包括满足老年人衣食住行等基本需求以及生活照料和精神慰藉等特殊需要；"老有所医"是重点，包括满足老年人看病治病医疗保障的需要；"老有所为"继续发挥老年人所掌握的知识和技能，为社会发展做出持续的贡献；"老有所学"强调活到老学到老，通过学习掌握新知识和新技能丰富晚年生活；"老有所乐"旨在开展符合老年人特点的文体活动，为老年人生活增添乐趣；"老有所教"是对老年人继续进行思想政治教育，坚定政治信念。总体而言，"六个老有"将老年人的养老需求基本分为了物质需求和精神需求两大部分，体现了党和政府对老龄问题的基本认识以及对老年人需求类型的基本划分。在地方层面，上海市提出"六助"为老服务项目，包括"助餐、助浴、助洁、助行、助急、助医"。上海市静安区进一步在"六助"基础上提出"十助"服务，包括"助餐、助浴、助洁、助急、助医、助困、助学、助游、助乐、助聊"。

在学术界，养老服务需求类型细分研究较多。侯志阳(2010)提出政府和社会力量依托社区为居家老年人提供生活照料、家政服务、医疗护理、精神慰藉、信息咨询、文体娱乐、老年教育等方面的服务。① 王俊文、文杨(2014)将养老服务需求划分为"生活护理""家政服务""精神文化"三类。② 部分研究还进一步将养老服务需求类型进行合并归类，如田奇恒等(2012)③、刘媛媛(2014)④将老年人养老服务需求归纳为具有共性的养老服务项目类型，即经济保障需求、健康保障需求、情感保障需求和生活服务及其他保障需求。范世明在参考田北海等(2014)、雷咸胜等(2015)、梁鸿等(2008)、黄俊辉(2012)的研究成果的基础上，将养老服务划分为 5 类 34 个服务项目，5 大类包括生活照料类服务、医疗护理类服务、精神慰藉服务、社会参与服务、权益保障服务。⑤ 与此类似，郭竞成(2012)将农村居家养老服务项目划分为生活照料、精神满足、医疗保健、失能照料和法律维权 5 个方面。⑥

此外，张海川、张利梅(2017)提出了个性化养老服务需求概念。所谓"个性化"需求理念是指在多方位、动态化全面了解老年人基本生活需求信息基础上，分析不同群体老年人的客观条件以及主观条件，为老年人提供充分满足其个体特点和需要的人性化、精细化服务。研究发现，收入状况、养老意愿和居住方式对老年人的个性化养老服务需求影响显著。⑦

(二)养老服务需求层次

在需求层次的评价方法方面，周云、封婷(2015)更进一步研究老年人照

① 侯志阳. 城市老年人对居家养老服务的满意度及其影响因素[J]. 北京科技大学学报(社会科学版)，2010，26(03)：31-37.

② 王俊文，文杨. 我国农村养老服务需求现状及对策研究——基于江西赣州的调查[J]. 江西社会科学，2014，34(09)：181-185.

③ 田奇恒，孟传慧. 城镇空巢老人社区居家养老服务需求探析——以重庆市某新区为例[J]. 南京人口管理干部学院学报，2012，28(01)：30-33+68.

④ 刘媛媛. 中国当代农村老年人养老现状与需求分析——以大连市旅顺口区柏岚子村为例[J]. 人民论坛，2014，(19)：241-243.

⑤ 范世明. 马克思主义社会公平理论指导下的农村养老服务供给实证研究——基于湖南省 528 份调查问卷[J]. 老龄科学研究，2018，6(09)：23-36.

⑥ 郭竞成. 农村居家养老服务的需求强度与需求弹性：基于浙江农村老年人问卷调查的研究[J]. 社会保障研究，2012，(01)：47-57.

⑦ 张海川，张利梅. 个性化养老服务需求的调查分析——以成都市为例[J]. 首都经济贸易大学学报，2017，19(01)：58-65.

料需求的强度，通过引入时间概念来说明老年人照料需求的深度和广度。研究结果表明，年龄的增大将使照料需求强度增强。[①] 郭竞成(2012)设计了农村居家养老服务需求强度的测量标准，认为有 50% 以上的老年人评价不需要的服务项目则不宜大范围普遍推行；有 50% 以上老年人评价有点需要、需要、迫切需要和非常迫切的服务项目在条件允许的情况下应逐步实施；有 40% 以上老年人评价需要、迫切需要以及非常迫切的服务项目应优先提供；有 10% 以上的老年人评价迫切需要和非常迫切的项目应尽快实施；有 5% 以上老年人评价迫切需要则应予以保证。[②] 李兆友和郑吉友(2016)更进一步，他们将需求弹性分层划分为强弹性、中等弹性、弱弹性、无弹性、可弃类五类。[③]

在养老服务需求层次划分中，熊茜等(2016)基于 2014 年"中国老年健康影响因素跟踪调查"数据认为，居家老人对医疗保健类社区服务需求最高，其次是精神慰藉类服务，最后是日常生活照料类服务需求。[④] 李焕等(2016)研究发现老年人最迫切的需求是医疗预防保健服务，其次是日常生活照料服务，再次是文化教育服务及精神慰藉服务需求。[⑤] 侯冰、张乐川(2017)基于魅力质量理论及 Kano 模型，对上海市中老龄独居老人的需求进行调查并划分出必备要素、一维要素和魅力要素三个层次，且老年人需求层次呈现出"从基本服务功能的需求满足向服务功能深化与内容丰富延伸""由外部服务向家庭下沉与回归"的倾向。在对上海市老年人社区居家养老服务需求的调查中，申立(2016)发现助餐、助医、生活照料功能排在前三位，其次是文娱功能和康复功能的配置。[⑥] 在对北京市老年人社区居家养老服务需求的调查中，汪波(2016)将老年人需求分为高度需求区、中度需求区、低度需求区三个阶梯，

① 周云，封婷. 老年人晚年照料需求强度的实证研究[J]. 人口与经济，2015，(01)：1-10.

② 郭竞成. 农村居家养老服务的需求强度与需求弹性——基于浙江农村老年人问卷调查的研究[J]. 社会保障研究，2012，(01)：47-57.

③ 李兆友，郑吉友. 农村社区居家养老服务需求强度的实证分析——基于辽宁省 S 镇农村老年人的问卷调查[J]. 社会保障研究，2016，(05)：18-26.

④ 熊茜，钱勤燕，王华丽. 社区养老服务体系的构建——基于居家老人需求状况的分析[J]. 山东大学学报(哲学社会科学版)，2016，(05)：60-68.

⑤ 李焕，张小曼，吴晓璐，等. 社区老年人居家养老服务需求调查[J]. 中国老年学杂志，2016，36(05)：1171-1173.

⑥ 申立. "积极老龄化"理念下的社区居家养老与弹性应对策略研究——以上海市为例[J]. 上海城市管理，2016，25(05)：34-40.

并呈现出：基本生理需求>精神需求>社会服务需求的序列。①

与城市老年人相比，姚俊（2018）认为农村老年人对医疗服务和家政服务需求比较高，其养老服务需求仍停留在生理和安全需求类比较低的需求层次上。② 李兆友和郑吉友（2016）按照 ERG 需求层次理论将农村社区居家养老服务需求划分为生活照料、医疗保健、精神赡养三个层次。但总体而言，农村老年人养老需求强度相对较低，医疗保健和精神慰藉需求强度略高于生活照料服务。郭竞成（2012）、范世明（2018）将农村养老服务需求程度划分为"可舍弃类""强弹性类""弱弹性类""无弹性类"四个等级，并认为农村老年人对生活照料类、权益保障类和社会参与类服务的需求水平不高，对精神慰藉服务具有一定需求，对医疗护理服务需求较为强烈。③

（三）养老服务需求的影响因素

首先，身体健康因素影响养老服务需求。郑娟等（2019）在对江苏省徐州市的调查分析中发现，健康状况对老年人居家养老服务需求呈显著影响，且老年人对医疗护理服务的需求最大。④ 赵淼（2019）采取随机整群抽样方法对唐山市展开调查发现，听力、视力、行走、慢性病及自理能力是影响老年人居家养老服务需求的因素，慢性病数量越多和自理能力越差的老年人对居家养老服务需求越高。⑤ 李焕等（2016）从人口学特征看，男性、高龄老年人、丧偶、独居老年人以及文化程度高的老年人对居家养老服务需求强烈，健康状况不佳以及自理能力衰退的老年人对居家养老服务需求强烈。⑥

其次，精神健康因素影响养老服务需求。人的精神需求是人众多需求中

① 汪波. 需求—供给视角下北京社区养老研究——基于朝阳区 12 个社区调查［J］. 北京社会科学, 2016,（09）：73-81.

② 姚俊, 张丽. 嵌入性促进、个体性感知与农村居家养老服务需求——基于三省 868 名农村老人的问卷调查［J］. 贵州社会科学, 2018,（08）：135-141.

③ 范世明. 马克思主义社会公平理论指导下的农村养老服务供给实证研究——基于湖南省 528 份调查问卷［J］. 老龄科学研究, 2018, 6（09）：23-36.

④ 郑娟, 许建强, 卓朗, 等. 健康状况对老年人居家养老服务需求影响［J］. 中国公共卫生, 2020, 36（04）：545-548.

⑤ 赵淼, 张小丽, 韩会, 等. 不同健康状况对老年人居家养老需求的影响［J］. 中国老年学杂志, 2019, 39（01）：189-192.

⑥ 李焕, 张小曼, 吴晓璐, 等. 社区老年人居家养老服务需求调查［J］. 中国老年学杂志, 2016, 36（05）：1171-1173.

非常重要的部分，老年人的心理健康同样需要关注，居家养老中的精神慰藉服务可以帮助老年人提供心理咨询、疏导等帮助。胡宏伟等（2015）研究发现，空巢老人、健康状况差、与家庭成员关系不太好的老人以及农村老年人对于精神慰藉有更大的需求，① 而精神心理健康状况又进一步影响居家养老服务需求，心理健康自评越差的老年人对居家养老服务的需求越大。② 低龄老年人身体素质较好，个人自理能力较强，对居家养老服务需求更倾向于精神慰藉方面。

最后，分城乡看，姚俊（2018）认为农村老年人居家养老服务需求普遍不高。③ 李进芳（2015）认为子女数量影响着养老模式的选择，有 2 个及以上子女的老年人更倾向于选择社区居家养老服务模式，这些老年人不希望离子女太远，希望得到子女的生活照顾和精神慰藉。④ 且收入较高的老年人社区居家养老服务意愿较强，并愿意在社区居家养老服务上增加较多的支出。⑤ 王晓峰等（2012）分别研究了对老年人经济需求、医疗健康需求以及休闲娱乐需求的影响因素。其中，居住类型影响老年人经济需求，性别和居住类型影响老年人医疗健康需求，代际关系和受教育程度影响老年人休闲娱乐需求。

1.2.2.2　社区居家养老服务供给相关研究述评

（一）社区居家养老服务供给主体

多元供给是实现公共服务供需平衡的必然选择。⑥ 在多元供给格局中，政府、社会组织、市场机构等均扮演不同角色，承担不同责任，政府、第三部门和私人组织之间应该紧密合作谨防"政府失灵""志愿失灵"以及"市场失灵"。从政府角色看，政府合法性的最大化追求是政府供给养老服务的根本动

---

① 胡宏伟，李玉娇，张亚蓉. 健康状况、社会保障与居家养老精神慰藉需求关系的实证研究[J]. 西华大学学报（哲学社会科学版），2011，30（04）：91-98.

② 胡宏伟，张亚蓉，郭牧琦. 心理健康、城乡差异与老年人的居家养老保障需求研究[J]. 中北大学学报（社会科学版），2012，28（02）：1-9.

③ 姚俊，张丽. 嵌入性促进、个体性感知与农村居家养老服务需求——基于三省 868 名农村老人的问卷调查[J]. 贵州社会科学，2018，（08）：135-141.

④ 李进芳. 社区居家养老服务的需求特征及对策探析[J]. 统计与咨询，2015，（02）：22-23.

⑤ 李进芳. 社区居家养老服务的需求特征及对策探析[J]. 统计与咨询，2015，（02）：22-23.

⑥ 张瑾. 服务型政府与公共服务的多元供给[J]. 天津师范大学学报（社会科学版），2008，（02）：23-27.

力，养老服务供给是老龄化时代政府合法性生长的最大来源。① 政府应该承担治理规则制定者，治理主体利益博弈的"平衡器"以及市场和社会组织力量发展的促进者②，积极履行规划者职能、财政支持职能、监督者职能③，完善制度设计，优化财政支持，强化统筹监管。④ 政府还要特别对农村地区加强倾斜给予政策支持、人力支持和资金支持，并划清财权事权责任，培育农村养老服务市场的发展。⑤

但是，多元供给主体间的合作仍不尽如人意。政府责任的收缩与缺位，使农村养老服务供给处于补缺状态；社会组织自身能力和政策支持不足使其在参与农村养老服务递送过程中面临障碍；加之市场有效需求不足，市场化养老服务惠及面有限。⑥ 事实上，多元供给主体的出现不等于多元供给机制的形成，营利部门在社区居家养老服务的参与中仍具有选择性参与和随机性参与的行为特点，社会组织的参与具有象征性参与的特点。⑦ 与此同时，姜玉贞（2017）提出在社区居家养老服务多元主体共同治理的初期，多元主体间的互动、合作并不成熟，合作网络尚未生成，主体间尚未构建起良性的伙伴关系。⑧ 从市场角度看，市场对社区居家养老服务供给难以发挥对资源配置的决定性作用，市场在提供私人物品和准公共物品之间的界定模糊，存在协调困难。同时由于有效需求有限，市场参与的积极性不高，市场主体的社会责任

---

① 鲁迎春. 政府供给养老服务的动力机制研究[J]. 中共浙江省委党校学报, 2016, 32（01）：109-114.

② 张举国."一核多元"：元治理视阈下农村养老服务供给侧结构性改革[J]. 求实, 2016，（11）：80-88.

③ 姜玉贞. 社区居家养老服务多元供给主体治理困境及其应对[J]. 东岳论丛, 2017, 38（10）：45-53.

④ 易艳阳，周沛. 元治理视阈下养老服务供给中的政府责任研究[J]. 兰州学刊, 2019,（04）：184-193.

⑤ 张世青，王文娟，陈岱云. 农村养老服务供给中的政府责任再探——以山东省为例[J]. 山东社会科学, 2015,（03）：93-98.

⑥ 张举国."一核多元"：元治理视阈下农村养老服务供给侧结构性改革[J]. 求实, 2016，（11）：80-88.

⑦ 丁煜，杨雅真. 福利多元主义视角的社区居家养老问题研究——以 XM 市 XG 街道为例[J]. 公共管理与政策评论, 2015, 4（01）：43-53.

⑧ 姜玉贞. 社区居家养老服务多元供给主体治理困境及其应对[J]. 东岳论丛, 2017, 38（10）：45-53.

意识还有待加强。市场发育不完善，市场化供给成效不明显。从社会组织角度看，社会组织的发展空间有限，自主能力不强，融入社区还有一定困难。社会组织运营资金不足，人力资源匮乏，供给养老服务的质量和水平较低，且社会组织缺乏监管，供给养老服务存在失范行为。[①] 换而言之，虽然养老服务供给主体多元化格局已经显现，但仍缺乏统一的组织协调，供给主体能力不足，从而带来部分供给的重复浪费、部分供给项目存在盲区、供给资源缺乏有效配置等问题。[②]

董红亚(2016)以温州模式为例，在强社会大服务的基本模式下，政府逐渐把职能定位于"保护民营企业产权，提供公共产品和服务，组织参与设施建设，解决外部性问题"。并创新社会组织发展政策，创新民非组织权益保障制度，创新财政扶持政策。[③] 方俊、李子森(2018)以广州 Y 区为案例分析政府购买社区居家养老服务的探索，认为目前广州市政府在购买社区居家养老服务中仍存在制度规范不健全、财政支持力度不足、监督评估机制亟待完善的问题。[④]

(二)社区居家养老服务供给方式

李长远(2015)将政府购买养老服务模式划分为形式性购买、委托性购买和契约化购买三种典型形式。[⑤] 常敏、朱明芬(2013)以沪、苏、浙等长三角地区政府购买居家养老服务为例划分出四种购买服务类型，包括向准社会组织、向社会组织、向市场组织非竞争购买及向各类组织竞争性购买四种运行机制，并从购买方式、政府职能、运行绩效、存在问题四个方面进行比较。[⑥] 张红凤、孙敬华(2015)在对山东省五市的调研中归纳出三种居家养老服务供

---

① 陆洁如. 社会组织参与养老服务供给过程中的障碍因素[J]. 管理工程师，2018，23(05)：68-72.

② 张耀华. 养老方式转变与当前社区资源供给关系研究[J]. 改革与开放，2018，(10)：80-81.

③ 董红亚. 居家养老服务的温州模式：强社会大服务[J]. 西北人口，2016，37(05)：24-30.

④ 方俊，李子森. 政府购买社区居家养老服务的探索——以广州 Y 区为例[J]. 中共中央党校学报，2018，22(03)：67-75.

⑤ 李长远. 我国政府购买居家养老服务模式比较及优化策略[J]. 宁夏社会科学，2015，(03)：87-91.

⑥ 常敏，朱明芬. 政府购买公共服务的机制比较及其优化研究——以长三角城市居家养老服务为例[J]. 上海行政学院学报，2013，14(06)：53-62.

给模式：基层群众自治组织供给模式、"政府—社会组织"合作供给模式和社区居家养老机构供给模式。并从服务供给主体、服务人员、服务内容、经费来源、运行效果五个方面对三种养老服务供给模式进行比较分析。[①] 上述养老服务供给模式的划分体现了政府与社会组织以及企业主体合作积极参与到社区居家养老服务供给的社会实践。

除了较为传统的养老服务供给模式外，"嵌入式"社区养老模式逐渐受到关注。"嵌入式"养老模式通过资源整合、功能发展和管理创新等方式，将家庭养老、机构养老和居家养老三者优点统一起来的一种新型养老模式，它具有小规模、专业化、人性化等特点。[②] 随着养老服务中医疗资源短缺问题越来越突出，医养结合养老服务供给模式受到关注。目前医养结合养老服务供给方式主要有四种，养老机构内设医疗机构、养老机构托管于医疗机构、医疗机构开设养老机构、医疗机构转型为老年康复院。[③] 李长远、张举国（2017）分别以青岛、上海和苏州为代表分析长期护理保险制度撬动型、社区辐射型以及机构、社区和居家三个层面结合型医养结合的实践形态。[④]

总体来看，完全由政府、社会或市场提供都会产生效率低下，养老服务供给质量不高，有效供给不充分的有效供给不足问题。[⑤] 社区居家医养结合养老服务模式发展仍面临管理体制不健全，扶持政策难以落实；健康养老市场发展滞后，医疗机构参与动力不足；社会化、长效化筹资机制尚未建立；专业医护人员不足的人才瓶颈等问题。[⑥]

---

① 张红凤、孙敬华. 居家养老服务供给模式比较分析及优化策略——以山东省为例[J]. 山东财经大学学报, 2015, 27(05)：61-69.

② 王倩. 人口老龄化背景下城市社区"嵌入式"养老模式研究——以合肥市庐阳区为例[J]. 安徽行政学院学报, 2019, (01)：102-108.

③ 邓大松、李玉娇. 医养结合养老模式：制度理性、供需困境与模式创新[J]. 新疆师范大学学报(汉文哲学社会科学版), 2018, 39(01)：107-114+2.

④ 李长远、张举国. 我国医养结合养老服务的典型模式及优化策略[J]. 求实, 2017, (07)：68-79.

⑤ 刘艺、范世明. 公共产品理论指引下构建农村养老服务供给主体支持体系研究——基于不平衡不充分的视角[J]. 湖南社会科学, 2018, (03)：130-137.

⑥ 李长远. 社区居家医养结合养老服务模式的比较优势、掣肘因素及推进策略[J]. 宁夏社会科学, 2018, (06)：161-167.

（三）社区居家养老服务供给体系

以社区为依托的居家养老是一种将居家养老和社区照顾结合的社会养老体系。[①] 社区居家养老服务供给机制的科学运行离不开动力机制、控制机制、整合机制、保障机制以及激励机制的协同配合。[②] 但目前我国居家养老服务正面临着有供给无需求、供给体系低效率、抑制有效需求和有需求无供给等三个方面供需失衡的问题。[③] 社会养老服务体系侧重于局部完善，忽视了系统性重构，注重供应端补给，但未结合养老需求实际造成供给侧失调。[④] 对此需要从供给和需求两个方面入手，一方面刺激和增加老年人及其家庭对居家养老服务需求，另一方面从供给侧改革出发，改革供给的结构要素，提高供给质量和效率，增强供给的针对性和灵活性。包括使供给主体与需求客体理念衔接、制度衔接、经济衔接、信息衔接、功能衔接。[⑤] 申立（2016）在对上海市社区居家养老服务设施供给的考察中发现，上海市先行的社区居家养老服务设施布局主要以行政区划为依据，而非按照老年人分布和服务半径进行配置，因此呈现出中心城区社区居家养老服务设施集中，郊区分布有限的特点。[⑥]

董红亚（2015）认为，当前我国社会养老服务体系的功能划分不科学，过于注重老年人的居住地点和生活方式，尚未体现"供给高质量养老服务"的核心功能，缺乏有效的养老机构分类，服务方式较为简单肤浅。社会养老制度体系尚不健全，有限的社会养老资源没有得到科学配置，绝大多数养老对象未纳入服务范畴，缺乏高质量、足够多的专业社会养老服务人员，监督机制尚不健全，机构养老缺乏系统监管、独立评估、财务不明等。

---

① 钱宁. 中国社区居家养老的政策分析[J]. 学海，2015，（01）：94-100.

② 盖宏伟，刘博. 改进完善我国城市社区养老服务供给运行机制探讨[J]. 理论导刊，2019，（03）：39-44.

③ 林卫斌，苏剑. 供给侧改革的性质及其实现方式[J]. 价格理论与实践，2016，（01）：16-19.

④ 蒋军成，高电玻，张子申. 我国社会养老服务体系供给侧改革：个省案例研究[J]. 湖北社会科学，2018，（04）：48-57.

⑤ 田钰燕，包学雄. 居家养老服务：需求、供给与衔接研究——基于供给侧结构性改革的视角[J]. 辽宁行政学院学报，2018，（05）：52-59.

⑥ 申立. "积极老龄化"理念下的社区居家养老与弹性应对策略——以上海市为例[J]. 上海城市管理，2016，25（05）：34-40.

1.2.2.3 相关文献研究简评

随着我国老龄化程度的不断加深，老龄问题研究自 2012 年起逐渐增多，特别是近年来，研究成果数量呈现井喷之势。在此背景下，社区居家养老作为化解人口老龄化的重要方式也自然受到学术界关注。从现有文献考察情况看，无论是在国内还是国外，理论界还是实务界，社区的养老功能都得到了极大认可。由于社区养老模式能够较好地满足老人就地养老意愿，因此是比较符合我国国情的一种养老模式。既有的文献表明，对老年人需求的基本类型、层次划分以及需求的影响因素已经有了非常详尽的研究，无论是从理论层面还是从各地开展的实证调查来看，均为把握老年人养老需求基本特征及其演进规律提供了充分依据。从社区居家养老服务供给方面看，国内实践领域已出现了比较典型的如南京鼓楼模式、大连医养结合模式、武汉百步亭模式等，社区居家养老服务供给主体、供给方式以及供给内容等问题的研究也已经基本达成共识。

但是现有文献仍存在宏观研究与微观研究相割裂、供给研究和需求研究相断裂的双重困境。一方面，现有研究成果缺乏就某一特定区域社会养老服务供需矛盾形成的机理进行充分阐释。虽然我国老龄化程度不断加深，但是不同地区之间老龄化差异程度较大，各区域间经济社会发展状况不同，能够为老龄人群提供的养老资源亦存在较大差距。因此，在评估社区居家养老服务体系建设时，只有根据经济社会发展状况以及地区人群需求来配置养老服务资源，才能在现有资源约束下产生更大的福利效应。

另一方面，现有研究成果对社会养老服务体系以及社区养老服务运行模式已有较为深入的研究，但缺乏将宏观供给和微观供给相结合的综合研究。从需求层面看，老年人的共性养老需求需要通过宏观的养老服务财政供给、硬件设施供给、软件设施供给以及政策供给方面得以普惠，而个性化的需求则需要进一步在社区居家养老服务运作过程中创新服务供给模式，通过免费、低费、付费等多种形式得以保障。但如何在宏微观层面与养老需求建立起联系，破解当前社区居家养老服务存在的问题，相关研究成果还相对较少。

因此，在养老服务资源还比较有限，未富先老、未备先老特征还比较明显的情况下，如何在资源约束条件下提升养老服务供给效率，提高服务使用满意度，是社区居家养老服务推进过程中需要重点阐释的问题。因此，本书认为根据需求发展程度来配置养老服务资源无疑是提高资源使用效率、扩大福利效应的有效方式。本书的研究策略是在系统性考察老年人需求特征基础上，挖掘养老服务供需矛盾产生的根源及制度性障碍，进而提出优化社区居家养老服务体系的策略。

1.3　相关理论梳理

1.3.1　需求层次理论

美国社会心理学家亚伯拉罕·马斯洛的需求层次理论认为"人的需求是分层次的，自身的各类需求是人行为的动机"。马斯洛需求层次理论进一步将人的需求划分为五个方面，即生理需求、安全需求、社交需求、尊重需求和自我实现需求。其中，满足老年人衣食住行需求属于生理需求，是较低层次的需求。人的精神需求得到满足对于老年人认识自身角色发生转变有着积极的作用。满足社会交往、精神慰藉等需求是满足精神层次上的需求，属于较高层次的需求。一般而言，在低层次的需求得到满足后，人会产生更高层次的需求。[①] 马斯洛的需求层次理论也说明人类的需求具有一定的共性，但可以肯定的是，随着经济社会发展水平的提高，人们的需求层次会逐渐上升且需求类型日益多样化。此外，克雷顿·奥尔德弗提出 ERG 需求层次理论，ERG 需求层次理论即生存（Existence）需求、相互关系（Relatedness）需求和成长发展（Growth）需求。

在我国，中国人民大学刘太刚教授提出需求溢出理论，将个人需求分为"溢出性"需求和"非溢出"需求两个层次。其中，"溢出性"需求是个人或家庭没有办法通过自身资源满足的需求。"非溢出"需求是指个人或家庭能够通过运用其自身资源得到满足的需求。需求溢出理论从需求的角度出发，为探索养老服务体系建设提供了一个需求端的视角。按照刘太刚教授的需求溢出理论，从满足需求的方式来看，对于非溢出需求，最有效率的满足方式是以家庭为主体加以解决，解决的方式包含了家庭生活、购买服务等精神和物质方

---

① A. H. Maslow. A Theory of Human Motivation[J]. Psychological Review, 1943(50).

面。对于溢出性需求，因为家庭自身的资源不足以满足需求，则必须由外界加以扶持才能够得到满足。

1.3.2　供给需求理论

"供给—需求"理论是微观经济学的重要组成理论之一，它通过生产者和消费者的双向动态分析实现市场的供需均衡。除了市场供给满足供需一般均衡外，公共物品供给同样需要"供给—需求"分析。制度变迁的动因之一就在于制度需求与制度供给之间的非均衡状态。如果制度需求大于制度供给，那么在制度供给不能满足有效需求时，制度需求所带来的潜在利润会使制度变迁开始启动。

1.3.3　福利多元主义理论

20 世纪 70 年代，福利国家发展所带来的社会和经济问题不断凸显，世界范围内石油危机所带来的经济滞胀、福利开支压力增大使福利国家遭遇危机。以弗里德里希·奥古斯特·冯·哈耶克和约瑟夫·熊彼特为代表的新右派认为应该将政府的干预降至最低层面，由市场来发挥更大的作用；而以伊恩·高夫和克劳斯·欧菲为代表的新马克思主义学派则认为福利国家是资本主义制度合法化的工具。在左与右的道路选择中，福利多元主义应运而生，降低国家在福利供给中的责任，增加市场以及其他形式的福利供给成为福利国家改革的主调。福利多元主义超越了政府和市场二分的传统思维，将政府和市场之外的第三种力量整合进社会福利体系中，构建出福利多元主义框架。福利多元主义认为，政府要减少其在社会福利供给中的直接供给角色，公共部门、营利部门、非营利组织、家庭和社区等均可以共同参与。政府从福利提供者转向服务的规范者、福利服务的购买者、物品管理与仲裁者，以及促使其他部门从事服务供给的角色。①

---

① 林闽钢，王章佩. 福利多元化视野中的非营利组织研究［J］. 社会科学研究，2001，（06）：103-107.

1.4 研究目标与研究方法

1.4.1 研究目标

第一，把握 G 市老年人对社区居家养老服务需求的总体状况。本书从年龄、自理能力、经济能力、城乡户籍以及不同区域角度挖掘老年人养老服务需求差异，并进一步对老年人需求的层次、结构、强度进行分析，由此做出老年人养老服务需求变化趋势的判断。

第二，宏观上把握 G 市社区居家养老服务供需现状。从宏观层面上讲，社区居家养老服务的公共物品属性和准公共物品属性十分明显，需要以政府为主体推动其发展以满足老年人具有共性的养老服务需求。具体可以从政府的财政投入、软件设施供给、硬件设施供给以及政策供给四个维度剖析社区居家养老服务实施的基本情况，并进行自下而上的政策效果评价，这有助于发现宏观体系运行中存在的制度性困境。

第三，微观上剖析 G 市社区居家养老典型模式、医养结合典型模式及其运作机理，为进一步优化社区居家养老服务供给机制提供政策建议。社区居家养老模式在微观层面嵌入形态丰富，演化路径多样，运作机制各异，不同供给模式有效嵌入制度情景和社会情景以适应政府与社会关系的调整，并满足微观多元化、异质化的养老服务需求。本书通过选取典型的社区居家养老服务案例及医养结合案例，研究其微观运作机制以及其中存在的社会性困境。

1.4.2 研究方法

第一，文献研究法。搜集相关中外文献资料，厘清中外研究脉络与现状，在了解前人研究成果及已经解决问题的基础上，进一步明确研究问题。此外，搜集我国养老政策发展资料，回顾"中央—地方"养老服务相关政策发展历程，梳理政策演进脉络及其变化规律。

第二，问卷调查法。本次调查使用 G 市《老年人生活状况调查》（2017 年）数据，调查对象为 G 市 60 周岁及以上常住老年人口。抽样方法采取多阶段抽样，第一阶段每区抽取 3 个街（镇），第二阶段抽取对应街（镇）中 4 个村（居）委会，第三阶段在每个村（居）中抽取 25 位老年人。为了保证一定的置信度（95%左右），每个区调研的老年人样本量约为 300 位，本次调查共回收 3303

份有效问卷。调查收集的数据使用 SPSS20.0 进行分析。

第三，访谈法。一是利用学术研讨会以及座谈会等与专家学者，G 市人力资源和社会保障局、民政局、老龄工作委员会办公室工作人员及社区工作人员进行交流和探讨。二是访谈社区的主管、分管干部，了解他们对本社区养老服务供给的看法和意见。三是与社区居民代表座谈，了解他们对社区养老服务的需求。四是访谈部分社区养老服务中心工作人员，了解他们对社区养老服务供给情况的评价。在此基础上，结合实地访谈资料，使用归纳法对社会现象进行整体性探究。

第四，比较研究法。为进一步考察微观社区居家养老服务供给机制，笔者参与到服务运作过程中进行观察，对现有典型的社区居家养老模式进行对比分析，比较不同模式的优势和劣势以及存在的问题，试图获得丰富、翔实的一手资料以形成对问卷调查和访谈法的补充，为进一步提出社区居家养老服务模式优化路径夯实基础。

1.5 研究内容与研究框架

1.5.1 研究内容

本书共分为九章，具体内容如下：

第一章是绪论，主要介绍问题提出的背景及选题的现实意义、理论意义，在分析与本书有关的研究成果和相关理论的基础上，提出本书的研究目标、研究思路、研究方法、研究框架。

第二章主要对我国养老服务政策演进及其变化特征进行梳理。将我国养老服务政策演进阶段划分为：政府包揽养老服务供给阶段（1949—1977 年）、政府主导养老服务供给阶段（1978—1999 年）、政府创新养老服务供给阶段（2000 年至今）。通过对政策文本关键词的提取分析发现，我国养老服务政策供给主体逐渐社会化，社会组织、市场、志愿服务的作用在增加；政策供给内容从物质保障到精神保障不断丰富；政策供给方式以居家为基础的社区养老不断受到重视；政策供给对象中高龄老人、残疾老人、独居老人、女性老年人受到政策更多的关注。政策工具的使用呈现出由"强制性政策工具"为主转向"自愿性政策工具"和"混合性政策工具"运用比例增加的趋势。从养老服务政策合作网络角度看，我国养老服务政策网络发展呈现出"封闭—半开放—开放"的演进脉络，且合作紧密度呈现"松散—趋紧—紧密"的演进态势。目前，我国养老服务政策网络行动者形成了"核心—半边缘—边缘"的基本格局。总体而言，养老服务政策范围不断扩大，养老服务项目内容日趋丰富，政策工具组合使用愈发多元，这些变化成为当前我国养老服务政策发展的主要基调。

第三章主要对 G 市的人口老龄化趋势及其养老服务实践进行总结。G 市作为我国超大型城市，其人口老龄化发展趋势不容忽视。目前，G 市人口老龄化呈现出五大发展特点：一是老年人口总量不断增加，人口老龄化速度较快；二是低龄老年人口占比较高，人口高龄化趋势初现；三是中心城区人口老龄化程度较深，区域分化特征明显；四是女性老年群体数量高于男性，性别失衡现象显现；五是纯老家庭老人群体数量增加，家庭养老功能逐渐弱化。在老龄化问题日趋严重的背景下，通过社会化养老服务满足老年人激增的养老服务需求十分重要。目前，G 市养老服务实践在国家相关政策的指引下，一方面出台多项养老服务相关政策规定，进一步完善养老服务政策体系；另一方面从政策覆盖范围、待遇水平、供给方式上结合自身发展经验和社会特点，力求有所突破，并逐渐形成了扩面提待的政策发展思路、政府与社会合作的供给创新模式以及较具特色的养老服务体系。

第四章主要通过 G 市老年人生活状况调查数据，分析 G 市老年人养老服务需求情况。本书以 G 市 3303 份问卷调查数据资料为基础，经调查研究发现：老年人养老需求呈"发展型—生活型—生存型"的历时变化特点，与中青年时期所具有多样化和线性发展的需求特点相比，老年人的需求标准、需求内容呈反向发展趋势，各项养老服务需求方面水平也趋向回落。其中，老年人的刚性养老需求包括医疗照护需求、生活照料需求和紧急救护需求，其需求表现为不因外在因素变化而改变的特点；弹性需求意味着相关服务的减少和降低只会影响到生活质量并不会威胁到基本生存，主要表现为休闲娱乐、文化教育、身体锻炼方面的需求。老年人可以根据自身条件，采取灵活选择和主动调节的策略来满足需求，同时老年人的养老需求呈现出需求内容多样化，但需求结构分化明显；具有潜在需求，但转化为有效需求能力不足；医疗保障服务需求膨胀，精神健康需求日益突出；社区参与需求不足，社会参与能力有限的发展特点。

第五章从宏观角度对 G 市社区居家养老供给体系进行研究。宏观层面从四个维度考察 G 市社区居家养老服务供给情况：一是从养老服务政策补贴、机构补贴以及基本医疗保险补贴三个层面进行资金供给分析；二是从养老服务设施供给、设施有效需求满足程度、区域布局情况进行硬件设施供给分析；三是从养老服务项目供给、服务有效需求满足程度、项目供给认知进行软件供给分析；四是从养老服务政策参与、政策认知情况以及服务信息获取情况进行政策供给分析。宏观层面供需协调评价表现为：第一，在服务可及向度评估方面，G 市地方层面的养老政策参与度不如国家层面的养老政策参与度高，养老服务目标定位仍具有"补缺型"特点；第二，在服务回应向度方面，服务供给不足同日益增长的老年人养老需求间的矛盾将长期存在；第三，在服务满意向度方面，目前的养老服务实施效果较好，老年人对养老服务设施的空间布局满意度和便利性满意度均评价较高；第四，在服务质量向度方面，老年人对养老服务政策落实情况、居家养老服务质量、工作态度、职业技能评价总体向好。总体而言，G 市养老服务政策执行效果综合评价处于较好的状态。

第六章从微观层面对 G 市社区居家养老供给机制进行分析。分别在 G 市选取典型案例作为"政社合作""政企合作""自发互助"社区居家养老模式的分析基础。其中，"政社合作"模式采取自上而下的以合同为导向的服务提供策略，通过免费、补贴、低费等手段优先保障贫困老年群体的需求，在递送方式上采取以现场服务为主、上门服务为辅、适度扩展线上服务的模式，但服务对象范围主要以辖区内老年群体为主；"政企合作"模式采取自下而上以需求为导向的服务提供策略，采取免费、补贴、收费等多种服务定价模式，扩大现场服务的辐射范围，不仅包括户籍和非户籍老人，而且可以吸纳非辖区居民的参与；"自发互助"模式是建立在信任关系基于情感导向的服务提供模式，以时间货币为度量服务价值的媒介，采取线上搭建供需信息对接平台提供上门服务，但辐射范围比较有限。

第七章从微观层面对 G 市社区医养结合服务供给机制进行分析。分别在

G市选取"以医办养""养中有医"以及"医养合作"三种典型模式作为分析的基础。其中,"以医办养"模式以社区医院提供社区医养结合为代表,体现出其整合医疗资源提供专业医养服务的优势;"养中有医"模式以养老企业提供社区医养结合服务为代表,体现出养老企业专业化、规模化、连锁化及高效协同资源的优势;"医养合作"模式以社工机构与社区卫生服务中心合作提供社区医养结合服务为代表,体现出社工服务的专业伦理价值。但老年人就医行为与医养结合政策之间存在一定的矛盾,表现为老年就医"投资"行为缺乏,政策引导功能未能充分发挥;就医"便利"趋向明显,医疗资源向基层倾斜的配套措施不足;高龄失能老人就医"依赖"行为强烈,政策忽视了家庭的支持作用;就医"拖延"行为普遍,政策保障对象和服务水平仍须完善;失能/半失能老年人就医需要实现"医疗"和"养老"的衔接,但现有"医养结合"模式实现自由切换较有仍难度。

第八章 G市社区居家养老服务发展供需协调困境及其制度性根源。在社区居家养老服务需求和供给两个维度分析的基础上,认为G市社区居家养老服务仍面临服务项目供需协调、服务设施供需协调以及服务政策供需协调的三重困境。其中,服务项目供需协调困境表现在养老服务自上而下的设置与老年人实际需求之间存在矛盾,养老服务供给不充分与潜在养老服务需求旺盛之间存在矛盾,兜底型养老服务设置与发展型养老服务诉求之间存在矛盾;服务设施供需协调困境表现在区域间发展不均衡与城乡协调发展之间存在矛盾,设施划分碎片化与养老服务功能统筹发展之间存在矛盾,基层医疗资源不足与医疗需求膨胀之间存在矛盾;服务政策供需协调困境表现在扩面提待进入瓶颈阶段,老龄群体政策认知能力较为匮乏,政策补贴手段缺乏需方补贴等问题。从制度性制约因素寻找问题发生的根源,主要表现为政府部门多头管理,政策协同推进难度增加,政府财政投入面临总量和结构的双重压力,政策支持合力不足,社会力量参与能动性不强。

第九章 G市社区居家养老服务供给发展趋势及优化策略。G市社区居家养老服务体系的优化要明确发展定位由保基本向促发展转变,建立多层次的社区居家养老服务政策体系。发展原则坚持"以人民为中心"的权利公平观,细化服务对象分层标准,合理划分公共服务和特殊服务。发展目标响应健康老龄化号召，强调打造以健康为核心的养老服务体系。实施路径通过构建"合作共治"的社区居家养老模式形成政府、社会、市场的有机联动。具体在政策制定上建立财政投入动态调整机制并进一步优化财政补贴结构；出台配套政策，支持城乡间养老服务资源配置整合及优化；落实优惠政策，释放"政——企——社"参与活力；建立政策协调联动机制，推动部门间合作。在需求管理方面，精准把握老年人有效需求，合理设置社区居家养老服务项目；把握老年人社会分层趋势，做好社区居家养老服务动态管理。在运作机制方面，借助"互联网+"技术发展优势，开发基础数据库系统、服务信息系统、功能操作系统和软件开发系统，提升运作效率。搭建市级养老服务信息平台，适度发挥市场机制在服务供给中的作用。

1.5.2 研究框架

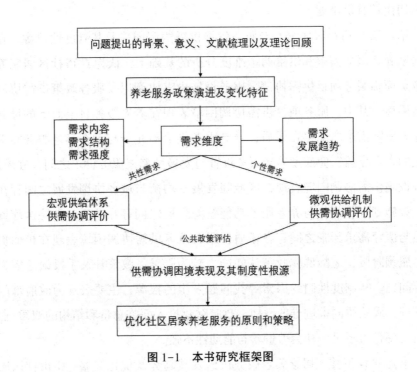

图 1-1　本书研究框架图

1.6 研究创新与研究不足

1.6.1 研究创新

从研究内容上看，本书系统地对 G 市近年来社区居家养老服务发展的政策脉络、体制建设以及机制运作进行全息画像。这对于总结 G 市作为国家中心城市在社会民生领域的改革实践，探索先行先试经验具有重要的实践价值。

从研究的视角上看，供需协调视角为资源约束条件下的养老服务优化提供了一条可行性路径。基于需求精准靶向的养老服务供给体系建设及其运作机制优化将成为未来应对人口老龄化进程中绕不开的一个基础议题。

1.6.2 研究不足

受到研究者个人能力、研究时间及数据材料所限，本书在以下两个方面仍有待强化：

第一，本书主要使用 G 市老年人生活状况调查数据（2017 年），该项目调查数据能够部分地与本书的研究目的相契合，但并没有解释本书全部的研究假设。因此，还需要未来开展实证调查研究进行相关假设检验。另外，宏观数据利用尚显薄弱，计量模型使用仍有待提升。

第二，研究内容上，本书着重从质性角度分析养老服务需求与供给的匹配情况，但是对于如何从量化角度测量不同阶段养老服务需求与供给的匹配度，如何测量养老服务需求与供给之间的缺口还存在较大不足，这也是未来继续开展研究的方向。

第 2 章　我国养老服务政策
演进及变化特征

2.1　我国养老服务政策演进的发展阶段

2.1.1　政府包揽养老服务供给阶段(1949—1977 年)

中华人民共和国成立后，社会呈现出强国家、弱社会的"行政整合"治理模式①。政府以"全能型"体制运作，实现了对经济、政治、社会、思想各个领域的控制，体现出国家对社会包揽式的强势管理能力。这一时期，政府包揽公共服务模式的合理性一方面在"赶超型"国家发展战略实施中被不断强化；另一方面，由于经济和社会自身力量单薄，均难以整合分散的社会个体，唯有通过超强的行政力量形成以政治为核心的全能政府才能形成稳定的社会秩序。政府包揽在具体实践中表现为，农村主要通过"政党下乡"和"政权下乡"等一系列措施，实现对农村社会的高度整合；城市主要依靠单位实现对个人的直接调控，并以此实现对社会的整合。

在政府包揽养老服务供给模式下，形成了以国家保障为主导的养老模式。1951 年《劳动保险条例》《国家机关工作人员退休处理暂行办法》等制度的相继出台标志着国家养老保障模式基本确立起来。国家养老模式适应了总体社会中民众利益诉求同质性较强、利益分化不明显的特点。特别是在城镇，以"单位制"为整合基础的国家养老模式使一切资源由单位统一调配，大多数城市居

---

① 郑雄飞. 身份识别、契约优化与利益共享——我国养老保险的制度变迁与路径探索[J]. 社会学研究，2016，31(01)：98-122+244.

民通过所属单位即可享受包括养老服务在内的福利待遇。所不同的是，在依据不同单位性质划分的国家养老模式中，国家机关、事业单位的经费来源是国家财政直接拨款，保障项目囊括了机关事业单位工作人员生老病死的全部风险，并覆盖所有国家机关事业单位劳动者及其家属。企业职工福利待遇需要按照国有企业和集体企业划分，由职工劳动保险和职工集体福利两个项目组成。企业从其收益中直接提取经费并自行组织实施，当企业收益不足以支撑单位保障时，则由国家财政通过补贴的方式来给予最后保障。通过这两个福利项目的实施，国家养老模式也基本覆盖了城镇所有劳动者及其家属。在政府包揽养老服务阶段，国家养老模式中国家承担了个体的全部养老责任，通过采用自上而下的资源传递方式囊括了摇篮到坟墓的全面保障，这也深刻地反映出国家行政权力在社会领域的全面渗透。

2.1.2　政府主导养老服务供给阶段(1978—1999年)

改革开放以后，原有的单一社会结构发生了巨大分化，新的社会阶层、社会力量乃至思想文化观念不断涌现。在由计划经济向社会主义市场经济转轨的过程中，政府包揽提供模式亟须形成与市场经济相匹配的，依靠私有财产制度、市场竞争机制、要素流动机制以及对外开放制度建立起的"自生自发秩序"。这一阶段法治化契约成为国家的合法性根源，国家与个人的契约支配了私人生活和公共生活。在国家的总体性被不断解构的同时，政府也从"全能政府"向"有限政府"转型，国家在政治、经济与社会关系方面的控制面临着深刻重构和调整的同时，国家包揽的养老模式也同样面临转型。

随着国家行政权力的消退以及市场经济的渗透，"单位人"逐渐成为"社会人"，国家养老模式转型使社会养老保险适应契约整合治理要求变得十分迫切。党的十一届三中全会后，计划经济时代建立的"国家—单位"保障制失去了赖以存在的经济社会环境，在学习西方国家社会保障发展经验教训的基础上，我国对社会保障事业开始进行改革。1991年《关于企业职工养老保险制度改革的决定》标志着养老保险率先打破"国家—单位"包揽式保障模式，取而代之建立起"统账结合"的社会养老保险制度模式。1994年民政部等十部委发布了《中国老龄工作七年发展纲要(1994—2000年)》，提出要多渠道筹措老龄事业发展资金。文化部出台《关于加强老年文化工作的意见》(1999年)，强调了丰富老年人文化生活的重要性。

经过 20 多年的发展，养老服务政策与计划经济时期覆盖面狭窄的制度安排相比，逐渐突破户籍差异、所有制差异、区域差异，通过建立城镇职工基本养老保险制度、城乡居民养老保险制度，城市居民、城市灵活就业者、农村流动人口逐步被纳入到制度安排，用养老服务政策解决老龄问题逐渐放置于社会场域之中。政府主导养老服务阶段明确了保基本、多层次、可持续的基本制度框架，基本实现了"底线普惠"目标。

2.1.3　政府创新养老服务供给阶段（2000 年至今）

2000 年是养老服务发展的元年。2005 年以后《关于支持社会力量兴办社会福利机构的意见》《民政事业发展第十一个五年规划》《关于加快发展养老服务业的若干意见》《关于全面推进居家养老服务工作的意见》等政策文件的相继出台，逐渐凸显了居家养老服务的重要性。《关于印发社会养老服务体系建设规划（2011—2015 年）的通知》（2011 年）指出要建设以居家为基础、社区为依托、机构为支撑的社会养老服务体系。政府在养老服务政策制定上的思路更加清晰，政府的角色不仅限于"有限政府"的"掌舵"职能，还逐渐向提供服务的"服务型"政府转型。新公共服务理论指出，政府应当积极地为公民通过对话清楚地表达共同的价值观念并形成共同的公共利益提供舞台，而不应该仅仅通过促成妥协而简单地回应不同的利益需求①。政府需要促进其与公民社会组织、私人部门在形成公共事务中的相互作用。

在政府创新公共服务上，仅仅依靠养老保险制度实现未兑现的经济承诺是远远不够的，还需要通过制度安排减少长者日常活动障碍，满足长者当下需要即期兑现的生活体验。但长久以来，社区养老服务供给受行政体制所限，其服务提供是基于行政权力自上而下的分配结果。这种以政府为主导的社区养老服务体系存在供给体制僵硬、资源链接能力不足、精准化供给特征不明显等突出问题，与社区养老服务发展中所需的灵活性、可及性、精准性等原则相悖。政府创新养老服务供给需要建成符合我国基本国情和具有文化资源

---

① ［美］珍妮特·V. 登哈特，罗伯特·B. 登哈特. 新公共服务：服务，而不是掌舵［M］. 丁煌译. 北京：中国人民大学出版社，2016：5.

禀赋的方式，既能充分发挥政府的统领性，又能发挥群众的主体性以及社会的协同性作用；既以家庭为基础，以社区为依托，以机构为支撑，又能整合辖区内的社会资源；既为老年人提供无偿的公益服务、低偿的基本养老服务，又能提供以市场定价为原则的创新性养老服务。

2.2　我国养老服务政策供给的四维演进

随着人口老龄化程度的加深，中央各部委的养老服务相关政策密集出台，本章首先对国家层面的养老服务政策进行梳理，基于"十五"到"十三五"的老龄事业发展规划政策文本进行分析（如表2-1所示），探索养老服务政策变迁中养老方式、养老服务供给主体、养老服务供给内容、养老服务对象四个方面的变化。

表 2-1　我国老龄事业发展规划文件一览表（2001—2017 年）

序号	文件	发布时间
1	中国老龄事业发展"十五"计划纲要	2001 年 7 月 22 日
2	中国老龄事业发展"十一五"规划	2006 年 8 月 16 日
3	中国老龄事业发展"十二五"规划	2011 年 9 月 17 日
4	"十三五"国家老龄事业发展和养老体系建设规划	2017 年 3 月 6 日

2.2.1　由政府向社会：我国养老服务政策供给主体变化

一般说来，养老服务供给主体主要包括政府、市场和社会三大部分。其中，市场供给主体主要以营利性养老机构为代表，社会供给主体包括社会组织、志愿者、家庭以及个人。自"十五"老龄事业发展计划纲要发布起，国家层面的养老服务政策主体逐渐强化社区的作用，"以居家为基础、以社区为支撑、以机构为补充"成为我国养老服务事业发展的基本方向，社会福利社会化引导着我国养老服务政策供给主体的变化走向。一方面"社区"一词在规划纲要中成为高频词汇，从"十五"规划出现的 25 次上升到"十三五"规划出现的48 次（如表2-2所示）。另一方面，养老机构、市场、社会组织、志愿者等社会化养老方式在政策文本中出现的频数也不断增加。但与此同时，家庭、政府的角色却在不断弱化。总体而言，养老服务供给主体社会化成为符合国情、顺应社会发展需要的政策发展方向。

表 2-2　国家层面养老服务政策供给主体词频变化统计表

类别	高频词	"十五"	"十一五"	"十二五"	"十三五"	总频次
主体	社区	25	17	28	48	118
	家庭	24	10	10	13	57
	政府	11	20	6	6	43
	养老(服务)机构	1	4	11	29	45
	市场	6	7	8	12	33
	社会组织	0	0	1	12	13
	志愿者	1	1	3	5	10
	个人	4	3	0	3	10

2.2.2　由基本向复合：我国养老服务政策供给内容变化

从养老服务政策供给内容的变化上看，养老服务政策最为关注养老服务设施建设，政策文本中提及的设施建设从"十五"规划的18次上升到"十三五"规划的37次；其次是对老年教育、文化方面的关注度较高，教育和保险的提及次数在"十三五"规划中均达到31次，文化的提及次数在"十三五"规划中达到25次；健康、护理、康复、救助等供给内容在"十三五"提及的次数也有所增加，分别达到26次、25次、18次和12次，这与我国整体老龄化发展趋势加剧、失能半失能老人群体受到更多关注有较大关系(如表2-3所示)。

表 2-3　国家层面养老服务政策供给内容词频变化统计表

类别	高频词	"十五"	"十一五"	"十二五"	"十三五"	总频次
内容	设施	18	24	17	37	96
	教育	24	17	18	31	90
	文化	16	16	13	25	70
	保险	8	10	20	31	69
	健康	18	5	19	26	68
	护理	5	10	15	25	55
	权益	15	13	9	12	49
	救助	3	7	5	12	27
	康复	2	4	6	18	30
	老年用品	0	7	3	12	22

2.2.3　由家庭到居家：我国养老服务政策供给方式变化

目前，较为主流的养老方式包括居家养老、社区养老和机构养老三种模式。从政策文本中对养老服务方式提及次数的变化中，我们可以看出社区以及社区居家养老方式越来越受到重视。从广义上看，社区养老应该是社区与家庭养老功能的结合。《中共中央关于制定国民经济和社会发展第十三个五年规划的建议》中对我国养老方式的基本定位是："建设以居家为基础、社区为依托、机构为补充的多层次养老服务体系。"在此意见指导下，各地具体提出了本地养老服务业发展规划，如上海提出"9073"模式(居家养老占90%、社区养老占7%、机构养老占3%)、北京提出"9064"模式、武汉提出"9055"模式等。由于社区可以转嫁和承载家庭的部分养老功能，"依托社区"的居家养老模式成为化解当前养老困境的主要模式，这可以从养老服务政策中供给方式相关词频统计的变化上得以体现(如表2-4所示)。

表 2-4　国家层面养老服务政策供给方式词频变化统计表

	机构养老	社区养老	居家养老	居家社区养老	医养结合
"十五"	0	0	1	0	0
"十一五"	1	0	3	0	0
"十二五"	1	4	11	0	0
"十三五"	0	14	1	7	6
总频次	2	18	16	7	6

除此之外，随着实践层面养老服务和医疗服务脱节的问题逐渐突出，国家在政策层面也有所回应。2016 年，民政部会同国家卫生和计划生育委员会联合印发《关于印发医养结合重点任务工作方案的通知》《关于做好医养结合服务机构许可工作的通知》，全面落实医养结合工作。医养结合成为政策发展新导向，医养结合养老方式需要引起足够重视。

2.2.4　由补缺到普惠：我国养老服务政策供给对象变化

从养老服务供给对象上看，国家层面的养老服务政策逐渐加大对农村养老事业发展的支持力度，长期以来重城市轻农村的发展策略得到了不同程度的改善。此外，随着老年人预期寿命的延长，高龄老人逐渐成为政策保障重点对象，残疾老人、独居老人、女性老年人等弱势老年群体逐渐成为政策关注的焦点。企业离退休人员则慢慢淡出政策关注的重点（如表 2-5 所示）。

表 2-5　国家层面养老服务政策供给对象词频变化统计表

	"十五"	"十一五"	"十二五"	"十三五"	总频次
农村	10	28	12	19	69
城镇	5	5	10	2	22
高龄老人	2	3	4	7	16
残疾老人	2	1	0	5	8
独居老人	1	0	0	5	6
老年妇女	2	0	0	0	2
企业离退休人员	1	5	2	1	9

2.3　我国养老服务政策的政策工具演进

2.3.1　政策工具的内涵及其分类

关于政策工具的研究是西方当代政策科学及公共管理学研究的重要路径和学科分支，政策工具的使用直观地反映了政府在公共事务安排中的手段与措施，是政府与社会关系调整变化的重要载体。安德森(James E. Anderson)认为政策分析不仅仅要关切政策的主要目的，还要关注政策实施技术。[①] 欧文·休斯(Owen E. Hughes)将政策工具定义为政府的行为方式，或者是通过某些途径影响和调节政府行为的机制。[②] 国内学者更多地将政策工具视为政府治理的手段。张成福等(2001)认为，政策工具即治理工具，是将政府目标转化为具体行动的路径和机制，政策工具是政府治理的核心，缺少了政策工具便无法实现政府的政策目标。[③] 关于养老服务政策工具的选择和应用，学者们考察了政府购买(章晓懿，2012)、民营资本参与(郭林，2014)、信息化技术(席恒，2014)、"互联网+"(于潇等，2016)等养老服务政策工具在我国的运用情况。总的来说，政策工具是政策实现的重要行动方法和手段，通过链接政策目标和政策行动，反映公共政策制定者的政策价值和政策理念，并在很大程度上影响着养老服务中政府与社会关系的演变。

在政策工具的分类划分方面，豪利特(Howlett)和拉梅什(Ramesh)按照政府介入公共物品和服务供给的不同程度将政策工具分为自愿性工具(Ioluntary Instruments)、混合性工具(Mixed Instruments)以及强制性工具(Compulsory Instruments)的分类方法最为典型(见图2-1)。[④] 鉴于不同的政策工具有不同的适用环境和效能，政府必须合理地将私有企业、社会组织、利益集团以及普通公民等社会主体纳入其政策制定和执行的过程，同时结合政策网络中的权变情境和资源依赖程度选择合适的介入层次和方式，只有这样才能充分提高

---

① ［美］詹姆斯·E.安德森.公共决策[M].唐亮，译.北京：华夏出版社，1990：165.

② Owen E. Hughes. Public Management and Administration：An Introduction[M].北京：中国人民大学出版社，2004：81.

③ 张成福，党秀云.公共管理学(修订版)[M].北京：中国人民大学出版社，2007：62.

④ Howlett M, Ramesh M. Studying Public Policy：Policy Cycles and Policy Subsystems[M]. Oxford：Oxford University Press, 1995：163.

政策执行的效率及效果。本书沿用这种分类方法，对养老服务政策中的政策工具进行基本检视，分析养老服务政策工具运用的基本情况。

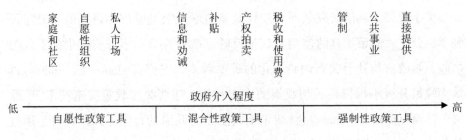

图 2-1　政策工具划分图谱

资料来源：[美]迈克尔.豪利特，M.拉米什.公共政策研究——政策循环与政策子系统[M].庞诗等译，上海：三联书店，2006：144.

按照豪利特的分类方式，结合中国社区居家养老服务政策的内容，将待考察的政策工具分为自愿性政策工具、混合性政策工具以及强制性政策工具。自愿性政策工具的主要特征是很少或基本不受政府影响，在自愿的基础上完成期待任务，主要依托市场、家庭、社区或志愿组织解决问题，而他们的成员即便是完成了为公共目标服务的工作，通常也只是出于私人利益、道德或情感方面的自我满足，而不是由于政府强制。在社区居家养老服务政策中，类似的自愿性政策工具包括依托老年人家庭和生活所在社区提供的照顾和服务，非营利性老年服务组织或志愿组织的自发性老年服务，以及通过市场力量提供的老年人专业服务以及老年用品，等等；强制性政策工具是指政府通过其政治权威，抛开个人、团体或社会组织直接提供老年经济保障、老年服务、设施或产品，或者对老年事业进行强制性规定(包括法治、规则、标准、禁令、特许等)，进行直接约束及监督，又或者通过国营手段或公共事业部门提供老年公共物品和准公共物品，如公共卫生(老年健康保障)、公共安全(老年权益保障)、公共教育(老年服务专业人才培养)等，带有较多的政府参与和主导的性质；混合性政策工具兼有前两者的特征，通常采取政府鼓励和引导的方式，如针对社区居家养老服务的补贴、舆论宣传、税收(征费)、产权拍卖等，这些工具实际上集合了自愿性政策工具和强制性政策工具的好处，在一定程度和领域的政府介入下可以起到较快的政策效果，为老年人社区居家养老服务引入更多的参与动力。

2.3.2 我国社区居家养老服务政策工具的演变特征

本章对社区居家养老服务政策的政策工具分析类目也采用上述分类，即分为"自愿性政策工具""混合性政策工具""强制性政策工具"三大类，具体又分为家庭和社区、私人市场、自愿性组织、补贴、产权拍卖、税收和使用费、信息和劝诫、公共事业、管制、直接提供等十种政策工具。在政策文本的选择上，参照社区居家养老服务的政策建设阶段，选取 1994 年至今国家层面的五份老龄规划文件(见表 2-6)的政策文本内容，这些规划文件也是社区居家养老服务政策制定的最高参考，能在较大程度上代表政府政策工具使用的基本导向。

表 2-6 国家层面的养老规划文件一览表

政策文件名称	发布时间
中国老龄工作七年发展纲要(1994—2000 年)	1994 年 12 月 14 日
中国老龄事业发展"十五"计划纲要(2001—2005 年)	2001 年 7 月 22 日
中国老龄事业发展"十一五"规划纲要(2006—2010 年)	2006 年 8 月 16 日
中国老龄事业发展"十二五"规划	2011 年 9 月 17 日
"十三五"国家老龄事业发展和养老体系建设规划	2017 年 3 月 6 日

在文本编码规则上，通过对政策文本所反映的政策工具单元进行人工编码、分类及汇总，统计政策文本内容中的政策工具单元。具体方法是将政策文本中的相关条目段落或语句中反映关联的具体政策工具进行定义，并分别编码归类，具体归类及筛选规则的示例可参见表 2-7。

表 2-7　政策工具分析编码示例表

政策工具类型	政策文本段落或语句关键词(举例)	政策文本示例
自愿性政策工具	家庭	"大力发展居家社区养老服务。逐步建立支持家庭养老的政策体系,支持成年子女与老年父母共同生活……"——《"十三五"国家老龄事业发展和养老体系建设规划》第四章第一节
	志愿	"积极做好'银龄行动'组织工作,广泛开展老年志愿服务活动……"——《中国老龄事业发展"十二五"规划》第三部分第七条第 4 点
	政府购买	"大力推行政府购买服务,推动专业化居家社区养老机构发展。"——《"十三五"国家老龄事业发展和养老体系建设规划》第四章第一节
	……	……
混合性政策工具	税收优惠	"采取税收优惠、减免费用、信贷支持等措施……"——《中国老龄事业发展"十一五"规划纲要(2006—2010 年)》第五部分第(一)条
	补贴	"有条件的地方可发放高龄老年人生活补贴和家庭经济困难的老年人养老服务补贴。"——《中国老龄事业发展"十二五"规划》第三部分第(一)条第 4 点
	鼓励	"鼓励部门和单位管辖的文化活动场所向老年人开放……"——《中国老龄事业发展"十五"计划纲要(2001—2005 年)》第三部分第(四)点第 2 条
	……	……

政策工具类型	政策文本段落或语句关键词(举例)	政策文本示例
强制性政策工具	法治	"坚持法治和教育相结合的原则。依法保障老年人的合法权益……"——《中国老龄工作七年发展纲要(1994—2000 年)》第一部分第 11 条
	监管	"完善安全、服务、管理、设施等标准,加强养老机构服务质量监管"——《"十三五"国家老龄事业发展和养老体系建设规划》第四章第一节
	直接提供	"建设一批不同类型、不同层次的福利服务设施,……,为居家养老提供支持,为老年人活动提供场所。"——《中国老龄事业发展"十一五"规划纲要(2006—2010 年)》第四部分第(二)点
	……	……

资料来源：作者整理。

1. 养老服务政策工具选择的总体分布情况分析

根据社区居家养老服务政策工具分类以及政策发布阶段构建政策工具二维(时期—政策工具)分析框架,在对政策工具内容分析单元编码的基础上,按照对养老服务政策发布的阶段及其中运用的政策工具属性判断,对每一条从文本筛选出来的编码节点以符号"●"表示政策工具的分布情况,最终形成了养老规划政策工具的二维分析分布图(见图 2-2)。

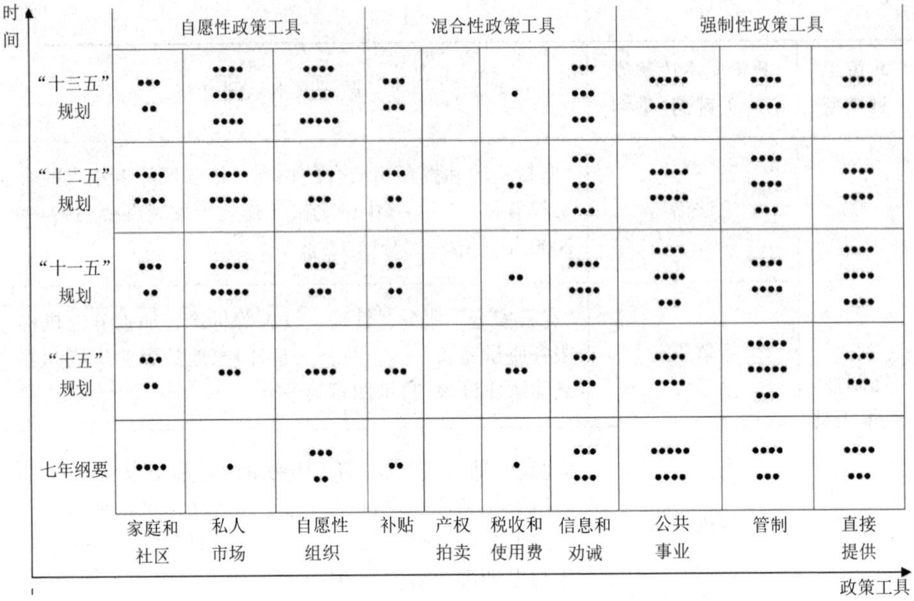

图 2-2 国家层面养老服务政策工具二维分布图

总体上看，5 份养老服务规划兼顾了三种类型政策工具的运用，而且单纯从文本内容编码总体情况看，政策工具的运用呈现由少到多的趋势，基本上顺应了国家治理手段逐渐多元的变化趋势，反映了治理理念的更新与优化，养老保障的政策行动策略在政府主导的大格局下，充分地引入了家庭、市场和其他社会力量的参与，多种政策工具的交叉使用共同实现了养老服务的政策目标。

按照条文中的政策工具编码节点计数统计，得到表 2-8，统计结果显示：5 份规划文件中运用较多的是强制性政策工具（45.2%），其次是自愿性政策工具（32.7%），最少的是混合性政策工具（22.1%）。进一步分析可发现，在强制性政策工具中，公共事业、管制、直接提供三种工具运用大体相当，在所有的政策工具中依次位列前三位，表明这是最主要的一类政策工具；在混合性政策工具中，最受关注的是信息和劝诫这一政策工具，在所有政策工具中仅次于三种强制性政策工具，说明动员、教育、宣传引导等方法在政策实施中仍占有重要地位。但是产权拍卖这一工具未曾涉及，这也为后续出台的养老服务相关政策预留了可填补的空白和空间；自愿性政策工具是经济政策和社会政策的重要补充，这些政策工具的成本相对较低，更容易与个人自由主义的社会文化相适应①，因而也得到了充分重视。在自愿性政策工具中，家庭和社区、私人市场、自愿性组织都是较为重要的手段，也就是说，非政府力量在养老服务领域中得到了较多的重视，养老服务领域中的社会力量越来越不可忽视。

表 2-8　国家层面养老服务政策工具编码节点数分布统计表

	自愿性政策工具(32.7%)			混合性政策工具(22.1%)				强制性政策工具(45.2%)			合计
	家庭和社区	私人市场	自愿性组织	补贴	产权拍卖	税收和使用费	信息和劝诫	公共事业	管制	直接提供	
七年纲要	4	1	5	2	0	1	6	9	7	7	42
"十五"规划	5	3	4	3	0	3	6	8	13	7	52
"十一五"规划	5	10	7	4	0	2	8	11	8	12	67
"十二五"规划	8	10	7	5	0	2	9	10	11	8	70
"十三五"规划	5	12	13	6	0	1	9	10	8	8	72
合计	27	36	36	20	0	9	38	48	47	42	303
占比	8.9%	11.9%	11.9%	6.6%	0%	3.0%	12.5%	15.8%	15.5%	13.9%	100%

资料来源：作者统计整理。

2. 养老服务政策工具选择的演变分析

为了寻找政策工具的演变特征，通过对比每种政策工具在所属政策规划文件中占当份文件所有政策工具的比例发现，从早期规划文件到现阶段的规划文件，政策工具使用的演变有以下几个基本特点："公共事业"和"直接提供"两类强制性工具的运用都呈现减少的趋势，而"私人市场""自愿性组织"

_____

① Howlett M, Ramesh M. Studying Public Policy: Policy Cycles and Policy Subsystems [M]. Oxford: Oxford University Press, 1995: 83.

这两种自愿性政策工具的运用则明显增多，政府一定层面介入的"补贴"工具也有所增加。这些变化说明政府一定程度上减少了直接干预，开始注重运用其他更多手段共同实现社区居家养老服务的政策目标。

但需要注意的是，"管制"手段作为一种政府作用体现得最为典型的政策工具，其运用比例并未一直呈现下降的趋势，反而存在一定的波动性。另外，"家庭和社区"这一类自愿性政策工具总体上比例却呈现一定程度的下降，这也表明虽然国家对于社区居家养老服务的基本定位是"以居家为基础、以社区为依托"，但是从政策工具使用上并不意味着家庭和社区是提供居家养老服务的主要主体。上述两点变化以及政策工具变化的总趋势，间接说明了国家政策对社区居家养老服务供给中"政府""社区""市场"以及"家庭"等责任主体的角色地位做出的安排。

2.4 我国养老服务政策合作网络的三维演进

一般来说，政策行为者会围绕特定政策议题，由政府及其所属部门相互合作联合制定政策方案并达到解决既定政策问题的目的。对于养老服务政策而言，由于其养老服务内容涉及老年人"六有"等诸多方面，因此必然涉及国家财政部门、卫生和计划生育部门、人力资源和社会保障部门、发展和改革委员会等与民政部和全国老龄工作委员会办公室之间的协作，从而共同制定科学合理有效的养老服务政策。为分析不同政府部门在制定养老服务政策方面的沟通协作基本情况及特征，本书筛选了1994—2018年间国务院及其直属机构发布的与养老服务发展密切相关的行政法规、纲要、条例、决定、通知、规划、意见等共101份规范性公文，其中由两部委或两部委以上联合发文的政策文本共62份，占比61.4%。

2.4.1 封闭—半开放—开放：政策行为者合作规模变化

1994—2018年间，我国养老服务政策发文总量呈增多趋势，特别是2013年后养老服务政策发文量显著增加。在2013—2018年间，国务院及直属机构发文量共计80份，其发文总量是2012年之前发文总量的4倍。而且2013年后由两个及两个以上部门联合发文的政策文本数量显著增加，联合发文占比从2013年的40%增加至2016年的84.6%并达到峰值。随后联合发文比例有所下降，2018 年联合发文占比降至 75%，但占比仍然较高（如图 2-3）。政策发文量变化的总体趋势说明，老龄化程度的加速推进使老龄政策议题日趋复杂，这势必带来政策行为主体多元化，决策范围扩大化，决策过程社会化的发展趋势。

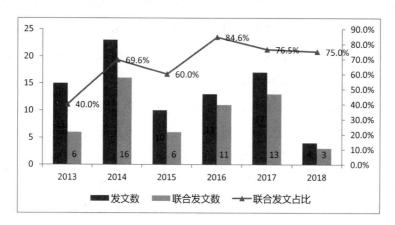

图 2-3　2013—2018 年我国养老服务政策发文数、联合发文数及其占比图

2005 年以前我国养老服务政策网络较为封闭，仅有 9 个部门参与过政策发布，而且各部门连接的网络节点小，不同部门间合作发文数量少。由于这一阶段，老龄化问题刚刚进入政府视野，老龄工作任务定位起点较低，仅仅视作为改革开放服务，并与国民经济发展相协调的配套政策而存在。因此，养老服务政策整体上处于立法规制阶段，1994 年《中国老龄工作七年发展纲要（1994—2000）》、1996 年《中华人民共和国老年人权益保障法》和 2000 年《关于加强老龄工作的决定》的发布，才基本确立起养老服务体系初始发展阶段的行动框架。

2005—2012 年间，我国老龄化程度日益加深，老年人口的增多带来了家庭、经济、社会等诸多领域的矛盾，妥善处理老龄化问题成为社会文明进步的重要标志。随着老龄化政策议题逐渐受到关注，这一时期的政策网络也由封闭走向半开放。这一方面表现为政策行为者数量有所增加，由最初的 9 个扩大到 23 个；另一方面民政部的网络节点增大，全国老龄工作委员会办公室、住房和城乡建设部、财政部和教育部的连接作用增强，部门间节点线条增多，联合发文的部门数量有所增加。政策网络行为者参与范围的扩大与这一时期养老服务政策议题发生转向直接相关，一方面依托社区为居家老年人提供生活照料、家政服务、康复护理和精神慰藉的居家养老服务因其成为破解养老服务难题，提高老年人生活质量的出路而备受重视；另一方面社会福利社会化为社会力量参与养老服务供给提供了空间。养老服务政策鼓励采取公建民营、民办公助、政府购买服务、补助贴息等多种模式，引导和支持社会力量参与居家和社区养老服务。因此，随着政策议题的丰富，多部门合作的半开放式养老服务政策网络逐渐形成。

2013 年以后，社会养老服务体系建设逐渐上升为国家战略，养老服务体系建设不仅是积极应对人口老龄化和提高民生的重要举措，而且成为扩大内需、增加就业、推动经济高质量发展的重要力量。这一时期的政策网络更加开放，不仅核心部门数量大幅增加至 48 个，而且部门间节点线条明显增多且交错密集，这说明参与养老服务的相关部门政策网络覆盖范围持续扩大。在联合发文政策网络中，属民政部、发展和改革委员会、国家卫生和计划生育委员会、财政部的联合发文数量最多，住房和城乡建设部、国土资源部、工业和信息化部、国家标准化管理委员会、人力资源和社会保障部等部门的参与合作为养老服务政策配套土地、资金、信息、服务、人力等创造了条件。愈发开放的养老服务政策网络为保障和改善老年人民生福祉，使老年人共享全面建成小康社会新成果提供了组织保障。

2.4.2 松散—趋紧—紧密：政策行为者互动紧密度变化

布雷塞尔斯(Bressers)和奥图尔(O'Toole)认为政策网络中的行为者在互动中会体现出相互连接性和凝聚性。[①] 因此，政策网络中行为者互动沟通的紧密度是整个政策网络行动能力的一个重要考量指标。本书利用网络密度来测量政策网络的内聚性，以此来反映政策行为者互动的稀疏程度或密集程度。经测量，三个阶段的网络密度系数分别是 0.6444、0.7984 和 0.9863(见表 2-9)，网络密度系数的不断增大说明部门间的联系不断增强，特别是 2013 年后

---

① Hans Th. A. Bressers and Laurence J., Jr., O'Toole, "The Selection of Policy Instruments: A Networks-based Perspective", *Journal of Public Policy*, Vol. 18, 1998: 213.

多个部门之间形成了较为紧密的合作关系。

表 2-9 三个阶段养老服务政策网络合作紧密度情况表

	网络密度	标准差
2005 年以前	0.6444	0.4787
2006—2012 年	0.7984	0.7188
2013 年至今	0.9863	1.9014

分阶段看，养老服务政策出台酝酿阶段（2005 年以前），部门间合作关系不算紧密。这是因为在长达 10 年的时间内，统计所发布的政策文本仅为 8 份，其中联合发文只有 2 份，其中《中国老龄工作七年发展纲要（1994—2000）》联合发布部门最多，达到 8 个。也就是说，这一阶段参与养老服务政策制定的相关部门不仅数量少，而且部门之间合作关系稀松，养老服务政策制定的核心部门并没有凸显出来。总的来看，这一时期政策网络连接较为松散的特点与国家初步建立具有中国特色的老龄工作体系目标定位直接相关，各部门各行其是是这一阶段部门政策发布的主要特点。

在养老服务政策体系初步形成阶段（2006—2012 年），部门间合作密度有所提高，但部门间合作紧密度加强效果并不大。具体从发布的政策文本来看，13 份政策文件中联合发文有 5 份，占比 38.5%。值得注意的是，在为数不多的联合发文中，2006 年全国老龄工作委员会办公室联合发展和改革委员会、教育部、民政部、劳动保障部、财政部、建设部、卫生部、计生委、税务总局 9 部门共同发布《关于加快发展养老服务业的意见》，两年后，全国老龄工作委员会办公室再次联合相关部门发布《关于全面推进居家养老服务工作的意见》，强调各部门协同整合资源，构建社区为老服务网络。这一时期的养老服务因其能够满足老年人特殊需求而受到政策重视，但是养老服务政策联合发文部门却具有一定的固定性，部门间合作的紧密关系更多依靠行政权力维系并具有一定的路径依赖。虽然这种较为固定的合作模式在部门合作初期有利于降低部门间沟通成本并提高合作效率，但长久来看则可能对解决新问题形成阻滞。

在养老服务政策快速发展阶段(2013—2018 年),部门间合作紧密度明显增强,表现为在较短的时间内联合发文数量密集增多,联合发文数达 55 份,占发文总量的 68.75%。其中民政部作为主管部门的核心地位凸显,由民政部门牵头联合发文数量急剧增加且具有引领作用。例如 2013 年民政部和发展和改革委员会共同发布《关于开展养老服务业综合改革试点工作的通知》,鼓励试点地区创新培育养老服务可持续发展经验;2014 年民政部牵头国家标准化管理委员会、商务部、国家质量监督检验检疫总局和全国老龄工作委员会办公室共同发布《关于加强养老服务标准化工作的指导意见》,建立健全养老服务业标准;2014 年民政部牵头国土资源部、财政部、住房和城乡建设部联合发布《关于推进城镇养老服务设施建设工作的通知》,着力解决城镇养老服务设施用地紧张、设施落后等问题;2015 年民政部联合 9 部门发布《关于鼓励民间资本参与养老服务业发展的实施意见》,鼓励民间资本参与居家、社区养老和机构养老,以及养老产业、医养融合发展,并从投融资政策、税费优惠政策等方面激励民间资本规范有序参与。上述由民政部牵头发起的政策促成了多个不同部门间的有效合作,民政部作为重要的节点部门起到了发起议题并与多个部门产生联系的重要作用。

另一方面,与养老服务相关的多个部门提出政策议题的能力不断增强,不同部门间的合作打破了长期以来形成的合作惯性和路径依赖,转向根据政策目标以及资源占有情况进行合作,从而形成了以资源依赖为导向的多元化紧密合作的政策网络。例如针对保障养老服务设施用地供应,规范养老服务设施用地开发利用管理,2014 年住房和城乡建设部牵头 13 部门联合发布《关于加强养老服务设施规划建设工作的通知》;为确保养老服务业人才培养,2014 年教育部牵头联合 9 部门发布《关于加快推进养老服务业人才培养的意见》;为落实政府购买养老服务工作责任,2014 年财政部牵头 4 部门联合发布《关于做好政府购买养老服务工作的通知》;为配套完善养老领域金融服务,2016 年中国人民银行牵头 5 部门联合印发《关于金融支持养老服务业加快发展的指导意见》,加大对养老服务业发展的金融支持力度;为提前布局智慧养老产业发展,2017 年工信部牵头 3 部门联合印发《智慧健康养老产业发展行动计划(2017—2020 年)》,推动健康养老服务智慧化升级。可见,与养老服务提供相关的各部门为解决特定的养老服务问题，从各自的资源优势出发与其他相关部门产生了紧密的合作关系。

2.4.3　核心—半边缘—边缘：政策行为者信息中介能力变化

在政策网络中，资源和信息是联结行为者的基本要素。贝森(Benson)认为，一群或复杂的组织因资源依赖而彼此结盟，又因资源依赖结构的中断而又相互区别。[①] 如何将拥有不同组织资源的部门连接起来形成有效行动，是政策行为者中介能力的重要体现。一般来说，如果一个政策行为者在政策网络中处于优势地位，那么它将拥有更多的政策资源，更强的信息中介能力，从而也会从政策子系统中获得更多的权威和资金支持，并对政策的总体效果产生决定性影响。因此，判断政策网络中的信息中介者十分必要。而且在政策网络中，政策行为者本身的职能不同，不同部门间处于非对称性的政策行为者地位，这导致其对政策过程施加影响的程度也不同。政策网络中优势行为者的存在有助于在多边行动中保持行动统一且高效运作。为进一步区分出养老服务政策网络中具有较强信息中介能力的部门，本部分使用中介中心度指标加以观察。

中介中心度是指以一个中介机构出现的次数作为两个机构之间最短路径上的桥梁，反映其在网络中的协调作用。在养老政策合作网络中，如果一个部门位于其他两节点之间的路径上，则可以认为该部门在政策制定中具有沟通其他部门的能力。也就是说，如果部门 A 与部门 B 联合颁布过养老服务政策，同时部门 B 与部门 C 也联合颁布过政策，而部门 A 与部门 C 没有联合颁布过政策，这就意味着，虽然部门 A 与部门 C 之间没有直接关联，但可以借助部门 B 产生联系。换而言之，虽然部门 A 和部门 C 各自的主管领域不同，但是当两部门需要建立合作关系时，部门 B 可以发挥信息中介作用。通过中介中心度(Betweenness Centrality)分析发现(见表2-10)，有多个部门在三个阶段中介中心度变化较大。其中，民政部在第一阶段并没有体现出信息中介的作用，但在第二阶段其信息中介作用有所加强，达到 52.000，在第三阶段其

---

① Benson, J. K., "A Framework for Policy Analysis", D. L. Rogers and D. Whitten, *Inter - Organizational Coordination*：*Theory*, *Research ang Implementation*, Ames：Iowa State University Press, 1982, pp：148

信息中介作用显著提升至 368.775。此外，国家卫生和计划生育委员会、全国老龄工作委员会办公室在第三阶段的信息中介程度分别达到 106.109 和 123.625，财政部、发展和改革委员会、住房和城乡建设部、公安部的信息中介能力也均在 50 以上，多个部门的信息中介能力明显提升。

表 2-10　各部门中介中心度分析结果(片段)统计表

	2005 年以前	2006—2012 年	2013—2018 年
1.民政部	0.000	52.000	368.775
2.国家卫生计生委	0.000	0.000	106.109
3.全国老龄委	0.000	11.000	123.625
4.住建部	—	11.000	53.975
5.教育部	0.000	11.000	22.678
6.财政部	7.000	11.000	71.842
7.发展改革委	0.000	0.000	71.842
……	……	……	……
14.公安部	—	0.000	66.610
15.国土资源部	—	0.000	29.670
16.商务部	—	0.000	29.546
17.国家标准化管理委员会	—	0.000	0.000
18.国家中医药管理局	—	0.000	0.000
19.税务总局	—	0.000	0.000
……	……	……	……

此外，进一步通过凝聚子群密度(E-I index)衡量政策合作网络中的行为者是否会因为某种原因出现抱团的现象。[1] 该指数的取值范围为[-1，+1]，实际值越接近 1，表明越容易集中。经过分析，该政策合作网络的凝聚子群密度较为显著，达到 0.833，表明行为者集中化程度较为明显(见表 2-11)。两者的检验结果共同表明，少数部门如民政部、国家卫生和计划生育委员会、

———————

① 抱团现象不一定是指坏处，只是表明养老保障政策领域的政策资源相对容易集中。

全国老龄工作委员会办公室、财政部、发展和改革委员会在养老服务政策网络中起到了关键的信息中介作用，但同时也说明养老服务政策领域的较多政策资源被少数部门占据，政策信息流动性不强，并伴有一定的集中化趋势。

表 2-11 凝聚子群密度（E-I index）检验结果统计表

	1	2	3	4
	Freq	Pct	Possible	Density
1 Internal	94. 000	0. 084	398. 000	0. 236
2 External	1030. 000	0. 916	1858. 000	0. 554
3 E-I	936. 000	0. 833	1460. 000	0. 647

2.5 我国养老服务政策演进的总体变化特征

2.5.1 目标转向：养老服务政策范围不断扩大

政策覆盖目标群体范围的扩大是政策能力提升的重要表现之一。在经历了政府包揽、政府主导以及政府与市场、社会共同合作的公共服务供给阶段，可以明显地看到养老服务政策范围逐步从特定群体、特困群体向重点群体并最终向一般老年群体转化。政府包揽阶段的养老服务政策仅针对数量非常有限的老年人。一种是具有单位制身份的老年人，他们可以在年老后享受单位提供的养老福利；另一种是对绝对贫困群体，如向"三无"和"五保"老年人提供维持最低生活保障的经济救助。直到改革开放后，养老服务政策的范围才逐步扩大。民政部在全国民政社会福利工作会议（1984）上提出中国社会福利服务对象要从过去的"三无"老人、"五保"老人向特殊老人群体转变；《中国老龄工作七年发展纲要（1994—2000 年）》把养老服务发展的总体原则确立为"保基本、广覆盖、可持续"；《基本养老服务体系建设试点方案》（2009）规定向所有老年人群体提供基本养老服务。

2.5.2 建制形态：养老服务项目内容日趋丰富

建制初期，我国的养老服务项目比较单一，其主要采用经济手段对城乡"三无""五保"老人提供生活救助。改革开放以后，养老服务内容逐渐丰富，从基本的生活保障逐渐向饮食起居、医疗保障、精神保障、文体娱乐等综合性服务转型。《中国老龄工作七年发展纲要(1994—2000 年)》(1994)提出在为老年人提供物质保障的基础上，还要注重老年人心理健康。《关于加快实现社会福利社会化的意见》和《关于加强老龄工作的决定》(2000)不仅明确了社会福利社会化的发展目标，而且把体育健身、文化教育和法律服务纳入到养老服务内容中。《关于加快发展养老服务业的意见》(2006)更进一步提出要发展老年护理、临终关怀服务业务。《关于全面推进居家养老服务工作的意见》(2008)把康复护理、文体娱乐、信息咨询、老年教育等纳入到养老服务的范围。《关于进一步加强新形势下离退休干部工作的意见》(中组发〔2008〕10 号)提出"六个老有"目标，从"老有所养、老有所医、老有所为、老有所学、老有所乐、老有所教"角度提出了全方位的保障要求。由此可见，我国养老服务政策在内容设置上不断丰富，囊括了基本生活照料、医疗保障、情感慰藉、文体娱乐、文化教育、法律服务等诸多方面。

2.5.3　施政策略：政策工具组合使用愈发多元

政策工具是为解决某一社会问题或达成一定的政策目标而采取的具体手段和方式，一般可以分为强制性政策工具、自愿性政策工具和混合性政策工具。在政府包揽养老服务阶段，主要以使用政府权威的强制性政策工具为主，具体体现在由政府或单位直接提供养老服务。改革开放以后，特别是进入 21 世纪以后，政府政策工具综合运用的能力不断增强。《关于支持社会力量兴办社会福利机构的意见》《民政事业发展第十一个五年规划》《关于加快发展养老服务业的若干意见》《关于开展养老服务业综合改革试点工作的通知》等文件中，提出要以"政府引导、政府扶持、社会兴办、市场运作"的模式，并鼓励采用"民办公助""公办民营""政府购买服务"等方式引导和鼓励社会力量参与养老服务。上述政策鼓励自愿性政策工具和混合性政策工具的使用，将市场、社会组织、志愿团体的力量纳入到养老服务的供给主体中来。

第 3 章　 G 市人口老龄化特征与
实证调查研究

　　 G 市作为我国超大型城市,其人口老龄化发展趋势不容忽视。截至 2021 年底, G 市 60 岁及以上户籍老年人口 184.82 万人,占户籍总人口的 18.27%。与全国的老龄化程度相比, G 市老龄人口总量大、人口老龄化速度较快,老龄化所引发的社会影响亟须加以关注。

3.1　 G 市人口老龄化的主要特征

3.1.1　老年人口总量不断增加,人口老龄化速度较快

　　 2014—2021 年 G 市户籍人口总量及老年人口总量保持增长,老年人口占户籍人口的比重持续升高,从 2014 年的 16.75% 升高到 2021 年的 18.27%。从 2014 年起, G 市老龄人口分别增加了 6.88 万人、7.08 万人、7.24 万人、7.42 万人、6.24 万人、4.44 万人和 4.87 万人(如图 3-1 所示)。可见, G 市人口老龄化速度较快,老龄化程度不断提高。

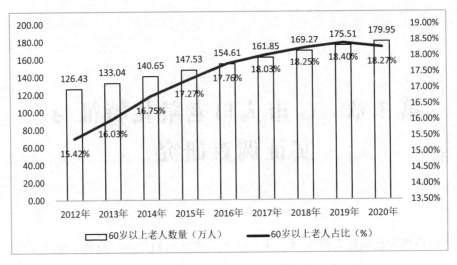

图 3-1　2014—2021 年 G 市老年人口总数及占比变化情况图

数据来源：《G 市统计年鉴》(2015—2022 年)。

3.1.2　低龄老年人口占比较高，人口高龄化趋势初现

在人口老龄化过程中，不同年龄组的老年人口数量出现了结构性变化。从老年人口的年龄构成来看，2020 年 G 市 60~69 岁老年人口所占比例达到 55.52%，占半数以上；其次是 70~79 岁组，占比 28.56%，比例接近三分之一；比例最低的是 80 岁及以上年龄组，占比 15.92%（如表 3-1，图 3-2 所示）。虽然现阶段 G 市低龄老年人比例较高，但是中高龄老年人数量增长的趋势不容忽视。

表 3-1　2020 年 G 市 60 岁及以上老年人口年龄结构表

年龄段	人数/万人	占比/%
60~69 岁	99.91	55.52
70~79 岁	51.39	28.56
80 岁及以上	28.65	15.92
合计	179.95	100.00

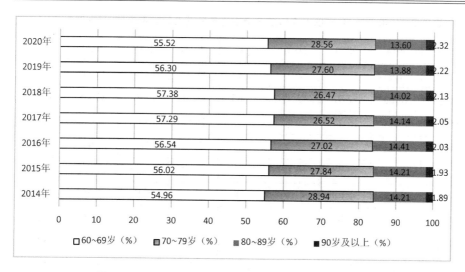

图 3-2　2014—2020 年 G 市各年龄段老年人口比重图

数据来源：《G 市老年人口和老龄事业数据手册》(2015—2021 年)。

随着预期寿命的延长，老年人口内部的年龄结构将出现变化。从近年来老年人口变化结构来看，与 2014 年相比，2020 年 60～69 岁老年人口比例上升了 0.56 个百分点；70～79 岁组下降了 0.38 个百分点；80 岁及以上老年人口比重则从 2014 年的 16.1% 下降到 2020 年的 15.92%，下降了 0.18 个百分点，人口寿命的延长将使老年人口结构随着时间的推移而发生改变。高龄老年人群体的增长，意味着未来将产生更多的照顾服务需求。

3.1.3　中心城区人口老龄化程度较深，区域分化特征明显

按照联合国关于老龄化的划分标准，当一个国家或地区 60 岁以上人口占总人口比重超过 10% 或 65 岁以上人口比重超过 7%，表示该国家或地区进入轻度老龄化社会；60 岁以上人口占总人口比重超过 20% 或 65 岁以上人口比重超过 14%，表示该国家或地区进入中度老龄化社会；60 岁以上人口占总人口比重超过 30% 或 65 岁以上人口比重超过 21%，表示该国家或地区进入重度老龄化社会(如表 3-2 所示)。

表 3-2　G 市各区 60 岁以上人口数占全市老年户籍人口比重表(2014—2021 年)

地区	2014	2015	2016	2017	2018	2019	2020	2021
LW 区	11.95	11.97	12.05	12.17	12.22	12.26	12.40	12.42
YX 区	18.03	17.97	17.89	17.85	17.67	17.50	17.46	17.31
HZ 区	15.14	15.24	15.35	15.53	15.61	15.66	15.81	15.83
TH 区	7.39	7.45	7.52	7.63	7.73	7.81	7.91	8.01
BY 区	10.18	10.21	10.17	10.21	10.21	10.28	10.26	10.24
HP 区	4.21	4.19	4.17	4.18	4.2	4.22	4.25	4.29
PY 区	7.81	7.86	7.90	7.96	8.02	8.07	8.16	8.24
HD 区	7.34	7.29	7.23	7.14	7.11	7.09	6.86	6.81
NS 区	4.26	4.27	4.26	4.27	4.27	4.26	4.26	4.31
ZC 区	8.48	8.37	8.32	7.99	7.97	7.93	7.79	7.73
CH 区	5.21	5.18	5.14	5.07	4.99	4.92	4.84	4.81
合计	100.00	100.00	100.00	100.00	100.00	100.00	100.00	100.00

数据来源:《G 市统计年鉴》(2015—2022 年)。

分区域看,LW 区、YX 区、HZ 区三个中心城区的老龄化程度最深。截至 2021 年,YX 区 60 岁以上人口数占全市户籍老年人口比重为 17.31%,HZ 区占比 15.83%,LW 区占比 12.42%;BY 区 60 岁以上老年人口占全市户籍老年人口的比重也已超过 10%,达到 10.24%。其次,PY 区、TH 区、HD 区、ZC 区 60 岁以上老年人口占全市户籍老年人口的比重分别为 8.24%、8.01%、6.81%、7.73%。相比之下,HP 区、NS 区、CH 区 60 岁以上老年人口占全市户籍老年人口的比重较低,分别为 4.29%、4.31%和 4.81%。

3.1.4　女性老年群体数量高于男性,性别失衡现象显现

从 60 岁及以上老年人口性别构成来看,根据 2020 年 G 市第七次人口普查数据显示[1],在 G 市常住老年人口中,男性老年人 100.50 万人,女性老年人口 112.56 万人,女性老年人口较男性老年人口多 12.06 万人。从其比例来看,男性老年人口占老年人口的 47.17%,女性老年人口占老年人口 52.83%,

---

[1]　G 市统计局:《G 市人口普查年鉴—2020》,G 市第七次全国人口普查领导小组办公室编。

女性老年人口比例比男性老年人口高了 5.66 个百分点,性别比约为 89.29(如表 3-3 所示)。

表 3-3 2020 年 G 市分性别老年人口数量及比例表

年份	男性		女性	
	数量(万人)	比例(%)	数量(万人)	比例(%)
2020	100.50	47.17	112.56	52.83

数据来源:《G 市人口普查年鉴—2020》,G 市第七次全国人口普查领导小组办公室编。

3.1.5 纯老家庭老人群体数量增加,家庭养老功能逐渐弱化

2021 年,G 市"纯老家庭"人数有 15.61 万人,空巢老人 4.64 万人,独居老人 2.63 万人①。对于老年人而言,子女离开家庭加大了与父母的空间距离,他们的日常生活照料失去了依靠,精神上失去了寄托,家庭生活冷清,易产生孤独感。另一方面,随着年龄的增长,老年人的生理功能逐渐衰退,与外界的联系减少,独居的不安全因素增加,进而对他人帮助的依赖性逐渐提高。家庭的核心化与小型化发展趋势使得家庭的供养资源正在减少,传统家庭养老功能正在弱化。

3.2 G 市养老服务发展的具体实践

在老龄化问题日趋严峻的背景下,G 市十分重视老龄事业发展,围绕实现老年人"老有所养、老有所医、老有所为、老有所学、老有所乐、老有所教"的目标和"党政主导、社会参与、全民关怀"的老龄工作方针,进一步完善老年人养老服务体系,使老年人精神文化生活不断丰富,老年人合法权益得到了有力保障,全社会重视、支持、参与老龄工作意识明显增强,敬老助老氛围日益浓厚。G 市作为全国养老服务业综合改革试点城市之一,为深入推进全国养老服务业综合改革,着力构建以居家为基础、社区为依托、机构为

① 数据来源:G 市 2021 年老年人口和老龄事业数据,https://www.gz.gov.cn/xw/zwlb/bmdt/content/post_8722234.html.

补充的全覆盖、多层次、多支撑、多主体的养老服务体系。目前，G 市社区居家养老服务以增加优质居家和社区养老服务供给为重点，一是做好助餐配餐服务，建设具备全托、日托、上门服务等功能的社区养老服务机构；二是做好养老服务设施规划布局，将养老等公共服务设施纳入用地优先保障范围；三是推进医养结合，鼓励社区卫生服务机构及社会力量提供养老医疗护理服务；四是加强养老服务工作的统筹督办，将养老服务政策落实情况纳入政府年度绩效考核。回顾近十年来 G 市养老服务发展历程，其取得的成绩主要包括以下三个方面。

3.2.1　社会保险供给坚持扩面提待基本思路

2021 年，G 市领取养老金的人数占老年人口总数超过七成。其中，领取城镇企业职工基本养老金的人数为 79.38 万人，占 G 市老年人口总数的 42.95%；领取城乡居民养老金的人数为 56.90 万人，占 G 市老年人口总数的 30.79%。[①] 从待遇水平上看，自 2012 年以来，随着企业退休人员养老金待遇水平不断提高，城镇企业职工基本养老金的金额在 2500 元以上的老年人口占比逐年提高。新农合与城市居民保障制度并轨为城乡居民养老保险后，基本养老金逐步形成与经济社会发展相适应的调整机制，城乡居民养老保险金稳步增长，按照《G 市关于调整我市城乡居民基本养老保险基础养老金标准的通知》规定，2021 年城乡居民基础养老金为 237 元/月。2021 年 G 市有 95.36 万户籍老年人参加职工社会医疗保险，占 G 市户籍老年人口的 51.60%；63.11 万户籍老年人参加城乡居民社会医疗保险，占 G 市户籍老年人口的 34.14%；158.47 万户籍老年人参加长期护理保险。[②]

3.2.2　搭建起较为完善的养老服务政策体系

为推动养老服务的改革创新，深化养老服务供给侧改革，G 市养老服务工作以社区居家养老服务为抓手，将改革推向深入，具体表现为以下两个方面。第一，打造社区居家养老服务"3+X"创新试点(助餐配餐、医养结合、家

---

① 数据来源：G 市 2021 年老年人口和老龄事业数据，https：// www. gz. gov. cn/xw/zwlb/bmdt/swsjkwyh/content/post_ 8722235. html.

② 数据来源：G 市 2021 年老年人口和老龄事业数据，https：// www. gz. gov. cn/xw/zwlb/bmdt/content/post_ 8722234. html.

政服务），将政府、企业、社会组织的各类资源引向社区居家养老服务，为系统破解大城市养老难问题开创了新路径。截至 2020 年，G 市共有社区居家养老服务设施 4000 多个，包括 11 个区级、174 个街镇级居家养老综合服务平台，1460 个星光老年之家，1144 个农村老年人活动站点，1036 个长者饭堂等，社区养老服务设施覆盖率达 100%。2020 年，G 市实施街镇综合养老服务中心（颐康中心）建设提升行动计划，统筹社区养老服务机构和社区嵌入式养老机构建设工作，将街镇居家养老综合服务平台升级打造为具备全托、日托、上门服务、对下指导、统筹调配资源等具有综合功能的街镇综合养老服务中心，增加中心城区嵌入式、综合性、多功能、普惠性优质养老服务供给。

第二，深入推进医养结合发展，在推动长期护理保险制度试点工作中，将重度失能人员基本生活照料服务和与基本生活照料密切相关的医疗护理服务纳入保障范围，覆盖 803.12 万职工医疗保险参保人员，累计共有 22019 人享受长期护理保险待遇。[1] G 市还以街道为单位择优遴选护理站，为老年人提供各类专业护理服务，推进社区医养结合落地。为更好地服务居家养老老年人，G 市开展"家庭养老床位"试点，由养老服务机构为有专业照顾服务需求但不需要或不愿意入住养老机构的居家老年人设立床位，进行适老化和智能化家居改造，提供生活照料、个人护理、康复护理、医疗保健、精神慰藉、文化娱乐和定期巡访等六大类服务，并进行 24 小时动态管理和远程监护。

3.2.3　积极探索政府与社会合作的创新模式

2020 年以来，相关部门密集出台相关政策《关于全面深化公办养老机构改革的意见》《G 市社区居家养老服务管理办法》《G 市特殊困难老人家庭及居住区公共设施无障碍改造项目资金管理办法》《G 市加强养老服务人才队伍建设行动方案》《关于深化社区居家养老服务改革的实施意见》《G 市社区居家养老服务改革创新试点方案》《G 市开展老年人助餐配餐服务管理办法》等一系列相关政策，为养老服务政策体系构建提供了基础保证。

2022 年，G 市人民政府办公厅印发《G 市居家社区养老服务管理办法》

---

[1]　广东省民政厅：《G 市：积极推动社区居家养老服务创新改革为"大城市大养老"开创新路径》，http：// smzt. gd. gov. cn/mzzx/sxdt/content/post_ 3149859. html。

(以下简称《办法》),《办法》首先明确了政府与社会力量合作的基本原则,居家社区养老服务应当在政府主导下,以家庭为基础,以企业和机构为主体,以社区为依托,以专业化服务为主要形式,充分整合和利用各类社区资源,为居家老年人提供满足其服务需求的社会化养老服务。其次,《办法》明确了鼓励社会力量参与居家社区养老服务机构的建设,并可按规定享受相应的资金补贴和政策优惠。区、镇人民政府和街道办事处建设社区养老服务设施存在困难的,可以通过与社会力量合作共建的方式建设。其中,区、镇人民政府和街道办事处无偿提供场地并由社会力量出资建设的,应当给予建设补贴;未无偿提供场地并由社会力量出资建设的,还应当按照场地的市场租金参考价或者评估价给予相应的租金补贴。社会力量承租政府和国有企业事业单位所有的非住宅房产用于养老服务,租赁期最长可延长至 20 年。再次,《办法》进一步明确,鼓励和支持养老机构、医疗卫生机构、家政服务企业以及其他社会组织和个人成立居家社区养老服务组织、设置社区养老服务设施和提供居家社区养老服务,满足老年人的多元化需求。

此外,为积极引导和支持社会力量参与养老服务,落实扶持养老机构发展优惠政策,一方面采取项目委托、公建民营、政府与社会资本合作等模式,推进公办养老机构社会化运营。另一方面,通过与国寿、万科、高丽泽等国内外知名企业以及与法国方面签订养老服务合作备忘录,拓展养老服务业市场。对本地、外地和境外投资者举办的经营性与公益性养老服务项目实行同等待遇。

综上所述,国家层面养老服务政策演变的脉络体现在养老服务供给主体、供给内容、供给方式和供给对象的变化,国家层面养老服务政策的发展对 G 市的政策安排有着非常重要的导向和推动作用。G 市在国家政策层面相关政策的指引下一方面进一步完善养老服务政策体系,出台了多项养老服务相关政策规定,同时从政策覆盖范围、待遇水平、供给方式上结合自身发展经验和社会特点力求有所突破,G 市养老服务政策实践映射着国家政策变迁的基本特点。

3.3　G 市社区居家养老服务的实证调查

3.3.1　调查设计及问卷调查过程

为了解 G 市老年人养老需求基本状况，课题组与 G 市老龄工作委员会于 2017 年联合开展《老年人生活状况调查》，在 G 市 11 个区随机抽取 33 个街道（镇），即每区抽取 3 个街道（镇），在每个街道（镇）中抽取 4 个社区（村）。为了既保证一定的置信度（95%左右），又使调研具有可操作性，每个社区（村）完成 25 个样本，每个街道（镇）完成 100 个样本。抽样分三个阶段：第一阶段每区随机抽取 3 个街（镇），第二阶段抽取对应街（镇）中 4 个社区（村），第三阶段抽取老年人。在各区编制的老年人花名册中，采用"随机数"法抽取 25 位老年人参与入户调查。如果被访老年人死亡、拒访、外出无法联系、迁移和其他情况，要填写老年人实访和替换老人的情况表，按规定替换调查老年人。本次调查最终获得有效样本 3303 份。

为降低抽样误差，根据 G 市老年人口结构特征，本次调查对样本老年人的性别、年龄结构和身体状况三个指标加以限制。以某一社区抽取 25 个有效样本为例，男性选取 11～12 位，女性 13～14 位；60～69 岁考虑抽取 14 位，70～79 岁考虑抽取 7 位，80 周岁以上考虑抽取 4 位；60～75 岁失能或残疾老人 2 位；75 周岁以上失能或残疾老人 2 位。

本次调查主要由三个阶段组成：

1. 准备阶段（2017 年 5 月—2017 年 6 月）：由课题组项目团队设计调查问卷、设计抽样方案、开展预调查。

2. 调查实施阶段（2017 年 6 月—2017 年 8 月）：组织调查员专项培训，开展入户访谈式问卷调查，调查督导员赴各区进行调查督导和全面指导工作，并督促问卷回收等工作。

3. 数据录入及清理阶段（2017 年 8 月—2017 年 9 月）：为确保问卷完成质量，采用调查问卷回访、问卷筛查、复审等方式层层审核问卷，发现问题及时反馈，最终有效回收 3303 份问卷。在此基础上开展调查问卷信息录入、数据清理工作，并进行样本数据分析。

本次调查问卷内容设计主要包括三大部分，第一部分为老年人及家庭基本情况，包括被访老年人的年龄、性别、受教育程度、婚姻状况、退休前职业、退休前单位、居住状况、子女人数、收入情况、健康状况等。第二部分为老年人养老需求情况，包括生活中亟须的养老服务、社区养老服务需求、社区养老服务设施需求、遇到困难求助对象选择、养老方式选择意向等。第三部分为社区居家养老服务供给调查情况，包括社区居家养老服务设施及服务项目供给、社区居家养老服务设施位置满意度、社区居家养老服务设施便利程度满意度、社区居家养老服务质量满意度、社区居家养老服务人员工作满意度等。

3.3.2 被调查老年人基本情况结果与分析

1. 被调查老年人年龄

本次抽取样本按 5 岁组分段①（见表 3-4），60~64 岁老年人数有 965 人，占比 29.3%，65~69 岁老年人有 757 人，占比 22.9%，70~74 岁组老年人有 592 人，占比 17.9%，75~79 岁组有 407 人，占比 12.3%，80~84 岁组有老年人 367 人，占比 11.1%，85~89 岁组老年人有 165 人，占比 5%，90 岁及以上老年人 50 人，占比 1.5%。

表 3-4　样本人口年龄结构表

年龄段	人数（人）	占比（%）	年龄段	人数（人）	占比（%）
60~64 岁	965	29.3	80~84 岁	367	11.1
65~69 岁	757	22.9	85~89 岁	165	5.0
70~74 岁	592	17.9	90 岁及以上	50	1.5
75~79 岁	407	12.3			
合计	人数（人）	3303	合计	占比（%）	100.0%

我们通过年龄组占比这个关键指标将本次调查所得样本的情况与 2016 年 G 市老年人总体情况做了对比（如图 3-4 所示），认为本次调查所抽取的老年人样本与该年 G 市总体的老年人口年龄结构较为接近，从样本各年龄段分布

---

① 5 岁组分段：按 5 岁为组距对老年人口进行分组。

状况来看，样本老年人口年龄分布比例与该年总体老年人年龄结构分布情况基本一致。

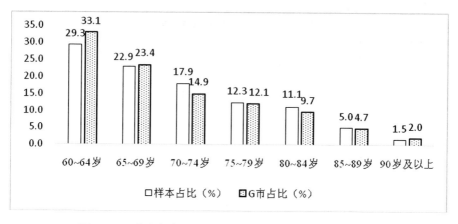

图 3-4 G 市老年人口年龄结构与抽样人口年龄结构分布图

2. 被调查老年人性别

从本次抽样的样本性别比例看（如图 3-5 所示），本次抽样调查中男性样本所占比例为 41%，女性样本所占比例为 59%。

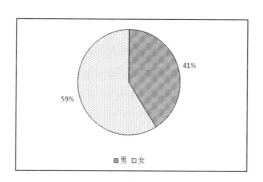

图 3-5 样本的性别分布图

3. 被调查老年人受教育程度

从整体上看（如表 3-5 所示），被访老年人中有 609 位老年人是文盲/半文盲，占比 18.4%，1161 位老年人具有小学文化水平，占比 35.1%，722 位老年人具有初中文化水平，占比 21.9%，389 位老年人具有高中/职高/技校文化水平，占比 11.8%，122 位老年人具有中专文化水平，占比 3.7%，142 位老年人具有大专文化水平，占比 4.3%，102 位老年人具有本科及以上文化水平，占比 3.1%。

表 3-5　被访老年人受教育程度分布表

教育程度	人数（人）	百分比（%）
文盲/半文盲	609	18.4
小学	1161	35.1
初中	722	21.9
高中/职高/技校	389	11.8
中专	122	3.7
大专	142	4.3
本科及以上	102	3.1
不清楚	15	0.5
不愿回答问题或对问题无反映	41	1.2
合计	3303	100.0

4. 被调查老年人 60 周岁前从事职业

从被访老年人 60 周岁前的从事职业来看（如表 3-6 所示），农民人数最多，达到 1351 位，占比 40.9%；其次是工人，共有 1068 位，占比 32.3%；再次是一般干部，共有 265 位，占比 8.0%；专业技术人员 252 位，占比 7.6%；服务人员 122 位，占比 3.7%；处级以上干部 46 位，占比 1.4%；商业人员 43 位，占比 1.3%；军人 28 位，占比 0.9%。

表 3-6　被访老年人 60 周岁前从事职业情况表

职业	人数（人）	百分比（%）
农民	1351	40.9
工人	1068	32.3
一般干部	265	8.0
专业技术人员	252	7.6
服务人员	122	3.7

续表

职业	人数（人）	百分比（%）
处级以上干部	46	1.4
商业人员	43	1.3
军人	28	0.9
不清楚	93	2.8
不愿回答问题或对问题无反映	35	1.1
合计	3303	100.0

7. 被调查老年人婚姻状况

在本次调查中（如表3-7所示），在做出有效回答的3269位老年人中，有78人未婚，占样本总量2.4%；已婚有配偶2299人，占样本总量70.3%；离异50人，占样本总量1.5%；丧偶834人，占样本总量25.5%；回答不清楚的8人，占样本总量0.3%。从以上数据可见，超过七成的老年人都是已婚有配偶的生活状态。

表3-7 被访老年人婚姻状况表

统计量	未婚	已婚有配偶	离异	丧偶	不清楚	合计
人数（人）	78	2299	50	834	8	3269
比例（%）	2.4	70.3	1.5	25.5	0.3	100.0

从不同的性别分析老年人的婚姻状态时可以发现（如表3-8所示），在834位丧偶的老年人中，男性仅有184位，占男性老年人总数的13.7%；女性有650位，占女性老年人总数的33.8%，女性老年人丧偶的比例显著高于男性老年人。一般来说，女性老年人的预期寿命高于男性老年人，女性老年人丧偶风险更大，这也极易使女性老年人呈现出与男性老年人不同的婚姻状态。

表 3-8　不同性别被访老年人婚姻状况表

婚姻状况	男性		女性	
	人数（人）	百分比（%）	人数（人）	百分比（%）
未婚	41	3.1	37	1.9
已婚有配偶	1094	81.6	1205	62.8
离异	22	1.6	28	1.5
丧偶	184	13.7	650	33.8
合计	1341	100.0	1920	100.0

通过年龄的分析发现（如表 3-9，图 3-6 所示），高龄老年人丧偶的比例远远高于低龄老年人。在 60～69 岁老年人中，已婚有配偶的 1388 人，占81.9%；丧偶老年人 231 人，占比 13.6%。70～79 岁组老年人中，已婚有配偶的有 665 人，占 67.2%；丧偶老年人有 293 人，占 29.6%。80 岁及以上老年人中，已婚有配偶的有 246 人，占 42.7%，丧偶老年人有 310 人，占 53.8%。可见，随着年龄的增长，丧偶风险在不断加大。

表 3-9　不同年龄段被访老年人婚姻状况表

婚姻状况	60～69 岁		70～79 岁		80 岁及以上	
	人数（人）	比例（%）	人数（人）	比例（%）	人数（人）	比例（%）
未婚	43	2.5	20	2.0	15	2.6
离异	33	2.0	12	1.2	5	0.9
已婚有配偶	1388	81.9	665	67.2	246	42.7
丧偶	231	13.6	293	29.6	310	53.8
总计	1695	100.0	990	100.0	576	100.0

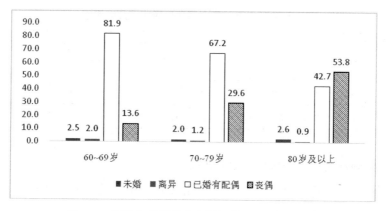

图 3-6　不同年龄被访老人婚姻状况图(单位:%)

8. 被调查老年人户居状况

家庭是老年人开展日常活动的重要场所,为详细描绘老年人户居状况,本次调查将老年人户居状况分为十类①,经过统计分析得出(如表 3-10 所示),与配偶居住、三代同居、与儿子居住是三种最主要的户居形态。

在有效样本的 3246 位老年人中,有 982 位老年人与配偶居住,占 30.3%,居于第一位;有 665 位老年人与子女及孙子女共同居住,占 20.5%,居于第二位;有 488 位老年人与儿子居住,占 15.0%,居于第三位;有 461 位老年人单独居住,占 14.2%;与已婚子女居住的老年人有 323 人,占 9.9%;与女儿居住的有 205 位老年人,占 6.3%;与子女共同居住的有 41 位老年人,占 1.3%;与孙辈共同居住的有 30 位,占 0.9%;与父母共同居住的有 29 位,占 0.9%;与其他人一起居住的仅有 22 位,占 0.7%。

---

①　十个类别包括:(1)独居:只有一个人居住;(2)配偶:只和配偶居住;(3)父母:和父母一起居住,包括和配偶居住,但不包括其他人;(4)儿子:和儿子一起居住,包括和配偶、父母一起居住,但不包括儿媳、女儿、孙子女等其他人;(5)女儿:和女儿一起居住,包括和配偶、父母一起居住,但不包括女婿、儿子、孙子女等其他人;(6)子女:和儿子、女儿一起居住,包括和配偶、父母一起居住,但不包括儿媳、女婿、孙子女等其他人;(7)已婚的子或女:和儿子、儿媳或女儿、女婿一起居住,包括和配偶、父母一起居住,但不包括孙子女等其他人;(8)祖孙同居:自己(包括配偶)和孙子女一起居住,不包括子女等其他人;(9)三代同居:自己、子女和孙子女一起居住;(10)其他人:和保姆或其他人一起居住。注意,只和儿媳或女婿居住,归为第七类。

表 3-10　被访老人家庭户居状况分布表

统计量	独居	配偶	父母	儿子	女儿	子女	已婚子/女	祖孙同居	三代同居	其他	合计
人数(人)	461	982	29	488	205	41	323	30	665	22	3246
比例(%)	14.2	30.3	0.9	15.0	6.3	1.3	9.9	0.9	20.5	0.7	100.0

9. 被调查老年人生活自理能力状况

从调查的 3303 位老年人生活自理能力情况看(如表 3-11 所示),完全自理的老人有 2832 人,占调查对象的 85.7%;部分自理的老年人有 398 人,占调查对象的 12.1%;不能自理的老年人有 73 人,占调查对象的 2.2%。

表 3-11　被访老年人自理能力状况分布表

统计量	完全自理	部分自理	不能自理	合计
人数(人)	2832	398	73	3303
百分比(%)	85.7	12.1	2.2	100.0

从性别来看(如表 3-12 所示),本次调查中女性老年人的自理能力情况稍好于男性老年人。男性老年人中有 1148 位老年人可以完全自理,占比 84.4%;176 位可以部分自理,占比 12.9%;37 位不能自理,占比 2.7%。女性老年人中有 1684 位可以完全自理,占比 86.7%;222 位可以部分自理,占比 11.4%;36 位不能自理,占比 1.9%。

表 3-12　不同性别老年人自理能力情况分布表

性别	完全自理		部分自理		不能自理		合计	
	人数(人)	百分比(%)	人数(人)	百分比(%)	人数(人)	百分比(%)	人数(人)	百分比(%)
男性	1148	84.4	176	12.9	37	2.7	1361	100.0
女性	1684	86.7	222	11.4	36	1.9	1942	100.0

从不同年龄组老年人自理能力情况来看(如表 3-13 所示),随着年龄的增

大，部分自理和不能自理老年人的比重明显上升。60~64 岁组完全自理的老年人比重为 93.7%，90 岁及以上完全自理的老年人比重下降到 48%。与此同时，部分自理老年人比重从 5.4% 上升至 44%，不能自理老年人的比重从 0.9% 上升至 8%。

表 3-13　各年龄段被访老年人生活自理能力状况分布表

年龄分组	完全自理		部分自理		不能自理		合计	
	人数(人)	比例(%)	人数(人)	比例(%)	人数(人)	比例(%)	人数(人)	比例(%)
60~64 岁	904	93.7	52	5.4	9	0.9	965	100.0
65~69 岁	695	91.8	53	7.0	9	1.2	757	100.0
70~74 岁	524	88.5	58	9.8	10	1.7	592	100.0
75~79 岁	345	84.8	56	13.7	6	1.5	407	100.0
80~84 岁	247	67.3	100	27.2	20	5.5	367	100.0
85~89 岁	93	56.4	57	34.5	15	9.1	165	100.0
90 岁及以上	24	48.0	22	44.0	4	8.0	50	100.0

总的来看，随着老年人年龄的增大，老年人生活自理能力下降，部分自理和不能自理老年人的人数逐渐增多(如图 3-7 所示)。

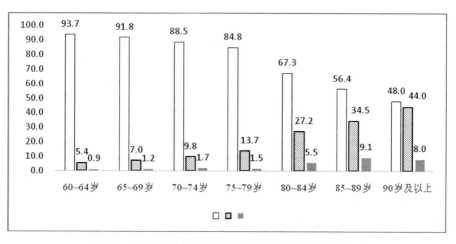

图 3-7　各年龄段老年人生活自理情况分布图(单位%)

第 4 章　G 市社区居家养老服务需求研究

4.1　养老服务项目需求的总体性分析

4.1.1　老年人养老需求总体情况

为了解老年人的养老服务需求，本次调查对老年人所需的养老服务项目进行了调查。从总体结果来看，生活中亟须的养老服务项目排在第一位的是医疗保健，占比 36.9%；排在第二位的是休闲娱乐，占比 24.3%；排在第三位的是生活照料，占比 22.8%；排在第四位的是身体锻炼，占比 20.2%；排在第五位的是心理护理，占比 13.1%；排在第六位的是紧急救助，占比 12.8%；排在第七位的是日托服务，占比 5.3%。其他占比 22.5%（如表 4-1 所示）。

表 4-1　老年人养老服务需求项目统计表（多选题）

排序	养老服务项目	人数（人）	百分比（%）
1	医疗保健	1220	36.9
2	休闲娱乐	804	24.3
3	生活照料	752	22.8
4	身体锻炼	666	20.2
5	心理护理	434	13.1
6	紧急救助	424	12.8
7	日托服务	176	5.3
8	其他	743	22.5

4.1.2　年龄与养老服务项目需求

从年龄结构看，低龄老年人（60～69 岁组）的需求排在第一位的是医疗保健，占比 36.6%；排在第二位的是休闲娱乐，占比 27.2%；排在第三位的是身体锻炼，占比 22.9%；排在第四位的是生活照料，占比 17.5%；排在第五位的是心理护理，占比 12%；排在第六位的是紧急救助，占比 11.3%；排在第七位的是日托服务，占比 4.5%（如表 4-2，图 4-1 所示）。

中龄老年人（70～79 岁组）的需求排在第一位的是医疗保健，占比 35.3%；排在第二位的是休闲娱乐，占比 24.4%；排在第三位的是生活照料，占比 22.5%；排在第四位的是身体锻炼，占比 20.7%；排在第五位的是紧急救助，占比 13.6%；排在第六位的是心理护理，占比 12%；排在第七位的是日托服务，占比 5%（如表 4-2，图 4-1 所示）。

高龄老年人（80 岁及以上组）的需求排在第一位的是医疗保健，占比 40.7%；排在第二位的是生活照料，占比 38.7%；排在第三位的是心理护理，占比 18.4%；排在第四位的是紧急救助，占比 15.9%；排在第五位的是休闲娱乐，占比 15.6%；排在第六位的是身体锻炼，占比 11.2%；排在第七位的是日托服务，占比 8.3%（如表 4-2，图 4-1 所示）。

表 4-2　年龄分类与需求项目类型的交叉分析表（多选题）

需求类型	年龄分类					
	60～69 岁		70～79 岁		80 岁及以上	
生活照料	302	17.5	225	22.5	225	38.7
医疗保健	630	36.6	353	35.3	237	40.7
心理护理	207	12.0	120	12.0	107	18.4
日托服务	78	4.5	50	5.0	48	8.3
紧急救助	195	11.3	136	13.6	93	15.9
休闲娱乐	469	27.2	244	24.4	91	15.6
身体锻炼	394	22.9	207	20.7	65	11.2

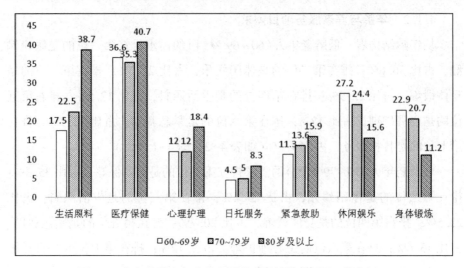

图 4-1　各年龄段老年人养老需求项目统计分析图（单位:%）

从年龄角度看，不同年龄段老年人的养老服务需求具有共性，即医疗保健是各年龄段老年人的共同需求，需求比例在 40% 左右。此外，随着年龄的增长，老年人的生活照料需求和心理护理需求需要得到关注。其中，生活照料需求从低龄老年人到高龄老年人激增 21.2%，心理护理需求增长 6.4%。日托服务和紧急救助需求虽然也存在一定数量的增长，分别增长 3.8% 和 4.6%。但年龄越大的老年人对休闲娱乐和身体锻炼的需求越低。

4.1.3　自理能力与养老服务项目需求

从自理能力角度看，完全自理老人的需求项目排在第一位的是医疗保健，占比 35.1%；排在第二位的是休闲娱乐，占比 26.5%；排在第三位的是身体锻炼，占比 21.8%；排在第四位的是生活照料，占比 18.7%；排在第五位的是心理护理，占比 11.9%；排在第六位的是紧急救助，占比 11.3%；排在第七位的是日托服务，占比 5.1%（如表 4-3，图 4-2 所示）。

部分自理老人的需求项目排在第一位的是医疗保健，占比 46.5%；排在第二位的是生活照料，占比 45.5%；排在第三位的是紧急救助，占比 20.4%；排在第四位的是心理护理，占比 18.3%；排在第五位的是休闲娱乐，占比 12.1%；排在第六位的是身体锻炼，占比 10.8%；排在第七位的是日托服务，占比 7.5%（如表 4-3，图 4-2 所示）。

不能自理老人的需求项目排在第一位的是生活照料，占比57.5%；排在第二位的是医疗保健，占比56.2%；并列排在第三位的是紧急救助和心理护理，占比30.1%；排在第四位的是休闲娱乐，占比8.2%；排在第五位的是身体锻炼，占比6.9%；排在第六位的是日托服务，占比4.1%（如表4-3，图4-2所示）。

表4-3 自理能力与需求类型的交叉分析表（多选题）

需求类型	自理能力					
	完全自理		部分自理		不能自理	
生活照料	529	18.7	181	45.5	42	57.5
医疗保健	994	35.1	185	46.5	41	56.2
心理护理	339	11.9	73	18.3	22	30.1
日托服务	143	5.1	30	7.5	3	4.1
紧急救助	321	11.3	81	20.4	22	30.1
休闲娱乐	750	26.5	48	12.1	6	8.2
身体锻炼	618	21.8	43	10.8	5	6.9

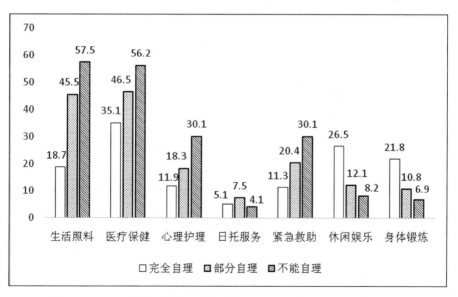

图4-2 不同程度自理能力老年人养老需求项目统计分析图（单位:%）

可见，随着年龄的增长，老年人身体健康状况和精神健康状况逐渐衰减，失能和半失能老年人人数增多，除休闲娱乐、身体锻炼的需求下降之外，其他需求类型基本呈上升态势，特别是失能、半失能老年人以及高龄老年人更加需要医疗资源、生活照料的深度介入。

4.1.4　经济能力与养老服务项目需求

从收入与养老项目需求来看，1000 元以下收入群体最关注医疗保健、休闲娱乐、生活照料；1000~2000 元收入群体最关注医疗保健、生活照料、休闲娱乐；2000~3000 元收入群体最关注医疗保健、休闲娱乐、身体锻炼；3000~4000 元收入群体最关注医疗保健、生活照料、身体锻炼；4000~5000 元收入群体最关注医疗保健、生活照料、休闲娱乐；5000 元及以上收入群体最关注医疗保健、身体锻炼、生活照料(如表 4-4 所示)。

表 4-4　收入水平与需求类型的交叉分析表(多选题)

需求类型	收入类型					
	1000 元以下	1000~2000 元	2000~3000 元	3000~4000 元	4000~5000 元	5000 元及以上
生活照料	162	58	70	182	69	57
	21.8%	27.5%	21.2%	24.9%	21.9%	23.5%
医疗保健	308	77	129	250	81	67
	41.4%	36.5%	39.1%	34.2%	25.8%	27.6%
心理护理	93	38	35	76	29	17
	12.5%	18.0%	10.6%	10.4%	9.2%	7.0%
日托服务	45	12	13	31	14	15
	12.9%	5.7%	3.9%	4.2%	4.5%	6.2%
紧急救助	96	23	35	86	44	47
	12.9%	10.9%	10.6%	11.8%	14.0%	19.3%
休闲娱乐	197	55	90	171	66	48
	26.5%	26.1%	27.3%	23.4%	21.0%	19.8%
身体锻炼	125	37	78	174	60	60
	16.8%	17.5%	23.6%	23.8%	19.1%	24.7%

总的来看,无一例外地,各个收入群体老年人均对医疗保健表达出最高的需求程度,特别是低收入老年人群体的需求最为旺盛,达到 41.4%。此外,中低收入老年人在休闲娱乐、心理护理项目上的需求高于高收入群体,而高收入老年人在身体锻炼(24.7%)、紧急救助(19.3%)方面的需求程度显著高于中低收入老年群体。

4.1.5　城乡户籍与养老服务项目需求

从城乡不同户籍类型来看,持居民户口的老年人医疗保健需求(35.1%)、休闲娱乐需求(24.8%)和身体锻炼需求(23.5%)最为强烈;持农业户口的老年人医疗保健需求(44.8%)、休闲娱乐需求(26.4%)和生活照料需求(23.9%)最为强烈。虽然城乡老年人社区居家养老服务需求排序差异不大,但持农业户口的老年人在医疗保健、生活照料、心理护理、日托服务、休闲娱乐方面的需求强度均高于持居民户口的老年人,特别是医疗保健的需求程度高于持居民户口老年人近 10 个百分点(如表 4-5 所示)。

表 4-5　城乡老年人养老服务需求选择情况表(多选题)　(单位:人,%)

社区居家养老服务项目	农业户口		居民户口		需求差
	人数	百分比	人数	百分比	百分比
生活照料	262	23.9	446	22.8	1.1
医疗保健	490	44.8	686	35.1	9.7
心理护理	188	17.2	221	11.3	5.9
日托服务	72	6.6	96	4.9	1.7
紧急救助	134	12.2	270	13.8	−1.6
休闲娱乐	289	26.4	485	24.8	1.6
身体锻炼	183	16.7	459	23.5	−6.8

4.2　社区居家养老服务项目的需求结构分析

马斯洛的需求层次理论认为人的需要从最低限度逐级向更高一级的需求寻求满足。恩格斯认为人们在食物、衣着等生存需要得到基本满足后,才会产生对高档商品、娱乐用品等需求。即消费者在既定收入的约束下,会优先满足基础需求，然后才会有非基础需求消费。那么老年阶段的养老需求是否符合这种线性发展的规律，老年人的养老需求是否有自身的变化特点，需要进一步深入分析。

4.2.1 社区居家养老服务需求结构的逆序发展

通过前述对年龄、自理能力、收入状况、户籍与养老服务项目需求的交叉分析可以发现，步入老年阶段后，老年人的需求并非一成不变，老年人的需求会随着年龄的增长、自理能力的下降以及收入水平等多种因素影响发生变化。但无论外在因素如何变化，其基本需求变化的规律是需求范围逐渐变窄，需求水平逐渐下降。需求范围变窄一方面是与中青年时期相比，中青年时期的需求具有多样化和线性发展的特点，在逐渐满足了基本的生存需求后会产生更高级的非基础性需求。但与中青年的需求特征不同，老年人的需求标准、需求内容呈反向发展趋势，部分养老服务需求水平也趋向回落。

另一方面，在老年时期的不同阶段，老年人的需求特征呈现出从高级需求阶段向中级需求阶段再向低级需求阶段转变的特点。在高级需求阶段，刚进入老龄时期的低龄老年人身体健康状况较好，退休工资收入较为稳定，休闲时间较为充裕，呈现出发展性的养老需求特征，在医疗保健、休闲娱乐、身体锻炼、教育文化、精神慰藉等方面的需求较为旺盛。然而，随着年龄的增长和自理能力的降低，老年人逐渐向家庭生活需求回归，并最终向满足生存需求的阶段转变，此时的养老需求着重于医疗康复、生活照料、紧急救助等（如图 4-3 所示）。

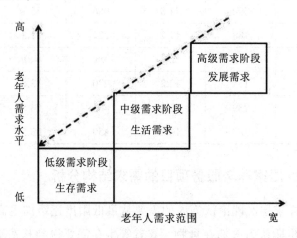

图 4-3　老年人需求变化特征示意图

老年人养老需求由发展性需求向生活需求再向生存需求转变的过程，在其对日常事务关注焦点的变化中也有所体现，不同年龄组的老人关注的事项差别较大。低龄老年人(60~69 岁)对代际关系、经济问题关注较多。中龄老年人(70~79 岁)为赡养过程中的子女关系、家务劳动以及健康状况忧虑。高龄老年人(80 岁及以上)的需求更加聚焦自身需要，日常生活、饮食起居是否有人照料，家庭赡养中的代际关系问题成为困扰老年人的最主要事项(如表4-6 所示)。

表 4-6　不同年龄段老年人日常困扰问题排序表

排序	60~69 岁	排序	70~79 岁	排序	80 岁及以上
1	住房困难	1	和子女关系不好	1	起居生活
2	为后辈事操心	2	家务事繁重	2	饮食卫生无人照料
3	经济困难	3	自己/老伴身体不好、多有疾病	3	和子女关系不好
4	家务事繁重	4	常感觉寂寞无聊	4	常感觉寂寞无聊
5	娱乐文化生活太少	5	为后辈事操心	5	自己/老伴身体不好、多有疾病
6	自己/老伴身体不好、多有疾病	6	娱乐文化生活太少	6	经济困难
7	常感觉寂寞无聊	7	饮食卫生无人照料	7	娱乐文化生活太少
8	起居生活	8	经济困难	8	为后辈事操心
9	饮食卫生无人照料	9	起居生活	9	家务事繁重
10	和子女关系不好	10	住房困难	10	住房困难

4.2.2　社区居家养老服务需求结构的刚性与弹性

乔晓春曾提出老年人需求框架[①]，他将老年人的需求划分为四个层次，第一个层次是生理和生存需求(洗澡、穿衣、如厕、移动、行走、梳洗、排泄、

---

① 乔晓春. 基于需求的养老服务体系建设——思路、框架与实证分析[J]. 华中科技大学学报(社会科学版)，2022，36(03)：113-122.

进食等），这一层次需求能否靠老年人自己独立完成决定了老年人的自理程度。如果老年人不能自理，需要他人帮助完成上述活动，那么老年人则需要获得来自家庭，如配偶、子女和亲属的帮助，或者寻求来自政府以及社会资源的支持。第二层次需求是日常生活事项需求（打电话、购物、做饭、打扫卫生、洗衣、出行和管理财务），上述两个层次需求属于"养"的需求。第三层次需求是健康服务（如身体检查、治疗、康复等），这一层次需求属于"医"的需求。从政府民生工作角度来看，解决老年人"养"和"医"的需求是工作的重点。相比之下，更高一层次的需求则主要体现为休闲娱乐和体育健身的需求。这类需求对于身体健康状况较好的老年人来说是最强烈的需求。

换而言之，老年人需求的特征决定了其需求具有共性的刚性需求和具有差异性的弹性需求，特别是随着年龄的增长和自理能力的下降，老年人弹性需求减弱，刚性需求凸显，并且呈现出难以逆转和调整的特征。

老年人的刚性养老需求表现为不因外在因素变化而改变。在前述分析中可以发现，无论是从年龄、自理能力、经济条件还是职业身份角度来看，医疗照护需求是养老需求中最为核心、最重要的需求。事实上，医疗照护需求的内涵是较为丰富的，包括紧急呼救、上门巡诊、陪诊、康复保健、定期体检、社区护理、家庭病床、健康管理等多样化的服务形式。不同的医疗照顾项目对老年人而言也存在需求的优先次序，对于低龄老年人来说，在身体健康状况较好的情况下，更重视保健预防类的医疗服务。对于高龄老年人来说，在身体自理能力下降的情况下，更凸显出对于治理康复类医疗照护服务的需求。但无论如何，满足老年人的医疗照护需求是众多养老需求中最基础、最重要的需求。此外，日常生活照料需求随着老年人年龄的增长和自理能力的下降变得越来越普遍，家居清洁、起居照料、饮食照料等需求将越来越强烈。本次调查中发现，80 岁以上在日常生活中上述方面"有点困难"甚至"做不了"的老人从 10%～50% 不等。大约有 7% 上下的低龄老人和 20% 以上的高龄老人日常生活需要有人照料和看护。

相比于刚性需求的必要性，弹性需求意味着此类养老服务需求可以根据年龄、自理能力、经济状况等因素在不同需求水平上进行调节，它的减少和降低只会影响到生活质量并不会威胁到基本生存，老年人可以根据自身条件，采取灵活选择和主动调节的策略来满足需求。老年人的弹性养老需求主要包括休闲娱乐、文化教育、身体锻炼方面的需求(如图 4-4 所示)。

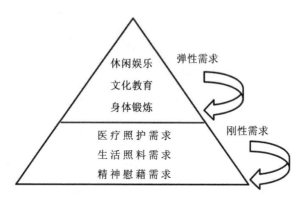

图 4-4　老年人需求结构示意图

4.3　社区居家养老服务项目的需求强度分析

在本次调查中,我们对 19 项社区居家养老服务项目需求情况进行调查。选择需要设置为 1,不需要设置为 2。各项社区居家养老服务需求情况调查数据如表 4-7 所示。其中平均值代表各项服务的平均需求水平,数值越小的需求程度越高。其中定期体检(1.44)、康复保健(1.65)、健康管理(1.66)、紧急呼救(1.67)、上门巡诊(1.71)、社区护理(1.73)的需求程度排位靠前。

绝对需求强度笔者用养老服务某项目需求人数除以某项养老服务全部调查对象人数得到。其中定期体检(0.56)的绝对需求强度最高,且医疗服务类项目需求远超过其他各项。通过分析可以发现,在社区所提供的养老服务中,除与医疗相关的需求最为突出外,心理咨询/聊天解闷、家居清洁、日常维修也有着一定的需求,精神慰藉和部分家政服务类需求应逐渐引起关注。

表 4-7　社区居家养老服务项目需求强度统计表

	养老服务项目	需要	不需要	合计	绝对需求	需求水平
1	紧急呼救	1003	2032	3035	0.33	1.67
2	上门巡诊	873	2148	3021	0.29	1.71
3	陪诊	704	2303	3007	0.23	1.77
4	康复保健	1056	1976	3032	0.35	1.65
5	定期体检	1732	1371	3103	0.56	1.44
6	社区护理	818	2203	3201	0.26	1.73
7	家庭病床	524	2470	2994	0.18	1.82
8	健康管理	1020	2001	3021	0.34	1.66
9	家居清洁	756	2258	3014	0.25	1.75
10	助餐配餐	611	2387	2998	0.20	1.8
11	助浴	225	2761	2986	0.08	1.92
12	老年辅助用品租赁	265	2715	2980	0.09	1.91
13	健康教育宣传服务	727	2259	2986	0.24	1.76
14	心理咨询/聊天解闷	749	2264	3013	0.25	1.75
15	日常交费水电手机	407	2575	2982	0.14	1.86
16	法律援助维权	431	2550	2981	0.14	1.86
17	代购服务	307	2666	2973	0.10	1.90
18	日常维修	678	2317	2995	0.23	1.77
19	日间托老	438	2541	2979	0.15	1.85

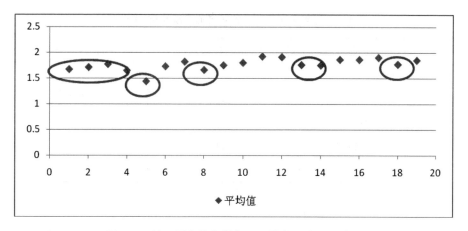

图 4-5　社区居家养老服务项目需求程度平均值图

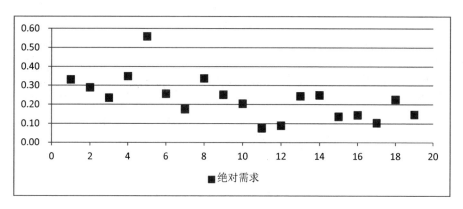

图 4-6　社区居家养老服务项目绝对需求程度图

4.4　社区居家养老服务的接受意愿分析

4.4.1　老年人对养老形式的偏好

在养老形式选择上（如表 4-8、图 4-7 所示），选择家庭养老的有 2572 人，占比 77.9%；选择公办养老机构的有 361 人，占比 11.1%；选择社区养老的有 258 人，占比 7.9%；选择社会办养老机构的有 118 人，占比 3.6%；选择农村敬老院的有 84 人，占比 2.6%。可见，家庭养老仍然是老年人最为接受的养老方式。

表 4-8　老年人愿意接受的养老形式统计表（多选题）

养老形式	人数（人）	百分比（%）
家庭养老	2572	77.9
社区养老	258	7.9
公办养老机构	361	11.1
社会办养老机构	118	3.6
农村敬老院	84	2.6

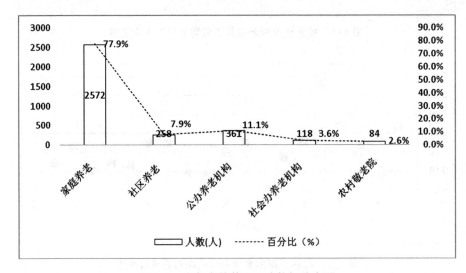

图 4-7　老年人的养老形式偏好分布图

4.4.2　性别与养老形式偏好

在不同性别的老年人对养老方式的选择中（如表 4-9、图 4-8 所示），男性老年人选择家庭养老的比例最高，为 74.9%；其次是选择公办养老机构，占男性老年人的 11.4%；再次是选择社区养老方式，占男性老年人的 7.5%；选择社会办养老机构和农村敬老院的人数较少。女性老年人选择家庭养老方式的比例最高，占 76.4%；其次是选择公办养老机构，占女性老年人的 10.1%；再次是选择社区养老，占女性老年人的 7.7%；选择社会办养老机构和农村敬老院的人数较少。总的来看，男性与女性老年人对养老方式的选择偏好并无太大差异，都将家庭养老视为最重要的养老方式。

表 4-9　不同性别老年人养老形式偏好分布表

养老形式	男性		女性	
	人数（人）	百分比（%）	人数（人）	百分比（%）
家庭养老	1042	74.9	1530	76.4
社区养老	104	7.5	154	7.7
公办养老机构	159	11.4	202	10.1
社会办养老机构	46	3.3	72	3.6
农村敬老院	40	2.9	44	2.2
合计	1391	100.0	2002	100.0

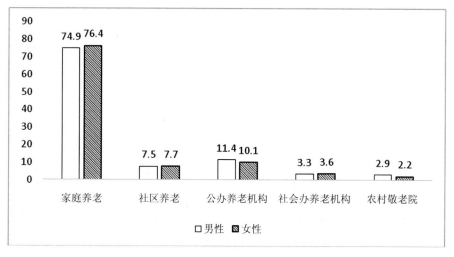

图 4-8　不同性别老年人养老形式偏好分布图（单位:%）

4.4.3　户籍与养老形式偏好

从户籍角度看老年人对养老形式的偏好（如表 4-10 所示），居民户口老年人相比于农业户口老年人更易于接受社会化的养老方式。在农业户口的 1143 位受访老年人中，选择家庭养老的有 956 位，占比 83.6%；选择社区养老的有 68 位，占比 6.0%；选择公办养老机构的有 42 位，占比 3.7%；选择社会办养老机构的有 23 位，占比 2%；选择农村敬老院的有 54 位，占比 4.7%。

在居民户口（之前为非农户口）的 1496 位受访老年人中，选择家庭养老的有 1038 位(69.4%),选择社区养老的有 129 位(8.6%),选择公办养老机构的有 242 位(16.2%),选择社会办养老机构的有 71 位(4.8%),选择农村敬老院的有 16 位(1%)。在居民户口(之前为农业户口)的 613 位受访老年人中,选择家庭养老的有 476 位(77.6%),选择社区养老的有 47 位(7.7%),选择公办养老机构的有 57 位(9.3%),选择社会办养老机构的有 22 位(3.6%),选择农村敬老院的有 11 位(1.8%)。

表 4-10　不同户籍老年人养老形式偏好分布表

养老形式	户口类型					
	农业户口		居民户口 (之前非农户口)		居民户口 (之前农业户口)	
	人数(人)	百分比(%)	人数(人)	百分比(%)	人数(人)	百分比(%)
家庭养老	956	83.6	1038	69.4	476	77.6
社区养老	68	6.0	129	8.6	47	7.7
公办养老机构	42	3.7	242	16.2	57	9.3
社会办养老机构	23	2.0	71	4.8	22	3.6
农村敬老院	54	4.7	16	1.0	11	1.8
合计	1143	100.0	1496	100.0	613	100.0

通过分析我们可以发现(如图 4-9 所示),农业户口老年人相对于居民户口老年人对家庭养老和农村敬老院的接受程度更高,对公办/社会办养老机构和社区养老的接受程度较低。居民户口(之前为非农业户口)的老年人对公办养老机构和社区养老认可程度有所提高。

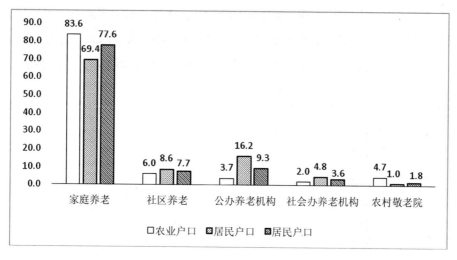

图 4-9　不同户籍老年人养老形式偏好分布图（单位:%）

4.4.4　年龄与养老形式偏好

老年人对家庭养老形式的偏好程度随着年龄的增大而提高（如表 4-11 所示），选择人数占比从 73.2% 上升至 80.9%。但是老年人对社区养老、公办养老机构、社会办养老机构、农村敬老院等养老形式的接受程度均随年龄的增长而降低。

表 4-11　各年龄段老年人养老形式偏好分布表

养老形式	年龄分类					
	60~69 岁		70~79 岁		80 岁及以上	
	人数（人）	百分比（%）	人数（人）	百分比（%）	人数（人）	百分比（%）
家庭养老	1302	73.2	791	77.4	479	80.9
社区养老	142	8.0	79	7.8	37	6.3
公办养老机构	216	12.1	97	9.5	48	8.1
社会办养老机构	76	4.3	27	2.6	15	2.5
农村敬老院	43	2.4	28	2.7	13	2.2
合计	1779	100.0	1022	100.0	592	100.0%

通过分析我们可以发现(如图 4-10 所示),老年人的养老观念随着年龄的增大而有所变化,即年龄越大的老年人越倾向于家庭养老形式,并且对社区养老、公办养老机构、社会办养老机构等社会化养老方式的接受程度降低。

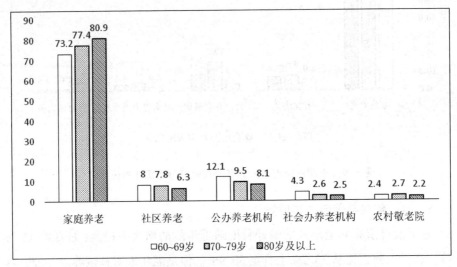

图 4-10　各年龄段老年人养老形式偏好分布图(单位:%)

4.5　社区居家养老服务需求趋势判断

4.5.1　养老需求呈现多样化发展趋势,但需求结构分化明显

老年人的养老服务需求存在个体差异性,这种差异性在一定程度上体现了身体状况、经济水平、受教育程度、社会地位差异等因素对养老服务需求的影响。按照马斯洛需求层次理论,人的需求按照由低到高、由物质到精神可以划分为:生理需求、安全需求、情感和归属需求、尊重需求和自我实现需求。经济发展水平越高、生活质量越好、健康状况越好的老年人对非物质性服务需求程度越高,如精神娱乐、预防保健、继续教育的服务需求更加迫切。相反,经济发展水平低,收入水平不高、健康状况较差的老年人对物质性服务需求程度更高。总的来看,老年人对"老有所医""老有所乐""老有所依(即生活照料)""老有所伴""老有所学"和"老有所为"服务的需求水平呈现出渐次降低的态势。

随着社会主要矛盾的变化，老年人养老服务需求的内容也正在发生着改变。改革开放以来，特别是物质的极大丰沛使养老服务需求在吃饱穿暖的基础上有了大范围的扩展。一方面，社会的发展加速了老龄群体分化差异，高龄群体、失能群体、空巢群体、独居群体等不同群体老年人人数增多，老年人生活形态愈发多样，不同群体类型的老年人养老服务需求结构出现明显分化。与此同时，同一个体在不同老年阶段的需求结构也发生着分化，受身体机能的硬性约束，老年群体对服务内容的诉求不断发生改变。但总的来看，随着老年人身体机能的下降以及家庭养老资源的缺乏，部分外溢性养老需求必须要通过寻求社会化途径加以解决。以居家为基础，社区为依托的社区居家养老模式仍存在刚性的、不可逆的需求。但提供何种类型的服务，如何凸显服务对象的主体地位是需要进一步设计和优化的。

4.5.2　养老服务具有一定潜在需求，但有效需求转化能力不足

前述对老年人社区居家养老服务需求的平均水平测量表明，各项养老服务选择"不需要"的老年人人数较多，这表明老年人虽然对社区居家养老服务具有一定的潜在需求，但需求水平相对较低。这一方面是由于调查对象中多数老年人可以做到生活自理，所以不同项目的养老服务需求反映出他们对介入式服务需求的水平相对较低，但对医疗保健服务的需求水平相对较高。另一方面，在将养老服务潜在需求转化为有效需求的过程中，老年人的经济状况对有效需求的转化起到了一定的制约作用。从老年人经济状况来看，仅有10%的老年人退休金收入高于5000元，大多数老年人的收入水平并不高。G市老年人家庭总支出均值为3169元，饮食支出和医疗费用支出是老年人日常最主要的两项经济开支，对于做家务、日常照料等有偿性养老服务的消费性支出占比仍非常小。

也就是说，目前养老服务有效需求能力不足一方面受老年人经济状况的刚性制约，另一方面，与长期以来所形成的传统消费结构和消费意识与老年人的受教育程度仍普遍偏低有关，且与专业化、精细化和产业化的社会养老服务供给要求之间无法有效匹配。这样的消费观念随着大数据、"互联网+"技术、人工智能等技术的发展，特别是新经济、新业态的不断涌现，老年人社会化养老服务需求需要通过改变养老服务的消费模式、消费方式和消费意识

加以有效转化。

4.5.3 医疗服务需求已得到关注，但精神健康需求容易被忽视

老年群体是疾病的多发群体，慢性病、退行性疾病等非传染性疾病多发且具有病程长、致残可能性大的特点。因此，老年人对医疗服务的需求也日渐膨胀，老年医疗服务需求将快速增长。根据 2000—2015 年《中国城乡老年人生活状况抽样调查》结果显示，我国老年人对社区健康养老服务提供的健康体检、健康义诊、健康知识讲座、家庭医生、家庭病床等方面的需求十分巨大。① 解决"看病难"问题，使其享受到高效、便捷的医疗服务直接影响到老年人晚年生活的幸福感。除基本的医疗保健外，面对突发状况的应急救助服务也十分必要。特别是高龄、独居、空巢老年群体需要借助智能设备提供"一键通"救助服务。医疗服务需求会成为老年人众多需求中最为核心和亟待满足的需求，特别是在医疗康复、预防保健、护理等服务数量和质量方面将有更高需求。

此外，老年人在退休后面对社会工作角色的缺失，社会主体地位的丧失以及社会交往的衰减使其时常感到空虚与寂寞，因此，特别需要对老年人的情感需求给予慰藉。长久以来，家庭是为老年人提供生活照料和精神慰藉的主要场所，但是随着家庭的小型化、核心化以及城镇化进程的推进，老年人"空巢化"现象越来越严重，特别是具有稳定收入和较高文化水平的城市老年人精神文化层面需求逐步上升，通过政府、社会努力提供情感慰藉就显得十分必要。目前，社区居家养老服务还处于起步阶段，以聊天解闷为主的精神慰藉专业性较低，无法满足更高层次心理慰藉的服务功能。因此，随着人们物质生活水平的提高，精神慰藉服务需求将日益突出，专业化与志愿化相结合的精神慰藉服务将有较大的发展空间。

4.5.4 利己式社会参与需求充分，但利他式社会参与需求匮乏

通常而言，老年人比其他年龄阶段的人拥有更多的专业知识和技能积累，并且具备更丰富的生活经验和更加宽裕的时间优势。社会参与不仅可以丰富

---

① 李长远. 社区居家医养结合养老服务模式的比较优势、掣肘因素及推进策略[J]. 宁夏社会科学，2018，(06)：161-167.

老年人晚年生活内容，而且可以让其继续发挥自身余热，实现个人价值和社会价值。如果能让社区中具备一定能力的老年人主动、自愿地参与社区志愿服务，一方面能避免老年人因脱离社会而陷入孤独，另一方面也弥补了当前社区志愿服务中志愿者总量不足的缺陷。但目前受老年人社会参与观念所限，社区志愿氛围的缺失以及老年志愿服务的激励机制和保障机制不完善等多重因素影响，社区老年志愿服务开展形式仍较为单一，老年人社会参与意识孵化不足，社会参与能力不强等问题较为明显。

社会参与需求的不足与目前老年人整体受教育程度较低有较大关系。大多数老年人仅有小学、中学文化水平，学历不高、专业能力有限是制约老年人参与社会事务的客观因素。此外，照顾孙辈，参与子辈的家庭事务占据了老人较多的时间，从而形成了对社会参与的挤出效应。在现代社会消极的老龄观念应逐渐被"老年人自立、自助为原则"的积极观念替代，通过营造社会参与的氛围激励老年人回归社会。

第 5 章　G 市社区居家养老服务供给体系建设及供需协调效果评价

完善的社区居家养老服务体系需要以政府为主导，通过持续的财政投入、养老服务设施建设、服务项目设置、相关政策配套等多项措施完成基础性工作。本章内容旨在考查 G 市养老服务财政投入可持续性，城乡社区居家养老服务设施规划，社区居家养老服务功能以及养老服务相关政策配套实施情况。在此基础上，通过自下而上的评价方法，对 G 市目前社区居家养老服务的可及向度、回应向度、满意向度以及质量向度进行评价，以期从宏观层面描绘出 G 市现行社区居家养老服务的整体轮廓。

5.1　资金供给：养老服务财政投入情况

5.1.1　养老服务政策补贴情况

近年来，G 市致力于从扩面、提待、增项角度不断完善社会养老服务供给体系建设，特别是针对高龄老年人、贫困老年人、失能老年人群体相继出台多项补贴政策，包括长期护理保险补贴、银龄安康保险补贴、长者配餐服务补贴、无障碍设施改造补贴、平安通安装补贴、政府购买服务补贴。这些政策的出台在一定程度上体现了政府对弱势老年群体优先关照的原则，具体补贴对象及补贴标准见表 5-1。

表 5-1　G 市养老服务政策补贴项目及补贴标准一览表

序号	补贴项目	补贴标准	
1	长期护理保险补贴	机构护理	基本生活照料：基金限额 90 元/人/天
			医疗护理：基金限额 1000 元/人/月
		居家护理	基本生活照料：基金限额 103.5 元/人/天
			医疗护理：基金限额 1000 元/人/月
2	银龄安康保险补贴	全市年满 60 周岁以上户籍老人自动纳入银龄安康行动保障范围补贴标准：20 元/人/年	
3	长者配餐服务补贴	户籍 60 周岁以上老人 3 元/餐专项补贴	
4	无障碍设施改造补贴	特殊困难老年人家庭无障碍改造项目补助金额不超过 5000 元/户	
		居住区公共设施无障碍改造，每居住区补助金额不超过 20000 元	
5	平安通安装补贴	第一类资助对象①基本项目套餐费用全额资助≤30 元/人/月	
		第二类资助对象②基本项目套餐费用资助 70%	
6	政府购买服务补贴	第一类资助对象③每月 400 元	
		经评估属于重度失能的，每月增加护理资助 200 元	
		第二类资助对象④每月最高资助 200 元	

从政府养老服务体系建设财政投入资金看，2017 年 G 市养老服务体系建

①　本市 60 周岁及以上的户籍居民中以下对象可申请第一类资助：(1)最低生活保障家庭或低收入困难家庭中的独居老人、纯老家庭成员、1~4 级持证残疾人，未入住养老机构的城镇"三无"人员和农村五保供养对象；(2)市级以上劳模、退出现役的 1~6 级残疾军人、革命烈士家属。

②　本市户籍居民和持有本市有效居住证的非本市户籍人员中以下对象可申请第二类资助：(1)60 周岁及以上的失能老年人(含轻度、中度、重度失能老人，持证残疾人和退出现役的残疾军人)和独居老年人(指无配偶、无子女或配偶、子女一年及以上不在本市居住的老人)；(2)80 周岁及以上老年人。

③　无劳动能力、无生活来源且无法定赡养、抚养、扶养义务人或其法定赡养、抚养、扶养义务人无赡养、抚养、扶养能力的老年人，即城镇"三无"人员和农村五保供养对象；最低生活保障家庭、低收入困难家庭、享受抚恤补助的优抚对象等 3 类人员中失能的；最低生活保障家庭、低收入困难家庭、享受抚恤补助的优抚对象、80 周岁及以上的老年人等 4 类人员中独居或仅与持重度残疾子女共同居住的；曾获市级及以上劳动模范荣誉称号中失能的；100 周岁及以上的；计划生育特别扶助人员。

④　本人月养老金低于本市最低工资标准，且自愿负担一半费用的下列失能老年人：80 周岁及以上的；纯老家庭(含孤寡、独居)人员。

设财政投入资金总额为 12.3 亿元，比 2016 年增加了 1 亿元，增长了 8.8%。但 2018 年的社会养老服务体系建设投入总额则降低至 8.8 亿元，比 2017 年下降了 3.5 亿元，下降比例为 28.5%。在分项支出上，公办养老机构投入先增后减，从 2.2 亿元增长至 3.7 亿元，后又降低至 0.9 亿元；民办养老机构投入先减后增，从 3.9 亿元降低至 0.5 亿元，后略有回升至 0.7 亿元；高龄补贴投入持续增长，从 4.8 亿元增长至 5.2 亿元；养老服务补贴投入总额先增后减，从 0.4 亿元增至 3.3 亿元，后又降低至 2 亿元(如表 5-2 所示)。

表 5-2　2016—2018 年 G 市养老服务资金投入状况表　　(单位：亿元)

	指标	2016 年	2017 年	2018 年	2017 年增长量	2018 年增长量
地方财政投入	社会养老服务体系建设投入总额	11.3	12.3	8.8	1.0	-3.5
	公办养老机构投入总额	2.2	3.7	0.9	1.5	-2.8
	民办养老机构投入总额	3.9	0.5	0.7	-3.4	0.2
	高龄补贴投入总额	4.8	4.8	5.2	0	0.4
	养老服务补贴投入总额	0.4	3.3	2.0	2.9	-1.3

数据来源：G 市老年人口和老龄事业数据手册(2016—2018 年)。

5.1.2　养老服务机构补贴情况

G 市作为全国养老服务业综合改革试点城市之一，为深入推进全国养老服务业综合改革，正着力构建以居家为基础、社区为依托、机构为补充的全覆盖、多层次、多支撑、多主体的养老服务体系。G 市养老服务机构建设可以分为以社区居家养老为基础的城乡社区居家养老服务机构以及养老机构两大类。

从城乡社区居家养老服务机构数量来看，2013—2018 年城乡社区居家养老服务机构数从 2405 个增长至 3909 个，增长了 62.5%，城市日间照料场所床位从 1200 张增长至 3852 张，增长了 221%。2018 年，城市拥有日间照料场所的居委会 1565 个，农村拥有日间照料场所的村委会 1144 个，城乡日间照料场所覆盖率均达到 100%(如表 5-3 所示)。

表 5-3　2013—2018 年 G 市社区居家养老服务机构数据情况表

指标	单位	2013 年	2014 年	2015 年	2016 年	2017 年	2018 年
城乡社区居家养老服务机构数	个	2405	2863	3099	3316	3793	3909
增长率	%	—	19.0	8.2	7.0	14.4	3.1
城市日间照料场所床位数	张	1200	2471	3532	3532	3702	3852
增长率	%		159.2	42.9		4.8	4.1
拥有日间照料场所的居委会数	个	1532	1532	1540	1540	1549	1565
增长率	%	—	—	0.5		0.6	1.0
拥有日间照料场所的村委会数	个	727	1142	1144	1144	1144	1144
增长率	%	—	57.1	0.2	—	—	—

数据来源：G 市老年人口和老龄事业数据手册（2016—2018 年）。

按照政府资助标准，区财政资助区居家养老综合服务平台运营经费每年 100~200 万元；街镇居家养老服务综合平台每年不少于 60 万元；社区老年人活动站点、农村五保互助安居点每年 3~5 万元计算，若按照 G 市 11 个区，136 个街道，1500 个社区的基数进行估计，每年的社区居家养老服务机构补贴额应在 1.4 亿~1.8 亿元左右。

从养老机构数量看，截至 2018 年 G 市养老机构有 189 个，其中公办养老机构 59 个，民办养老机构 130 个。养老服务床位 6.54 万张，其中公办养老机构床位 1.99 万张，民办养老机构床位 4.54 万张。每千名老年人拥有养老床位数 40 张，养老机构入住老年人人数为 2.42 万人（如表 5-4 所示）。

表 5-4 2013—2018 年 G 市养老机构数据情况表

指标	单位	2013 年	2014 年	2015 年	2016 年	2017 年	2018 年
养老机构数	个	167	170	177	179	183	189
公办养老机构数	个	66	66	65	65	63	59
民办养老机构数	个	101	104	112	114	120	130
养老服务床位数	万张	3.89	4.32	5.30	5.89	6.21	6.54
公办养老机构床位数	万张	1.12	1.38	1.76	1.78	1.92	1.99
民办养老机构床位数	万张	2.77	2.94	3.54	4.11	4.29	4.54
每千名老年人拥有养老床位数	张	29	31	38	40	40	40
养老机构入住老年人人数	万人	2.16	2.40	2.44	2.54	2.37	2.42

数据来源：G 市老年人口和老龄事业数据手册(2016—2018 年)。

按照《G 市老龄事业发展第十三个五年规划(2016—2020)》要求，到 2020年，G 市养老床位要达到 7.2 万张。每千名老年人拥有床位数 40 张以上，其中民办养老机构床位占 70%以上，护理型养老机构床位占 70%以上。[①] 若按照"十三五"规划要求到 2020 年新增 1.9 万张床位计算，并对 70%的民办养老机构新增床位(约 0.75 万张)财政给予 1~1.5 万元/张的资助标准测算[②]，未来三年政府对民办养老机构床位的补贴增加数额总计至少在 7500 万元~1.125亿元。截至 2022 年 2 月，G 市养老机构床位总数约为 6.57 万张。

5.1.3 基本医疗保险补贴情况

不断加重的人口老龄化不仅会减少基本医疗保险基金收入，同时还将增加基本医疗保险基金的支出。根据黄丁全《医事法》中的调查，中国 60 岁以上的老年人口患病率为 39.2%，约为年轻人的 6.5 倍。而《中国社会保障改革与

[①] G 市老龄事业发展第十三个五年规划(2016—2020)，https：//wjw. gz. gov. cn/xxgk/zfxxgkml/zfxxgkml/bmwj/qtwj/content/mpost_ 5597963. html.

[②] 补贴标准来自：《G 市民办养老机构资助办法》，https：// www. gd. gov. cn/zwgk/wjk/zcfgk/content/post_ 2725803. html.

发展战略(医疗保障卷)》研究分析得出，60 岁以上参保群体已成为当前"现收现付"制下基本医疗保险基金支出的最主要负担群体。[①] 由于老年人对医疗服务资源的需求要远高于低龄人群，老龄人口的大幅度增长势必要求大量的医疗资源和医护人员向老龄人口倾斜，公共医疗资源的使用和配置将逐渐流向老年人口的医疗照护方面。

　　进入老年阶段后，人体组织结构进一步老化，各器官功能逐步出现障碍，身体抵抗力逐步衰弱，活动能力降低，协同功能丧失，容易罹患老年群体常见的疾病。特别是随着疾病谱的改变，高血压、糖尿病、心脑血管疾病等慢性非传染性疾病已成为影响老年人健康的最主要问题和经济上的主要负担。从 G 市老年人患病分布情况看，本次调查对老年人易患的十类疾病(白内障/青光眼、高血压、糖尿病、心脑血管疾病、胃病、关节病、哮喘、慢性肺部疾病、恶性肿瘤、生殖系统疾病)进行了统计(如表 5-5、图 5-1 所示)。调查中，老年人患病率排在首位的是高血压，占 45.7%，第二位是关节病，占 38.2%，第三位是白内障/青光眼，占 21.6%，第四位心脑血管疾病，占 18.0%，第五位是糖尿病，占 14%，第六位是胃病，占 6.9%，第七位是慢性肺部疾病，占 4.1%，第八位是哮喘，占 1.1%，第九位是生殖系统疾病，占 0.9%，第十位是恶性肿瘤，占 0.8%，其他占 13%。

表 5-5　老年人患病情况分布表

	白内障青光眼	糖尿病	高血压	心脑血管疾病	胃病	关节病	哮喘	慢性肺部疾病	恶性肿瘤	生殖系统疾病	其他
计数	706	458	1497	590	225	1250	35	134	25	29	427
百分比	21.6	14.0	45.7	18.0	6.9	38.2	1.1	4.1	0.8	0.9	13.0

---

　　① 黄春元. 人口老龄化对我国财政稳定性影响的定量解析[J]. 西北人口，2015，36(02)：13-19.

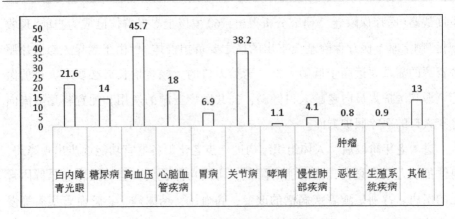

图 5-1　老年人患病情况分布图(单位:%)

老年人一旦患有慢性病将承受巨大的经济压力，这是由于慢性病病程长、治愈率低、复发率高，导致其治疗费用非常昂贵。据统计，我国每年有将近 380 万 65 岁以上老年人死于 6 种常见的老年人慢性病：心脑血管疾病、恶性肿瘤、心脏病、糖尿病、高血压、呼吸系统疾病，占 65 岁以上老年人总死亡人数的 83.4%。[①] 2011 年我国慢性病负担占国家疾病总负担的比重达 68.6%。可见，慢性病所带来的经济负担是巨大的，将给个人和社会带来沉重的压力。我国因慢性病一次住院要花掉城镇居民人均年收入 50%以上，农村居民人均年收入的 1.5 倍，仅慢性病医疗费用的增长，已超过国民经济和居民收入增长的速度。研究数据显示，占人口总数 1%的最不健康人群和 19%的慢性病人群共消耗了 70%的医疗卫生费用，而最健康的 70%人群只用了 10%的医疗费用。[②]

据国家卫生服务调查数据，1998—2008 年，我国老年人的两周患病率从 29%上升至 43.2%，是 60 岁以下人口的 2.8 倍；慢性病患病率从 50.2%上升至 59.5%，是 60 岁以下人口的 3.2 倍。[③] 本次调查结果显示(如表 5-6 所示)，

---

① 王建生，姜垣，金水高. 老年人 6 种常见慢性病的疾病负担[J]. 中国慢性病预防与控制，2005，(04)：148-151.

② 搜狐新闻：《慢性病已成为消耗医疗资源的"黑洞"》，https：//www. sohu. com/a/29076784_102816.

③ 胡宏伟，张小燕，郭牧琦. 老年人医疗保健支出水平及其影响因素分析——慢性病高发背景下的老年人医疗保健制度改革[J]. 人口与经济，2012，(01)：97-104.

老年人两周患病率约为 30%，高中低龄老年人两周门诊就诊次数结构差别不大，但在一年内住院次数方面，80 岁以上发生 1 次住院率的老年人比重明显高于 80 岁以下老年人比重，且住院 2 次、3 次的老年人比重也高于 80 岁以下的老年人比重。也就是说，人口结构越趋于高龄化，医疗资源消耗越多，老年人对卫生资源利用的频次和消耗程度也更高。特别是高龄老年人对住院医疗资源消耗的增多将带来住院床位使用周期长、医疗费用负担重等问题。

表 5-6　不同年龄结构老年人两周门诊就诊次数与一年住院次数表

次数\年龄		1 次		2 次		3 次		4 次	
		人数（人）	百分比（%）	人数（人）	百分比（%）	人数（人）	百分比（%）	人数（人）	百分比（%）
两周门诊次数	60~69 岁	337	20.5	138	8.4	29	1.8	8	0.5
	70~79 岁	234	24.6	69	7.2	17	1.8	14	1.5
	80 岁以上	123	21.6	43	7.6	17	3.0	5	0.9
一年住院次数	60~69 岁	201	12.3	37	2.3	10	0.6	2	0.1
	70~79 岁	134	14.2	34	3.6	19	2.0	11	1.2
	80 岁以上	121	21.5	35	6.2	20	3.6	3	0.5

从医疗花费情况看，60~69 岁老年人一年的医疗费用支出均值为 7017.5 元（中位数为 1200），其中自付费用均值为 3124.7 元（中位数为 500），统筹支付费用均值约为 3892.8 元，统筹部分支付老年人 60% 左右的医疗费用。70~79 岁老年人一年的医疗费用支出均值为 8457.6 元（中位数为 2000），其中自付费用均值为 3311.2 元（中位数为 600），统筹支付费用均值约为 5146.4 元，统筹部分支付约占全部医疗费用的 70% 左右。80 岁以上的老年人一年的医疗费用支出均值为 11857 元（中位数为 3000），其中自付费用均值为 4237.8 元（中位数为 800），统筹支付费用均值约为 7619.2 元，统筹部分支付约占全部医疗费用的 75% 左右。上述统计结果表明，随着年龄的增大老年人医疗消费金额不仅显著增加，而且政府统筹支付部分的医疗保险资金将随着老年人医疗消费金额的增加而增加（如表 5-7 所示）。

表 5-7　不同年龄结构老年人医疗花费情况表　　　　（单位：元）

次数 年龄	医疗总费用		自付费用		统筹支付费用
	均值	中位数	均值	中位数	均值
60~69 岁	7017.5	1200	3124.7	500	3892.8
70~79 岁	8457.6	2000	3311.2	600	5146.4
80 岁以上	11857	3000	4237.8	800	7619.2

综上所述，G 市政府出台的一系列保障和改善老年民生福祉的养老服务政策随着保障对象、保障内容、保障标准的改善面临着财政投入总量不断增加的境况。与此同时，考虑到老年人特殊的身体健康状况，慢性疾病患病率的上升和住院医疗资源的消耗将持续增加政府在医疗资源方面的财政投入。

5.2　硬件供给：养老服务设施建设情况

5.2.1　养老服务设施供给情况

老年人有较为固定的活动场所，老年人所需的养老服务设施布局需要十分便利，打造"15 分钟生活圈"对于老年人来说十分必要。在 15 分钟生活圈内应提供满足老年人基本生活需要的养老服务设施，包括用于满足老年人公共服务需求的医疗卫生机构、体育健身设施、老年福利服务设施、老年文化娱乐设施。本次调查中通过询问老年人"距离您家步行 15 分钟的范围内有无下列设施？""您对该设施的需求程度如何？"来了解老年人 15 分钟生活圈内公共服务设施有效供给及有效需求情况。

从本次调查的结果看，老年人日常所需的市场、公交汽车站/地铁、医院、商场、银行、公园、广场都有较好的供给认知率。但相比较之下，老年人对健身场所、老年活动中心/站/室的供给认知率却下降到 50% 左右，图书馆/文化站的供给认知率仅为 38.5%。从有效需求情况看，市场、医院、商场、银行、公共汽车站/地铁、公园的需求率较高，健身场所、老年活动中心/站/室、图书馆/文化站的有效需求率较低，有效需求基本与供给认知率的排序吻合（如图 5-2 所示）。

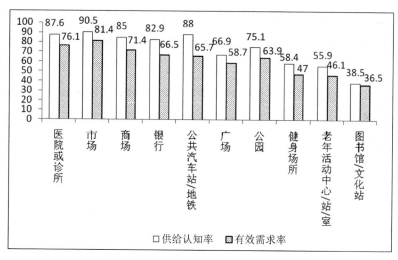

图 5-2　公共服务设施供给认知率、有效需求率对比图(单位:%)

养老服务设施建设是养老服务体系建设的重要组成部分。为考察 G 市养老服务设施的供需情况,本次调查将养老服务设施限定为社区居家养老示范中心(综合服务中心)、星光老年人之家/老年人活动站点、家庭综合服务中心、日间托老机构、社区卫生服务中心、养老院。由于无法获知 G 市养老服务机构布点情况以及数量信息,所以调查中通过"您知道您所在的社区有哪些社区服务设施?"一题考察老年人对社区养老服务设施供给情况的认知程度,以从侧面反映社区养老服务设施的提供情况。事实上,老年人对社区养老服务设施的供给认知率比养老服务设施的实际供给率更能够反映老年人使用养老服务设施的可能性。高和荣认为"知晓率反映了民众对一项公共政策是否了解以及了解程度,它是开展这项工作的前提。居民只有知晓这项政策、清楚这项政策内容才有可能加入进来,才有可能寻求服务"①。也就是说,老年人是养老服务设施的直接使用群体,老年人对养老服务设施供给的认知程度决定了使用的频率。

另一方面老年人对养老服务设施的有效需求通过"您对以下养老服务设施的需求程度如何?"一题进行考察,需求程度分为"需要、一般、不需要"三个

---

① 高和荣. 签而不约:家庭医生签约服务政策为何阻滞[J]. 西北大学学报(哲学社会科学版), 2018,48(03):48-55.

类别。在三个类别中，表示"需要"的老年人使用养老服务设施的意愿最为强烈，因此在数据分析中仅将"需要"作为有效需求的判断标准（如图 5-3 所示）。有效需求越强说明政策对象主动需要实施的意愿越强，那么供给者则有更强的动机去提供服务。调查结果显示，老年人对养老服务设施有效需求的程度并不强烈，各项养老服务设施有效需求率均未超过四成，且有效需求均低于供给认知。

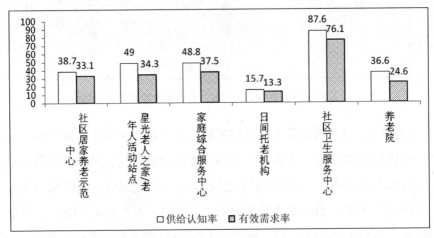

图 5-3　养老服务设施供给认知率、有效需求率对比图（单位：%）

5.2.2　养老服务设施有效需求满足程度

凯恩斯将"有效需求"定义为市场上有支付能力的总需求。由于养老设施/服务在使用过程中多数是免费的，因此，本部分对养老服务设施/服务有效需求的考察是将实际发生使用行为的老年人作为分析对象（即将潜在需求转化为实际行动）。在调查中，对使用过养老服务设施的老年人分别就布点满意度和设施便利性满意度情况进行评价。在被考察的五类养老服务设施中，星光老人之家/老年人活动站点的布点满意度最高，为 73.1%；其次是社区卫生服务中心，为 61.9%；再次是日间托老机构，为 59.7%；从设施便利性满意度看，家庭综合服务中心的满意度最高，为 72.7%；其次是社区卫生服务中心，为 61.1%；再次是星光老人之家/老年人活动站点，为 56.4%（如表 5-8 所示）。

表 5-8　养老服务设施布点及便利性满意度表　　　（单位：%）

养老服务设施	养老服务设施布点满意度			养老服务设施便利性满意度		
	满意	一般	不满意	满意	一般	不满意
社区居家养老服务中心	56.9	39.5	3.6	53.9	43.4	2.7
星光老人之家/ 老年人活动站点	73.1	24.3	2.6	56.4	39.9	3.6
家庭综合服务中心	56.2	40.3	3.5	72.7	25.6	1.7
日间托老机构	59.7	37.3	3.1	49.2	47.1	3.7
社区卫生服务中心	61.9	33.6	4.4	61.1	35.0	3.9

　　由于星光老人之家/老年人活动站点是以社区为单位进行布设，其位置分布主要集中在住宅区域，因此其布点数量多比较方便老年人就近参与。而家庭综合服务中心和社区居家养老服务中心主要以街道为单位进行布点，其位置分布相对比较分散，对于居住地相对偏远的老人来说并不便于获得。从养老服务设施便利性来看，家庭综合服务中心的便利性满意度最高，这说明无论是从服务内容的设置还是服务提供的质量均得到了老年人的认可。但是分布最为广泛的星光老年人之家/老年人活动站点的服务便利性满意度却相对比较低，这说明虽然星光老人之家/老年人活动站点在布局上使老年人获得服务比较便利，但是与老年人的需求相比，其服务供给的质量还无法满足老年人的有效需求。

　　若将布局满意度和便利性满意度作为横纵坐标并分割四个象限来看，社区居家养老服务中心和社区卫生服务中心属于高布局满意度和高便利性满意度的均衡型养老服务设施；星光老年人之家/老年人活动站点和日间托老中心属于高布局满意度和低便利性满意度的区位型养老服务设施；家庭综合服务中心属于低布局满意度和高便利性满意度的内涵型养老服务设施（如图 5-4 所示）。

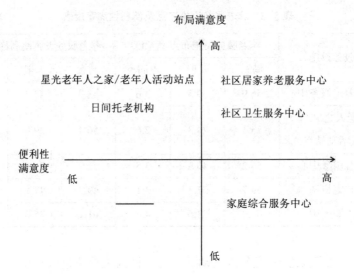

图 5-4 养老服务设施分类示意图

5.2.3 养老服务设施区域布局情况

5.2.3.1 养老服务设施区域布局情况

按照《G 市社区居家养老服务管理办法的规定》，区一级应设立 1 个区居家养老综合服务平台，设置居家养老服务人员实训、照顾需求等级评估、服务项目评估、老年用品展示、居家养老服务示范等功能设施；街道(镇)一级应设立 1 个街道(镇)居家养老综合服务平台，设置日间托管、临时托养、生活照料、助餐配餐、医疗保健、康复护理、辅具租赁、照顾需求评估等功能设施；社区一级可根据老年人口数量和居住范围合理布设社区老年人活动站点(含社区星光老年之家、农村老年人活动站点)、农村五保互助安居点。从政策要求来看，G 市目前已经搭建起覆盖"市—区—街道(镇)—社区(村居)"的四级养老公共服务网络。

虽然 G 市社区养老公共服务设施建设数量已达到全覆盖，但从受众角度来看，由于老年人对社区养老服务设施的供给认知在一定程度上受空间布局因素影响，因此城乡间、区域间老年人对养老服务设施的认知存在一定差异，这也从另一侧面反映出城乡社区养老服务设施的资源配置均衡程度。

从持农业户口、居民户口(之前非农业)、居民户口(之前农业)的老年人对社区养老服务设施布局的认知情况看，除了对 15 分钟内的养老机构供给认知持农业户口的老年人略高于居民户口(之前农业)的老年人外,持农业户口的老年人对"15 分钟生活圈"内养老服务设施布局的认知度总体上均低于持居民户口的老年人。相比较而言,持居民户口(之前非农业)的老年人认知状况最好(如表 5-9 所示)。

表 5-9   15 分钟生活圈内城乡老年人社区养老服务设施供给认知情况表

(单位:人,%)

户口类型	15 分钟内居家养老服务机构		15 分钟内居家养老服务机构		合计	
	知道	百分比	不知道	百分比	人数	百分比
农业户口	380	35.3	698	64.7	1078	100.0
居民户口(之前非农业)	611	43.8	784	56.2	1595	100.0
居民户口(之前农业)	222	39.4	341	60.6	563	100.0

户口类型	15 分钟内星光老人之家/老年人活动站点		15 分钟内星光老人之家/老年人活动站点		合计	
	知道	百分比	不知道	百分比	人数	百分比
农业户口	509	47.4	564	52.6	1073	100.0
居民户口(之前非农业)	710	51.4	672	48.6	1382	100.0
居民户口(之前农业)	330	57.0	249	43.0	579	100.0

户口类型	15 分钟内家庭综合服务中心		15 分钟内家庭综合服务中心		合计	
	知道	百分比	不知道	百分比	人数	百分比
农业户口	480	44.7	593	55.3	1073	100.0
居民户口(之前非农业)	768	55.5	617	44.5	1385	100.0
居民户口(之前农业)	286	50.6	279	49.4	565	100.0

续表

户口类型	15 分钟内养老机构		15 分钟内养老机构		合计	
	知道	百分比	不知道	百分比	人数	百分比
农业户口	418	38.8	659	61.2	1077	100.0
居民户口(之前非农业)	540	39.2	836	60.8	1376	100.0
居民户口(之前农业)	200	35.6	362	64.4	562	100.0
户口类型	15 分钟范围内医院或诊所		15 分钟范围内医院或诊所		合计	
	知道	百分比	不知道	百分比	人数	百分比
农业户口	942	85.5	160	14.5	1102	100.0
居民户口(之前非农业)	1294	91.5	120	8.5	1414	100.0
居民户口(之前农业)	530	90.8	54	9.2	584	100.0

上述数据在一定程度上说明,城乡间养老服务设施的供给存在一定的结构性差异。总体而言,城市养老服务机构的布设优于农村养老服务机构布设(如图 5-5 所示)。

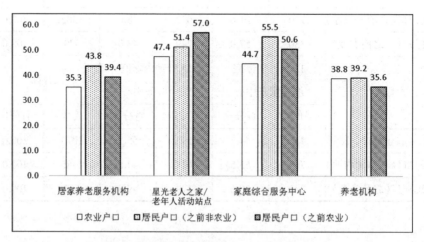

图 5-5 城乡社区居家养老服务设施认知情况图(单位:%)

分区域的养老服务设施布局考察有助于了解不同区域间养老服务设施的

分布情况，从而区分出养老服务设施分布集中区域、扩散区域以及边缘区域。在对医院、社区居家养老服务中心、星光老人之家/老年人活动站点、家庭综合服务中心以及养老机构的供给认知情况进行考察后发现，老年人对医院的供给认知远高于其他养老服务设施，星光老人之家/老年人活动站点和家庭综合服务中心次之，最后是社区居家养老服务中心和养老机构。

分区域来看，除 ZC 区的医院供给认知率为 69.3%，BY 区、CH 区、HD 区供给认知率均超过 80%，但未达到 90% 以外，其余各区均超过 90%；TH 区、HP 区、HD 区、NS 区的社区居家养老服务中心供给认知率较高，分别达到 55.1%、53.4%、48.8%、47%；HP 区、TH 区、HD 区、HZ 区的星光老人之家供给认知率较高，分别达到 75.1%、65%、62.8%、60.7%；HP 区、HZ 区、LW 区、TH 区的家庭综合服务中心供给认知率较高，分别达到 64.9%、57.4%、56.4%、54.8%；LW 区、NS 区、HZ 区、PY 区的养老机构供给认知率较高，分别达到 62.4%、55.9%、50.3%、47.9%（见表 5-10）。

表 5-10　城区间养老服务设施供给认知情况表 （单位：人,%）

区域	医院		社区居家养老服务中心		星光老人之家/老年人活动站点		家庭综合服务中心		养老机构	
	人数	比率	人数	比率	人数	比率	人数	比率	人数	比率
YX 区	281	94.9	104	34.9	98	33.2	142	48.0	68	23.2
LW 区	277	93.6	128	44.1	144	50.7	162	56.4	179	62.4
TH 区	270	90.6	163	55.1	191	65.0	161	54.8	132	44.6
HZ 区	282	94.3	137	46.0	181	60.7	171	57.4	149	50.3
BY 区	252	85.1	97	33.2	155	52.7	139	47.4	64	22.1
HP 区	269	94.4	149	53.4	205	75.1	179	64.9	108	40.0
HD 区	254	89.8	126	48.8	169	62.8	96	37.9	97	38.8
PY 区	280	93.6	108	37.6	122	42.8	159	54.6	139	47.9
CH 区	256	85.9	89	30.3	96	32.4	151	51.5	46	15.6
ZC 区	203	69.3	43	15.1	120	42.1	101	35.4	68	23.9
NS 区	268	92.4	135	47.0	136	48.1	150	52.8	160	55.9

将五类养老服务设施的权重设置为 1，依据供给认知率计算各区养老服务设施供给认知得分，如下表 5-11 所示，数据结果表明 HP 区、TH 区、HZ 区、LW 区属于养老服务设施供给集中区（超过 60 分），得分分别为 65.6 分、62 分、61.7 分、61.4 分。NS 区、HD 区、PY 区、BY 区、YX 区属于扩散区（超过 45 分），得分分别为 59.2 分、55.6 分、55.3 分、48.1 分、46.8 分。CH 区、ZC 区属于边缘区（低于 45 分），得分分别为 43.1 分和 37.2 分。

表 5-11　各区养老服务设施供给认知得分情况表

区域	加权总分	加权平均分
YX 区	234.2	46.8
LW 区	307.2	61.4
TH 区	310.1	62.0
HZ 区	308.7	61.7
BY 区	240.5	48.1
HP 区	327.8	65.6
HD 区	278.1	55.6
PY 区	276.5	55.3
CH 区	215.7	43.1
ZC 区	185.8	37.2
NS 区	296.2	59.2

5.2.3.2　医疗服务设施区域布局情况

医疗服务需求是老年人的刚性需求，从老年人就诊医院的分布情况看，老年人的就医机构选择顺序依次为：街道社区卫生服务中心/乡镇卫生院（41.5%）、市级医院（21%）和区级医院（21%）、卫生室/站（14.6%）、省级医院（12.9%）、私人诊所（3.8%）。可以看出，有较多的老年人选择了就近的医疗机构（街道社区卫生服务中心/乡镇卫生院、卫生室/站）看病。从各区老年人在不同层级医院就诊的比例来看，YX 区选择省级医院和街道/乡镇卫生院的老年人最多，LW、TH、HZ、BY 区选择在街道/乡镇卫生院和市级医院的老年人最多，HP、HD、PY、CH 区选择在街道/乡镇卫生院和区级医院的老年人最多，ZC、NS 区选择在街道社区卫生服务中心/乡镇卫生院就诊的老年人最多。

从老年人就诊医院的流向可以窥见出 G 市各区的医疗资源分配并不均衡。高端医疗资源在 YX 区较为集中，相比之下 PY、ZC、NS、CH 区不仅缺乏高端医疗资源，而且市一级医院的数量也较少，老年人更多就近选择卫生站。可见，G 市优质医疗卫生资源在个别区域集中的圈层化现象比较严重，基层医疗卫生机构在人力资源和诊疗技术方面的不足使医疗资源结构性配置失衡问题显得突出（如表 5-12 所示）。

表 5-12　城区间老年人使用医疗资源情况表（多选题）　（单位：人，%）

区域	省级医院		市级医院		区级医院		街道社区卫生服务中心/乡镇卫生院		卫生室/站		私人诊所	
	人数	比率	人数	比率	人数	比率	人数	比率	人数	比率	人数	比率
YX 区	120	41.2	86	29.6	21	7.2	111	38.1	14	4.8	4	1.4
LW 区	70	23.7	81	27.5	46	15.6	141	47.8	4	1.4	0	0.0
TH 区	86	28.8	118	39.5	43	14.4	137	45.8	12	4.0	5	1.7
HZ 区	53	17.8	103	34.6	13	4.4	118	39.6	32	10.7	0	0.0
BY 区	43	14.7	102	34.8	30	10.2	111	37.9	24	8.2	13	4.4
HP 区	16	5.5	57	19.6	121	41.6	110	37.8	5	1.7	13	4.5
HD 区	11	3.6	37	12.3	93	30.8	101	33.4	126	41.7	19	6.3
PY 区	5	1.7	21	7.0	113	37.7	141	47.0	31	10.3	11	3.7
CH 区	13	4.3	49	16.3	94	31.3	106	35.3	45	15.0	9	3.0
ZC 区	3	1.0	17	5.7	56	18.7	140	46.8	70	23.4	39	13.0
NS 区	1	0.3	14	4.7	55	18.5	136	45.6	114	38.3	10	3.4

在实践中，社区医院的基层诊疗功能尤为重要，其功能定位包括初级疾病预防、多发病与常见病治疗、康复护理、慢性病监测治疗，起到"小病不出社区，大病才上医院"的分流效果。虽然近年来政府通过财政投入改善基层医

疗卫生服务站的硬件设施，但医生缺乏、诊疗项目有限仍制约着基层医疗机构满足老年人小病就地诊疗的能力。特别是 G 市各区经济社会发展程度差异较大，虽然在每个街镇(乡)统一设立了社区医院，但是因每个行政区域的人口数量、年龄结构、地域面积各有差异，每所社区医院的服务对象负载量不同，各区域居民所能获得的基本医疗服务也会产生差异，甚至是质量上的差异。

与此同时，"看病难""看病贵"的问题在老年人身上也有所体现(如表5-13所示)。YX、TH、HP、HD、PY、CH、ZC、NS 区老年人反映"看病贵"问题比较突出，LW、HZ、BY 区的老年人反映存在"看病难"的问题，如挂不到号、就医麻烦、交通不便等，这些因素极大地影响了老年人医疗服务资源的获得。"看病贵"问题的出现一方面与高端医疗资源消费需要自付承担较高比例有关，另一方面，由于 HD、PY、CH、ZC、NS 区老年人自身的养老金收入水平相对偏低，所以诊疗中承担的医疗费用就显得贵了。

表 5-13　城区间老年人就医存在的困难情况表(多选题)

(单位：人,%)

区域	费用高		交通不便		挂不到号		就医麻烦		自己能治		看不好	
	人数	比率	人数	比率	人数	比率	人数	比率	人数	比率	人数	比率
YX 区	30	37.0	9	11.1	13	16.0	22	27.2	21	25.9	6	7.4
LW 区	18	21.7	26	31.3	31	37.3	22	26.5	14	16.9	5	6.0
TH 区	65	56.5	13	11.3	13	11.3	29	25.2	63	54.8	14	12.2
HZ 区	20	25.3	13	16.5	11	13.9	35	44.3	24	30.4	5	6.3
BY 区	22	25.3	9	10.3	6	6.9	32	36.8	50	57.5	7	8.0
HP 区	31	38.3	9	11.1	4	4.9	16	19.8	23	28.4	9	11.1
HD 区	61	51.7	17	14.4	5	4.2	27	22.9	23	19.5	14	11.9
PY 区	50	45.0	21	18.9	7	6.3	28	25.2	49	44.1	3	2.7
CH 区	40	52.6	10	13.2	2	2.6	14	18.4	26	34.2	8	10.5
ZC 区	30	35.3	10	11.8	2	2.4	24	28.2	45	52.9	8	9.4
NS 区	40	36.4	34	30.9	2	1.8	27	24.5	47	42.7	17	15.5

5.3　软件供给：养老服务项目设置情况

5.3.1　养老服务项目供给情况

养老服务设施建设是老年人公共服务供给的载体，而养老服务项目的提供才是老年人通过载体使其需求得到满足的重要内容。西方学者将老年人的基本需求概况分为三个方面：物质需求（Money）、精神需求（Mental）、医疗需求（Medicare），即"3M"。在"3M"的基础上，我国学者邬沧萍、姚远结合中国国情，增加了生活照料服务需求（Manual Service），由"3M"发展到"4M"。目前 G 市正积极推广"3+X"的社区居家养老服务，将养老服务项目推进重点放在了助餐配餐、医养结合和家政服务三项服务上，X 类服务的开展可以由养老服务机构根据自身情况开展。在本次调查中，询问了老年人"您知道您所在社区有哪些社区养老内容？"一题，考察老年人对助餐配餐服务、紧急援助服务、家政服务、精神慰藉服务、生活照料服务、医疗护理服务、康复保健服务项目的认知，并试图通过老年人对所在社区提供养老服务项目的认知情况来推断养老服务项目的供给程度。有效需求则通过"您是否需要社区提供以下助老服务？"一题来考察，并将"需要"选项作为有效需求的标准进行统计。

调查结果显示，除助餐配餐服务项目的供给认知率超过有效需求率外，其余养老服务项目的供给认知率均低于有效需求率。在老年人所需的养老服务项目中，有效需求率超过 30% 的项目有医疗护理服务（36.9%）、康复保健服务（32%）、紧急援助服务（30.4%）；有效需求率超过 20% 的有家政服务（22.9%）、精神慰藉服务（22.7%）、生活照料服务（22.8%）；助餐配餐服务（18.5%）排在最后（如图 5-6 所示）。

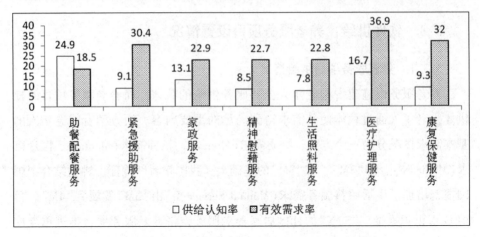

图 5-6　养老服务项目的供给认知率和有效需求率图(单位:%)

5.3.2　养老服务项目有效需求满足程度

本次调查对使用过养老服务项目的老年人进行了满意度调查(见表 5-14)。从各项服务使用后的满意度看,除生活照料服务的满意度未达到 50%之外,其余各项服务的满意度均超过 50%。

表 5-14　养老服务项目满意度情况表　　　　　　　　(单位:%)

养老服务项目	满意	一般	不满意	合计
助餐配餐服务	52.4	42.8	4.8	100.0
紧急援助服务	54.7	41.7	3.6	100.0
日间托老服务	57.3	40.4	2.3	100.0
家政服务	51.8	46.2	2.0	100.0
精神慰藉服务	56.7	40.3	3.0	100.0
生活照料服务	47.5	47.9	4.6	100.0
医疗护理服务	58.5	38.3	3.2	100.0
康复保健服务	54.1	42.5	3.4	100.0

注:仅对使用过养老服务的老人评价进行统计。

总体而言,各项养老服务项目使用满意度评价较高,各项养老服务满意度评价要高于一般和不满意的评价,老年人对养老服务的评价持积极肯定的态度(如图 5-7 所示)。

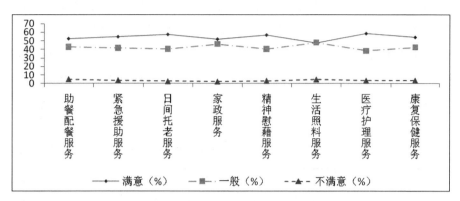

图 5-7　养老服务项目满意度情况图

若将养老服务有效需求排序和养老服务满意度排序相结合,形成二维坐标四个象限会发现,医疗护理和精神慰藉属于服务满意度和有效需求双高的优质型养老服务项目;紧急援助、康复保健、家政服务、生活照料属于有效需求高但服务满意度低的供给不足型养老服务项目;日间托老属于有效需求低但服务满意度高的有效需求不足型养老服务项目;助餐配餐属于有效需求低且服务满意度低的改良型养老服务项目(如图 5-8 所示)。

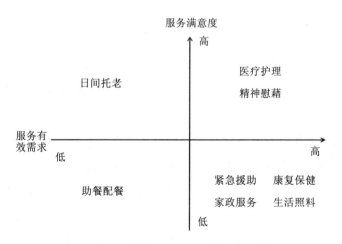

图 5-8　养老服务项目分类示意图

5.3.3　养老服务项目供给认知情况

城乡老年人对养老服务项目的供给认知存在较大差异。数据显示，农村老年人除在文体娱乐和医疗护理项目上的供给认知率高于居民户口老年人外，其他各项均低于持居民户口的老年人。特别是农村老年人对紧急援助、日间托老、家政服务、精神慰藉、生活照料服务的供给认知率均低于10%（如表5-15所示）。

表 5-15　城乡老年人养老服务项目供给认知情况表　（单位：人,%）

养老服务项目	农业户口		居民户口(之前非农)		居民户口(之前农业)	
	知晓人数	百分比	知晓人数	百分比	知晓人数	百分比
助餐配餐	129	13.9	465	35.0	163	29.3
紧急援助	56	6.0	185	13.9	53	9.5
日间托老	87	9.4	324	24.4	99	17.8
家政服务	49	5.3	269	20.2	87	15.6
精神慰藉	67	7.2	156	11.7	46	8.3
生活照料	58	6.3	138	10.4	49	8.8
文体娱乐	358	38.6	479	36.0	216	38.8
医疗护理	177	19.1	252	18.9	99	17.8
康复保健	96	10.4	158	11.9	43	7.7

城乡比较而言，城市社区为老年人提供的服务更为多样，包括日间托老、助餐服务、家政服务等。但农村提供的主要是以文体娱乐活动为主，紧急援助、日间托老、家政服务、精神慰藉、生活照料等服务项目基本处于缺失状态。

各区之间老年人对养老服务项目的认知情况也存在一定差异。助餐配餐项目认知率较高的是 HP、TH、HZ、YX 区；日间托老项目认知率较高的是 HP、TH、HZ、CH 区；紧急援助项目认知率较高的是 YX、CH、HP、LW 区；生活照料项目认知率较高的是 TH、HP、YX、NS 区；精神慰藉项目认知率较高的是 CH、HP、TH 区；医疗护理项目认知率较高的是 CH、HD、YX、TH、HP、LW 区（如表5-16所示）。

表 5-16　城区间养老服务项目认知情况表　　　（单位：人,%）

区域	助餐配餐		日间托老		紧急援助		生活照料		精神慰藉		医疗护理	
	人数	比率	人数	比率	人数	比率	人数	比率	人数	比率	人数	比率
YX 区	108	38.0	53	18.7	56	19.7	39	13.7	42	14.8	69	24.3
LW 区	39	13.4	64	21.9	35	12.0	26	8.9	21	7.2	65	22.3
TH 区	161	54.6	101	34.2	34	11.5	51	17.3	46	15.6	69	23.4
HZ 区	138	46.5	90	30.3	16	5.4	11	3.7	11	3.7	30	10.1
BY 区	65	23.0	14	4.9	26	9.2	11	3.9	13	4.6	22	7.8
HP 区	153	62.2	105	42.7	41	16.7	37	15.0	42	17.1	56	22.8
HD 区	38	13.9	17	6.2	26	9.5	18	6.6	18	6.6	70	25.5
PY 区	73	28.0	5	1.9	6	2.3	4	1.5	2	0.8	21	8.0
CH 区	9	3.5	64	24.7	50	19.3	26	10.0	52	20.1	69	26.6
ZC 区	0	0.0	5	2.5	3	1.5	2	1.0	6	3.0	24	11.9
NS 区	39	15.8	26	10.5	18	7.3	31	12.6	27	10.9	56	22.7

将六类养老服务项目的权重设置为 1，依据供给认知率计算各区养老服务项目供给认知得分，如下表 5-17 所示，数据结果表明 HP 区、TH 区、YX 区属于养老服务项目供给集中区（超过 20 分），得分分别为 29.4 分、26.1 分、21.5 分。CH 区、HZ 区、LW 区、NS 区、HD 区属于扩散区（超过 10 分），得分分别为 17.4 分、16.6 分、14.3 分、13.3 分、11.4 分。BY 区、PY 区、ZC 区属于边缘区（低于 10 分），得分分别为 8.9 分、7.1 分、3.3 分。养老服务项目供给认知率高一方面取决于项目建设的完备性，另一方面与服务宣传的力度、老年人的使用需求等多方面因素有关。

表 5-17　各区养老服务项目得分情况表

区域	加权总分	加权平均分
YX 区	129.2	21.5
LW 区	85.7	14.3
TH 区	156.6	26.1

续表

区域	加权总分	加权平均分
HZ 区	99.7	16.6
BY 区	53.4	8.9
HP 区	176.5	29.4
HD 区	68.3	11.4
PY 区	42.5	7.1
CH 区	104.2	17.4
ZC 区	19.9	3.3
NS 区	79.8	13.3

5.4　政策供给：养老服务政策制定情况

5.4.1　养老服务政策参与情况

随着社会经济水平的不断提高，老年人的民生福祉也在不断完善。在传统家庭养老模式受到挑战的背景下，将老年人纳入社会化的养老服务政策体系以化解老年人的经济风险、病患风险，营造出养老、敬老、孝老的社会氛围十分重要。一般来说，老年人在退休后获得稳定的经济收入主要依靠参加社会基本养老保险(公务员事业单位养老保险、城镇职工基本养老保险、城乡居民养老保险)。从近年来 G 市老年人参与社会基本养老保险的情况看，2016—2017 年城镇职工养老保险参保率保持在 40%左右，2016—2017 年城乡居民养老保险参保率保持在 26%左右，若假定公务员事业单位养老保险参保率为 10%，那么 G 市老年人社会基本养老保险覆盖率应该达到 80%以上(如表 5-18 所示)，绝大多数老年人可以获得比较稳定的固定收入来源。除此之外，G 市老年人医疗保障覆盖率继续提高，截止到 2017 年年底，G 市老年人社会医疗保险参保率为 98%。

表 5-18　2016-2017 年 G 市老年人社会基本养老保险参保率情况表（单位:%）

年龄段	城镇职工养老保险参保率		城乡居民养老保险参保率	
	2016 年	2017 年	2016 年	2017 年
G 市	40.0	40.9	26.7	26.1
60~64 岁	44.3	46.4	30.9	23.4
65~69 岁	38.3	38.4	25.1	28.5
70~74 岁	34.6	35.4	29.6	29.4
75~79 岁	37.1	36.5	24.9	25.9
80~84 岁	41.2	41.2	24.2	23.4
85~89 岁	41.5	42.6	27.5	26.7
90~94 岁	38.6	40.9	30.8	30.5
95~99 岁	33.9	38.7	42.1	30.6
100 岁及以上	35.8	35.1	37.0	39.2

数据来源：G 市老年人口和老龄事业数据手册(2016—2017 年)，笔者整理得到。

从区域角度看，G 市 TH 区、HZ 区、YX 区、LW 区的城镇化率都达到
100%。反映到社会基本养老保险和医疗保险的参保率上，该四区的职工养老
保险和医疗保险的参保率均比较高。相反，由于 BY 区、PY 区、ZC 区、HD
区、NS 区、CH 区的城镇化率相对较低，所以参加城乡居民养老保险和医疗
保险的老年人数较多(如表 5-19 所示)。

表 5-19　2017 年 G 市各区老年人参加社会保险情况表　　（单位:%）

区域	职工养老保险	居民养老保险	职工医疗保险	居民医疗保险	长期护理保险
G 市	40.9	26.2	46.8	33.0	—
YX 区	60.4	3.5	71.9	3.5	27.4
LW 区	71.4	3.4	71.3	5.4	18.6
TH 区	31.1	3.7	58.1	10.0	9.5
HZ 区	57.2	3.5	65.3	4.4	21.7
BY 区	27.9	34.5	30.8	53.6	6.7

续表

区域	职工养老保险	居民养老保险	职工医疗保险	居民医疗保险	长期护理保险
HP 区	32.2	19.0	53.6	44.6	4.8
HD 区	15.3	70.3	12.6	73.2	1.9
PY 区	33.5	34.2	32.1	57.3	5.5
CH 区	7.9	76.5	11.8	76.9	1.3
ZC 区	14.4	73.2	9.6	76.7	1.6
NS 区	15.4	58.6	11.4	74.1	1.0

数据来源：G 市老年人口和老龄事业数据手册(2017)，笔者整理计算求得。

此外，G 市自 2017 年 8 月 1 日起，开始试点实施长期护理保险制度，探索建立为长期失能人员提供基本生活照料和与基本生活密切相关的医疗护理服务。截至 2017 年年底，YX 区和 HZ 区参保率最高，超过了 20%；LW 区参保率达到 18.6%；其他各区参保率均低于 10%，特别是 HD、CH、ZC、NS 四区参保率还未超过 2%，整体制度推进速度比较滞后。

5.4.2 养老服务政策认知情况

政策认知实际上是将政策客体对政策内容、政策价值、政策执行方式、落实途径作为考察内容。德夫林(Devhn，2003)强调公众知晓的目的是提高公众对该制度和政策的理解。为考察 G 市老年人对养老服务政策的认知情况，调查中采用自评方式询问老年人对政策的认知程度。调查结果显示，老年人对国家层面的社会养老保险和社会医疗保险的认知度较高，超过 70% 的老人自认为了解相关政策。市一级层面的政策中仅老年人优待证(卡)的政策了解人数超过 80%，长者长寿保健金和 65 岁以上免费体检的政策了解人数超过 50%(如表 5-20 所示)。

表5-20　养老服务政策认知率情况表　　　（单位：人，%）

政策层次	政策名称	了解人数	有效比率
市级老龄政策	老年人优待证（卡）	2692	86.6
	长者长寿保健金	1628	53.8
	无障碍设施改造	548	18.6
	银龄安康行动	840	28.2
	公办养老机构轮候	434	14.7
	助餐配餐	724	24.3
	65岁以上免费体检	1795	59.2
国家老龄政策	社会养老保险	2125	70.0
	社会医疗保险	2302	75.4
	城乡居民大病保险	935	31.5

养老服务政策认知的影响因素是多方面的，特别是G市地方层面的政策往往会依据年龄、经济条件等因素进行覆盖范围的限制。例如长者长寿保健金、65岁以上免费体检政策以年龄为限制依据，因此政策认知率会随着年龄的增大而逐渐提高。无障碍设施改造、公办养老机构轮候政策的覆盖范围主要依据经济条件和健康条件为限制依据，因此覆盖范围比较狭窄，政策认知率比较低。但值得注意的是，银龄安康行动和助餐配餐两项政策是G市政府大力推进的老年服务项目，两项政策的低认知度仍然偏低说明自上而下的大力推动并不能从根本上提升老年人认知率，老年人主动获取政策信息的意愿及信息来源渠道是影响政策认知率高低的重要因素。

表5-21　养老服务政策认知率情况表　　　（单位：%）

政策名称	60~69岁	70~79岁	80岁及以上
老年人优待证（卡）	86.2	89.4	83.1
长者长寿保健金	43.0	63.5	68.9
无障碍设施改造	19.9	16.8	18.0
银龄安康行动	28.1	28.7	27.6

续表

政策名称	60~69 岁	70~79 岁	80 岁及以上
公办养老机构轮候	15.4	13.1	15.0
助餐配餐	24.4	23.6	25.0
65 岁以上免费体检	54.5	67.4	59.0
社会养老保险	71.2	70.7	65.1
社会医疗保险	76.6	74.6	73.0
城乡居民大病保险	33.5	30.5	27.5

5.4.3 养老服务信息获取渠道的情况

政策宣传是影响人们行动的技巧，政策认知提高需要通过有效的政策宣传来推动。一般来说，政策宣传可以通过口口相传以及媒体中介的方式得以实现。传统媒体包括报纸、期刊、电视、广播等；新媒体包括互联网、网络广播、手机短信、数字报纸/广播等。本次调查显示，老年人获取信息最主要的方式是通过村(居)干部通知，占比 52.1%；其次是采用传统媒体，包括电视/广播(44.9%)，报刊/杂志(23.3%)；而使用媒体和手机等新媒体方式获取信息的老年人占比低于 10%。总体来看，老年人获得信息的渠道较为有限，获取信息的能力不足。

表 5-22　养老服务政策信息获取渠道情况表(多选题)　　(单位：人,%)

政策名称	选择人数	有效比率
报刊/杂志	757	23.3
电视/广播	1455	44.9
板报/宣传单	337	10.4
网络	157	4.8
手机信息	224	6.9
社区座谈会/政策宣讲	293	9.0
村(居)干部通知	1689	52.1
其他	355	11.0

5.5 G 市社区居家养老服务体系供需协调效果评价

为进一步测量 G 市养老服务供需协调的效果，本部分共设计三级指标，其中一级指标为事实标准和价值标准，二级指标包括可及向度、回应向度、满意向度和质量向度，并进一步对所涉及的三个层次指标按照层次分析法设计指标权重（如表 5-23 所示）。

$$A = \begin{matrix} 1 & 3 & 5 & 7 \\ 1/3 & 1 & 3 & 5 \\ 1/5 & 1/3 & 1 & 3 \\ 1/7 & 1/5 & 1/3 & 1 \end{matrix}$$

对所构造的二级指标矩阵通过和积法进行一致性检验，计算判断矩阵的最大特征根值。矩阵得分的一致性检验如下：

最大特征根值 $\lambda \max_A = \sum \dfrac{Aw_i}{nw_i} = 4.118$，$CI = (\lambda \max - n)/(n-1) = 0.039$

$CR = CI/RI = 0.039/0.9 = 0.044 < 0.1$，该比较结果判断出矩阵具有较为满意的一致性。

表 5-23　各级指标归一化权重表

一级指标	二级指标	权重	三级指标	权重
A_1 事实标准	B_1 服务政策可及向度	0.56	C_1 国家政策参与度	0.6
			C_2 地方政策参与度	0.4
	B_2 服务政策回应向度	0.26	C_3 服务项目需要程度	0.5
			C_4 服务项目供给程度	0.5
A_2 价值标准	B_3 服务政策满意向度	0.12	C_5 设施空间合理性满意度	0.5
			C_6 设施使用便利性满意度	0.5
	B_4 服务政策质量向度	0.06	C_7 服务项目质量高低	0.5
			C_8 服务工作质量高低	0.5

从所有三级指标的得分值来看（如表 5-24 所示），最低的得分是 1.66，

最高得分是 2.58，以百分数换算，最低得分 55.33，最高得分 86 分。总体上看，三级指标得分均处于一般以上水平，基本达到了较好的养老服务执行效果。在服务满意度上，被访老年人对养老服务设施的空间布局和便利性均有较高的评价，对服务项目的质量、工作人员的态度也有较高的评价，但本地政策的覆盖面还须进一步扩展，养老服务项目供需矛盾仍然存在。

表 5-24   三级指标得分情况表

指标	C_1	C_2	C_3	C_4	C_5	C_6	C_7	C_8
得分	2.33	1.66	2.33	2.33	2.58	2.56	2.52	2.48
百分值	77.67	55.33	77.67	77.67	86.00	85.33	84.00	82.67

在三级指标得分的基础上，对其进行加权计算，得出二级指标维度的得分，如表 5-25 所示，四个二级指标的百分值得分最高的为服务政策满意度指标得分 85.67 分，其次是服务政策质量指标得分 83.33 分，再次是政策回应度指标得分 78.33 分，最后是政策的可及性指标得分 68.73 分。经过加权后，G 市养老服务政策执行效果综合得分是 73.97 分，处于一般以上较好的状态。也就是说，G 市养老服务政策的执行在化解当前的老龄化问题中效果明显，但仍有许多问题亟待解决，如政策覆盖面亟须扩展，供需矛盾尚需化解等（如图 5-9 所示）。

表 5-25   二级指标加权得分情况表

指标	B_1	B_2	B_3	B_4	综合评价
加权均值	2.06	2.35	2.57	2.50	2.22
百分值	68.73	78.33	85.67	83.33	73.97

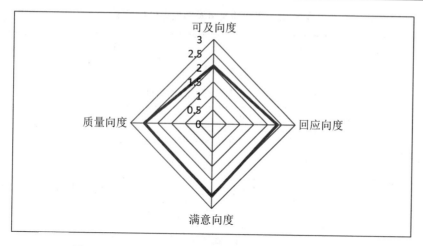

图 5-9　G 市养老服务政策执行效果四向度得分比较图

5.5.1　社区居家养老服务可及向度评价

《中共中央关于制定国民经济和社会发展第十三个五年规划的建议》明确要求政府"提供公平可及的公共服务"，"可及"被党和国家确立为与"公平"相并列的政策发展理念。可及性概念的提出源于美国的卫生专家卢安·阿德(Lu Ann Aday)、罗纳德·安德森(Ronald Andersen)；洛伊·潘查斯基(Roy Penchansky)和威廉·托马斯(William Thomas)提出时间是 1974 年，概念先由前两位专家提出，后两位专家于 1981 年对其深化并进行推广。可及性概念最先应用于医疗领域，后经扩展在养老、文化等诸多领域开始应用起来。养老服务政策可及向度的基本要求是降低老年人政策准入障碍，应尽可能使老年人被养老服务体系所覆盖，实现"应保尽保"。本次调查中养老服务政策的可及向度将政策参与度作为基本的评价条件，并分为国家政策和地方政策两个维度进行考察。其中，国家政策包括基本养老保险、基本医疗保险、城乡居民大病保险；地方政策包括老年优待证、长者长寿保健金、老年人意外伤害综合保险、公办养老机构轮候、助餐配餐、65 岁及以上免费体检(如表 5-26所示)。

表5-26 养老服务可及向度评价指标表

二级指标	三级指标	评估维度
服务政策可及向度	国家政策	基本养老保险参与度
		基本医疗保险参与度
		城乡居民大病保险参与度
	地方政策	老年人优待证(卡)参与度
		长者长寿保健金参与度
		"银龄安康行动"(老年人意外伤害综合险)参与度
		公办养老机构轮候参与度
		助餐配餐参与度
		65 岁以上免费体检参与度

从国家层面的养老政策看，基本医疗保险的参与度最高，在有效回答的 3261 份问卷中，有 2918 位老年人表示参加了基本医疗保险，占被访人数的 89.5%；参与度第二高的是基本养老保险，在有效回答的 3235 份问卷中，有 2632 位老年人表示参加了基本养老保险，占被访人数的 81.4%；但城乡居民大病医疗保险参保情况并不乐观，在有效回答的 3023 份问卷中，仅有 828 位老年人表示参加了，占被访人数的 27.4%。

表5-27 基本养老保险政策参与情况统计表　　（单位：人，%）

	基本养老保险	基本医疗保险	城乡居民大病保险
人数	2632	2918	828
百分比	81.4	89.5	27.4

从地方层面的养老政策看，老年人优待证政策参与度最高，在有效回答的 3250 份问卷中，有 2866 位老年人表示参加了老年人优待证政策，占被访人数的 88.2%；其次，长者长寿保健金政策和 65 岁及以上免费体检政策的参与度均较高，超过了 60%；再次是银龄安康老年人意外伤害综合保险政策的参与度接近三成，但助餐配餐政策和机构轮候政策的参与度较低仅不到 10%。

表 5-28　地方养老服务政策参与情况统计表　　（单位：人，%）

	优待证	长寿保健金	免费体检	银龄安康	机构轮候	助餐配餐
人数	2866	999	1364	858	118	229
百分比	88.2	65.9	60.5	28.1	4.0	7.6

5.5.2　社区居家养老服务回应向度评价

政策回应性是指政策能够满足公众需求的程度，当一项政策能够满足大众的迫切需求，大众的回应性肯定会上升，反之则相反。本次调查中，养老服务政策的回应向度以供需配适程度作为基本的评价条件（如表 5-29 所示），服务项目需求程度的考察包括社区养老服务项目需求情况、养老服务设施需求情况、老年活动场所需求情况三个方面；服务项目供给程度的考察包括社区养老服务项目供给认知程度、养老服务设施供给认知程度和养老活动场所供给认知程度三个方面。

表 5-29　养老服务回应向度评价指标表

二级指标	三级指标	评估维度
服务政策回应向度	服务项目需要程度	是否需要社区养老服务项目
		是否需要养老服务设施
		是否需要老年活动场所
	服务项目供给程度	社区养老服务项目供给程度
		社区养老服务设施供给程度
		社区养老活动场所供给程度

从社区养老服务项目需求情况看（如表 5-30 所示），需求度排在第一位的是定期体检，需要的老年人超过总体的一半，需求率为 52.4%。其次，康复保健（31.9%）、健康管理（30.9%）和紧急呼救（30.4%）的需求率也都超过了三成，上门巡诊（26.4%）、社区护理（24.8%）、健康教育宣传/服务（22%）、陪诊（21.3%）等项目的需求率也都超过两成。总体来看，老年人对与健康有关的助老服务需求较大，医疗照护需求仍然是最为核心的需求。此外，生活

照料类需求也比较突出，其中家居清洁(22.9%)、日常维修(20.5%)、助餐配餐(18.5%)也是较为普遍的需求。精神慰藉需求体现在心理咨询/聊天解闷的需求率为 22.7%。

表 5-30   社区养老服务项目需求情况统计表(多选题)   (单位：人,%)

助老服务项目	人数	百分比	助老服务项目	人数	百分比
定期体检	1732	52.4	日常维修	678	20.5
康复保健	1056	31.9	助餐配餐	611	18.5
健康管理	1020	30.9	家庭病床	524	15.9
紧急呼救	1003	30.4	日间托老	438	13.3
上门巡诊	873	26.4	法律援助	431	13.1
社区护理	818	24.8	日常交费	407	12.3
家居清洁	756	22.9	代购服务	307	9.3
心理咨询/聊天解闷	749	22.7	老年辅助用品租赁	265	8.0
健康教育宣传/服务	727	22.0	助浴	225	6.8
陪诊	704	21.3	其他	4	0.1

从养老服务配套设施情况看(如表 5-31 所示)，医院或诊所、市场、商场、银行、公共汽车站/地铁站等与生活息息相关的服务配套设施需求率最高，其需求率均超过了 70%；而社区居家养老设施、养老院、星光老年人之家/农村老年人活动站点、家庭综合服务中心的需求率与满足人们基本生活需求的配套设施相比，其需求程度明显下降，需求率最高的家庭综合服务中心也仅占 40.9%，需求率最低的养老院仅占 26.8%，这说明老年人对生活配套设施的刚性需求较高，但对养老服务设施的需求弹性较大。

表 5-31　养老服务配套设施需求情况统计表　　（单位：人,%）

生活设施	需要		一般		不需要		合计	
	人数	百分比	人数	百分比	人数	百分比	人数	百分比
医院或诊所	2512	79.4	488	15.4	163	5.2	3163	100.0
市场	2688	85.3	357	11.3	108	3.4	3153	100.0
商场	2359	75.5	597	19.1	168	5.4	3124	100.0
银行	2197	70.5	648	20.8	273	8.7	3118	100.0
公共汽车站/地铁站	2169	71.1	591	19.4	289	9.5	3049	100.0
社区居家养老设施	1093	36.2	1076	35.6	853	28.2	3022	100.0
养老院	811	26.8	1064	35.2	1151	38.0	3026	100.0
星光老年之家/农村老年人活动站点	1132	37.3	1091	35.9	814	26.8	3037	100.0
家庭综合服务中心	1240	40.9	1066	35.2	725	23.9	3031	100.0

从老年人活动场所需求看（如表 5-32 所示），广场（63.7%）、公园（69.1%）、健身场所（51.4%）、老年活动中心（50.0%）的需求率都超过了 50%，图书馆/文化站需求程度相对低，占 40.3%。总体来看，老年人对休闲娱乐的活动场所需求较高。

表 5-32　养老活动场所需求情况统计表　　（单位：人,%）

		需要	不需要	无所谓	无回答	合计
广场	人数	1939	359	739	6	3043
	百分比	63.7	11.8	24.3	0.2	100.0
公园	人数	2112	286	655	6	3059
	百分比	69.1	9.3	21.4	0.2	100.0
健身场所	人数	1552	573	882	11	3018
	百分比	51.4	19.0	29.2	0.4	100.0
老年活动中心	人数	1522	525	984	11	3042
	百分比	50.0	17.3	32.3	0.4	100.0
图书馆/文化站	人数	1206	670	1107	10	2993
	百分比	40.3	22.4	37.0	0.3	100.0

从养老服务项目的供给认知角度看(如表5-33所示),通过询问老年人是否知道所在社区提供相关养老服务的回答中考察社区养老服务的供给认知情况。通过统计分析发现,知道社区所提供的养老服务项目中,文体娱乐活动的供给认知率达到40.1%,其次是助餐配餐服务供给认知率为30.1%;排名第三的是医疗护理服务供给认知率为20.1%;第四位是日间托老服务供给认知率为19.9%;第五位是家政服务供给认知率为15.8%。接下来是紧急援助服务(11.4%)、康复保健服务(11.2%)、精神慰藉服务(10.2%)、生活照料服务(9.4%),老年人对社区是否提供此类养老服务项目的供给认知情况并不理想。

表5-33 社区养老服务项目供给认知情况统计表 (单位:人,%)

社区服务项目	知道		不知道		合计	
	人数	百分比	人数	百分比	人数	百分比
医疗护理服务	551	20.1	2184	79.9	2735	100.0
康复保健服务	306	11.2	2429	88.8	2735	100.0
紧急援助服务	311	11.4	2424	88.6	2735	100.0
生活照料服务	256	9.4	2479	90.6	2735	100.0
家政服务	432	15.8	2303	84.2	2735	100.0
文体娱乐活动	1096	40.1	1639	59.9	2735	100.0
精神慰藉服务	280	10.2	2455	89.8	2735	100.0
助餐配餐服务	823	30.1	1912	69.9	2735	100.0
日间托老服务	544	19.9	2191	80.1	2735	100.0

从养老服务设施供给认知情况看(如表5-34所示),生活服务类的设施包括医院/诊所、市场、商场、银行、公共汽车站/地铁站的供给认知率非常高,均在85%以上。养老服务类的设施包括社区居家养老设施(40.5%)、养老院(38.7%)、星光老人之家/农村老年人活动站点(51.3%)、家庭综合服务中心(51.3%)的供给认知情况不如生活服务类设施。

表 5-34　养老服务设施供给认知情况统计表　　　　（单位：人，%）

生活设施	知道		不知道		合计	
	人数	百分比	人数	百分比	人数	百分比
医院/诊所	2892	89.5	339	10.5	3231	100.0
市场	2989	92.7	237	7.3	3226	100.0
商场	2807	87.9	387	12.1	3194	100.0
银行	2737	85.6	459	14.4	3196	100.0
公共汽车站/地铁站	2906	91.1	285	8.9	3191	100.0
社区居家养老设施	1279	40.5	1878	59.5	3157	100.0
养老院	1210	38.7	1917	61.3	3127	100.0
星光老年之家/站点	1617	51.3	1532	48.7	3149	100.0
家庭综合服务中心	1611	51.3	1529	48.7	3140	100.0

从养老服务活动场所的供给认知看（如表 5-35 所示），公园（77.2%）、广场（69.3%）、健身广场（61.3%）、老年活动中心（58.1%）的供给认知均较高，只有图书馆/文化站（40.5%）的供给认知低于 50%。

表 5-35　养老活动场所供给认知情况统计表　　　　（单位：人，%）

		广场	公园	健身广场	老年活动中心	图书馆/文化站
知道	人数	2211	2482	1929	1845	1271
	百分比	69.3	77.2	61.3	58.1	40.5
不知道	人数	981	731	1216	1333	1869
	百分比	30.7	22.8	38.7	41.9	59.5
合计	人数	3192	3213	3145	3178	3140
	百分比	100.0	100.0	100.0	100.0	100.0

综合来看，社区养老服务项目供需情况（如表 5-36 所示），其中除助餐配餐和日间托老服务的政策供给认知率高于需求率外，医疗护理服务、康复保健服务、紧急援助服务、生活照料服务、家政服务、精神慰藉服务的需求率均高于供给认知率。

表 5-36 社区养老服务项目供需差情况表 （单位:%）

服务项目	需求率	供给认知率	供需差
医疗护理服务	24.8	20.1	-4.7
康复保健服务	31.9	11.2	-20.7
紧急援助服务	30.4	11.4	-19.0
生活照料服务	20.5	9.4	-11.1
家政服务	22.9	15.8	-7.1
精神慰藉服务	22.7	10.2	-12.5
助餐配餐服务	18.5	30.1	11.6
日间托老服务	13.3	19.9	6.6

从 G 市社区居家养老服务设施的供需差看(见表 5-37),以"需要"回答率作为有效需求率进行分析的话,相比于医院或诊所、市场、商场、银行、公交汽车站/地铁站等基础服务设施,社区居家养老设施、养老院、星光老年之家/农村老年人活动站点,家庭综合服务中心的服务有效需求率较低。这说明,老年人对养老服务设施建设的刚性要求并不高。

表 5-37 G 市社区养老服务设施供需差情况表 （单位:%）

服务项目	需求率	供给认知率	供需差
医院或诊所	79.4	89.5	10.1
市场	85.3	92.7	7.4
商场	75.5	87.9	12.4
银行	70.5	85.6	15.1
公共汽车站/地铁站	71.1	91.1	20.0
社区居家养老设施	36.2	40.5	4.3
养老院	26.8	38.7	11.9
星光老年之家/农村老年人活动站点	37.3	51.3	14.0
家庭综合服务中心	40.9	51.3	10.4

5.5.3　社区居家养老服务满意向度评价

老年人是养老服务的终端体验者，养老服务政策的效益或效果最终要体现在老年人对服务的感受上。老年人需要在家庭以外获得可及、便捷的养老服务。本部分将老年人对养老服务的认知和评价作为影响政策效果的重要因素来判断养老服务政策效果。本次调查对老年人养老服务满意度的考察分为设施空间合理性与设施使用便利性两个方面。养老服务设施的空间合理布局影响着老年人养老服务使用率，设施使用的便利性影响着服务使用主观体验，两个方面共同构成了判断养老服务满意度的基本指标。通过老年人对七个养老服务设施满意度的评价来考察服务满意向度情况（如表5-38所示）。

表5-38　养老服务回应向度评价指标表

二级指标	三级指标	评估维度
服务政策满意向度	设施空间合理性	居家养老服务示范中心布点满意情况
		日间托老服务机构布点满意情况
		星光老年之家/农村老年人活动站点布点满意情况
		社区家庭综合服务中心布点满意情况
		街道/社区文化站布点满意情况
		社区卫生服务中心（镇卫生院）布点满意情况
		街道/社区老年健身设施布点满意情况
	设施使用便利性	居家养老服务示范中心便利性满意情况
		日间托老服务机构便利性满意情况
		星光老年之家/农村老年人活动站点便利性满意情况
		社区家庭综合服务中心便利性满意情况
		街道/社区文化站便利性满意情况
		社区卫生服务中心（镇卫生院）便利性满意情况
		街道/社区老年健身设施便利性满意情况

在对其中社区养老服务设施空间布局满意程度的考察中，本次调查采取打分方式让接受过相关服务的被访老年人做出评价，1分为不满意，2分为一般，3分为满意。从数据分布看，参与程度最高的是社区卫生服务中心，其次

是社区家庭综合服务中心，再次是星光老年之家。从老人对各项养老服务设施布点满意度情况看，社区家庭综合服务中心的满意度最高，其平均打分为2.71分；街道/社区文化站排在第二，其平均分为2.6分；社区卫生服务中心（镇卫生院）的满意程度排第三，其平均打分为2.58分；星光老年之家/站点的满意度排在第四，其平均打分为2.57分（标准差0.554）；街道/社区老年健身设施排名第五，其平均打分为2.57分（标准差0.598）；居家养老服务示范中心与日间托老服务机构排名第六，平均分为2.53分（标准差0.566）（如表5-39所示）。

表5-39 社区养老服务设施的布局满意度情况统计表

社区设施	样本情况			描述统计量			
	有效样本	回答	没参与	极小值	极大值	均值	标准差
居家养老服务示范中心	2996	451	2543	1	3	2.53	0.566
日间托老服务机构	2999	514	2485	1	3	2.53	0.566
星光老年之家/站点	2986	1111	1870	1	3	2.57	0.554
社区家庭综合服务中心	2987	1238	1744	1	3	2.71	0.51
街道/社区文化站	2994	888	2105	1	3	2.60	0.532
社区卫生服务中心（镇卫生院）	2971	1849	1120	1	3	2.58	0.576
街道/社区老年健身设施	2989	889	2096	1	3	2.57	0.598

从老人对各项养老服务设施便利满意度情况看，社区家庭综合服务中心的满意度最高，其平均打分为2.71分；街道/社区文化站排在第二，其平均分为2.59分；社区卫生服务中心（镇卫生院）的满意程度第三，其平均打分为2.57分；街道/社区老年健身设施排名第四，其平均打分为2.56分；星光老年之家/站点的满意度排在第五，其平均打分为2.53分；居家养老服务示范中心的满意度排名第六，其平均打分为2.51分；日间托老服务机构排名第七，平均分为2.46分（如表5-40所示）。

表 5-40　社区养老服务设施的便利程度情况统计表

社区设施	样本情况			描述统计量			
	有效样本	回答	没参与	极小值	极大值	均值	标准差
居家养老服务示范中心	2991	445	2543	1	3	2.51	0.552
日间托老服务机构	2997	512	2484	1	3	2.46	0.568
星光老年之家/站点	2981	1103	1870	1	3	2.53	0.568
社区家庭综合服务中心	2985	1234	1744	1	3	2.71	0.49
街道/社区文化站	2985	874	2105	1	3	2.59	0.534
社区卫生服务中心 （镇卫生院）	2967	1841	1211	1	3	2.57	0.569
街道/社区老年健身设施	2991	890	2096	1	3	2.56	0.6

综合社区养老服务设施的空间布局和便利程度看，七项社区服务设施的满意度均较好，使用者对其评价较高。其中社区家庭综合服务中心综合满意度评价最高，街道/社区文化站、星光老年之家/站点、社区卫生服务中心（镇卫生院）满意度较好，居家养老服务示范中心和日间托老服务机构的满意度相对低一些。

5.5.4　社区居家养老服务质量向度评价

养老服务质量直接关系到老年人晚年健康和生活质量，养老服务政策作为一种社会公共服务，服务接受者往往对服务质量有最终的发言权。为促进更高质量的养老服务生产，使老年人真正安享晚年，需要形成"以用户为导向"的发展定位。质量评估是反映养老服务现状，提高服务质量、促进服务发展的重要环节，体现了服务"以人为本""以顾客为中心"的价值理念。本次调查对服务质量向度的研究从服务项目质量和服务工作质量两个维度展开，其中养老服务项目质量包括助餐配餐、紧急援助、日间托老、家政服务、精神慰藉、生活照料、文体娱乐活动、医疗护理、康复保健 9 种服务的质量评价，服务工作质量包括社区居家养老服务工作人员的服务质量、社区居家养老服务工作人员的服务态度、社区医疗工作人员的服务态度、社区医疗技术水平四个方面（如表 5-41 所示）。

表 5-41　养老服务质量向度评价指标表

二级指标	三级指标	评估维度
服务政策质量向度	服务项目质量	助餐配餐服务质量
		紧急援助服务质量
		日间托老服务质量
		家政服务质量
		精神慰藉服务质量
		生活照料服务质量
		文体娱乐活动质量
		医疗护理服务质量
		康复保健服务质量
	服务工作质量	社区居家养老服务工作人员的服务质量
		社区居家养老服务工作人员的服务态度
		社区医疗工作人员的服务态度
		社区医疗技术水平

从社区养老服务项目质量上看，在对 9 种社区养老服务项目进行评价的过程中，文体娱乐活动项目的参与人数最多，其次是助餐配餐服务、再次是医疗护理服务。从具体的评价来看，服务项目质量排在第一位的是文体娱乐活动，其平均打分是 2.61 分；排在第二位的是日间托老服务，其平均打分是 2.55 分(标准差 0.543)；排在第三位的是医疗护理服务，其平均打分是 2.55 分(标准差 0.558)；排在第四位的是精神慰藉服务，其平均打分是 2.54 分；排在第五位的是康复保健服务，其平均打分是 2.51 分(标准差 0.565)；排在第六位的是紧急援助服务，其平均打分是 2.51 分(标准差 0.569)；排在第七位的是家政服务，其平均得分是 2.5 分；排在第八位的是助餐配餐服务，其平均打分是 2.48 分；排在第九位的是生活照料服务，其平均打分是 2.43 分(如表 5-42 所示)。

表 5-42　社区养老服务项目质量评价统计表

服务项目	样本情况			描述统计量			
	有效样本	回答	没参与	极小值	极大值	均值	标准差
助餐配餐服务	2694	792	1816	1	3	2.48	0.588
紧急援助服务	2721	300	2416	1	3	2.51	0.569
日间托老服务	2710	513	2188	1	3	2.55	0.543
家政服务	2713	407	2302	1	3	2.50	0.539
精神慰藉服务	2723	268	2454	1	3	2.54	0.556
生活照料服务	2722	242	2478	1	3	2.43	0.581
文体娱乐活动	2688	1043	1639	1	3	2.61	0.528
医疗护理服务	2717	532	2183	1	3	2.55	0.558
康复保健服务	2882	292	2429	1	3	2.51	0.565

从社区养老服务人员工作质量看，参与评价的老年人对社区居家养老服务工作人员的服务态度评价较好，其评分为 2.53 分；对社区居家养老服务工作人员的服务质量评分为 2.51 分；社区医疗工作人员的服务态度评分为 2.49 分；社区医疗技术水平评分为 2.38 分(如表 5-43 所示)。

表 5-43　社区养老服务人员工作质量评价表

评价内容	样本情况			描述统计量			
	有效样本	回答	没参与	极小值	极大值	均值	标准差
社区居家养老服务工作人员的服务质量	2951	1824	1127	1	3	2.51	0.545
社区居家养老服务工作人员的服务态度	2961	1826	1135	1	3	2.53	0.544
社区医疗工作人员的服务态度	3168	2801	367	1	3	2.49	0.563
社区医疗技术水平	3164	2783	381	1	3	2.38	0.566

5.5.5 小结

第一，地方性养老服务政策覆盖不足，政策可及性有待提升。总体来看，地方层面的养老政策参与度不如国家层面的养老政策参与度高，G 市养老服务政策目标定位仍具有"补缺型"特点。这种补缺型政策的特点是对政策对象的准入条件有严格的限制，例如《G 市人民政府关于全面深化公办养老机构改革的意见》中强化了对特殊困难老年人的服务和保障，将本市户籍的"三无"老年人(无劳动能力，无生活来源，无赡养人和扶养人或者其赡养人和扶养人确无赡养和扶养能力)、五保对象，低保低收入、重点优抚对象、计划生育特扶老年人，经济困难的孤寡、失能半失能、高龄等老年人，以及符合规定条件为社会做出重要贡献的老年人作为政策主要服务对象。《G 市社区居家养老服务管理办法的通知》将本市户籍且在本市行政区域内居住的服务对象按照经济状况、年龄状况、身体状况等因素作为共同衡量资助对象的标准。《G 市特殊困难老年人家庭及居住区公共设施无障碍改造项目资金管理办法》仅用于特殊困难老年人家庭及居住区公共设施无障碍改造。《G 市特殊困难老年人入住养老机构资助办法的通知》主要适用于本市户籍低保、低收入困难家庭中的高龄老年人和本市户籍、年满 60 周岁、轻度失能及以上的老年人。

"补缺型"的养老服务政策使政府提供的免费优待养老服务对象主要是政府资助的高龄、空巢、低保、五保、残疾、失能等特殊老年人群，而通过低偿或有偿方式购买所需服务的老年人比例低，一些有养老服务需求的老年人在政府购买服务的"门槛"外徘徊，等待政府埋单的政策放宽。这些政策规定意味着有经济来源并需要养老服务的老年人需要自己购买服务，但由于无购买服务能力或购买能力较低，又不符合政府为其购买服务的资格条件，这些老年人将被排斥在服务体系之外，或者不能充分满足其服务需求。调查发现，老年人的经济承受能力低，对于有偿服务的价格承受能力较弱，虽然有强大的潜在需求，但难以转化成有效需求。这种长期以来"低水平、窄覆盖"的政府养老政策容易使人们误认为养老服务只是为少数老年人提供服务，与很多家庭无关。这导致大多数家庭对养老服务呈现出不关注、不积极参与的状态。

老年人对 G 市本地的养老服务政策认知度不高，仍存在满足条件但尚未纳入制度范围的老年人。政策认知度不高将直接影响养老服务政策的参与率，这与当前有限的政策宣传途径有较大关系。政策文本中相关养老服务政策的实施，原则上需要老年人依据自愿原则到户籍所在地的社区居(村)委会提出申请，目前的政策宣传主要靠(村居)委会通知，政策出台后，陆续在区、街道和居委会三个层面推进，但由于基层工作人员有限，政策越到基层贯彻难度越大。虽然一些老龄政策在全市统一推行，但各个区也存在较为明显的差异。这需要各个区根据自身的实际情况，通过有效的政策宣传途径提高民众对养老服务政策的认知度，进而提升养老服务政策的参与率。

第二，养老服务项目设置对老年人需求回应性不足。G 市的养老服务政策在面对大量养老需求的情况下，政策的有效回应度并不高。服务供给不足同日益增长的老年人养老需求间的矛盾将长期存在，养老服务项目的需求和供给之间存在两极分化的状态。一方面养老服务项目设置可能存在供过于求的情况，由于 G 市积极推进助餐配餐、医养结合、家政服务的"3+X"社区居家养老服务项目创新模式，所以助餐配餐服务项目和日间托老服务供给认知率较高，供给效果好。在所调查对象中助餐配餐和日间托老服务的供给认知率高于调查对象的需求率。另一方面则可能存在供不应求的情况，老年人亟须的医疗照护类、生活照料类、精神慰藉类项目的供给认知率严重低于老年人的服务需求率。

G 市老年人当前需求较为强烈的医疗护理、文化娱乐和生活照料、精神慰藉等服务均存在不同程度的供需缺口。特别是随着人口老龄化的持续深入，失能、半失能老人的增多将带来医疗护理类需求的持续攀升，专业性较强的健康管理、康复保健等方面需求将增大。当前，G 市养老服务项目供需矛盾一方面体现在服务内容尚不能满足需求，目前社区养老服务中需求量最大的医疗护理项目发展是最不成熟的，大多数社区居家养老服务机构只能提供操作简单的血压测量等服务，几乎不能提供任何专业的医疗护理服务。虽然有一些街道能够利用地缘优势寻求社会资源，有效解决医疗机构医生上门服务问题，但总体而言，老人所需的医疗护理仍然面临很大制约。日常照料项目和文化娱乐项目虽然多数老年人会从家庭内部成员那里获取，但随着社会发展，家庭规模缩小、工作方式转变、养老理念变化等多会使家庭的养老功能弱化，文化娱乐需求和生活照料需求将成为社会化服务需求的一部分。此外，老年人购买能力不足，养老服务需求难以转化为有效需求。调查中所体现的需求率和实际使用率之间的差距，一方面反映出老年人购买力不足，潜在需求无法转化为有效需求，另一方面也反映出当前老年服务的发展水平还较低，存在不能满足老年人所需服务的供给短板。

此外，养老服务相关政策的宣传力度不足。一方面由于养老服务政策宣传环节出现问题，符合条件的对象不知道可以购买服务；另一方面，养老服务组织在资格甄别时出现"自利"倾向，偏向于跟自己熟悉或关系好的对象，因此，应强化养老服务政策宣传的力度，保障每个老年人的知情权，同时严格服务对象的资格筛选，建立起制度化、规范化的评估机制，避免养老服务组织筛选服务对象时的主观性，使符合同等条件的老年人都能享受到同等的服务，提高养老服务供给的公平性。

第三，养老服务执行效果满意度综合评价较好。调查数据显示，目前的养老服务实施效果较好，且老年人对养老服务设施的空间布局满意度高于便利性满意度。从养老服务设施布局和便利性上看，老年人整体对此评价较高，且女性的满意度高于男性老年人。从年龄段角度分析，位置满意度最低的年龄段为85~89岁的老年人，他们认为日间托老服务机构布局有待改善，而满意度最高的老年人年龄段为90岁及以上的老年人群体，他们的养老服务需求最少，服务满意度最高。年龄结构影响老龄群体的养老服务需求与服务满意度，也就是说，养老服务需求越多，期望值越高，越难满足，服务满意度越低。社区养老服务设施的距离远近及便利程度会影响老年人参与养老服务的积极性。从调查结果看，参与社区养老服务的老年人对社区养老服务设施的空间布局和便利性程度整体满意度较高，这说明目前 G 市养老服务基础设施能够有序地进行统一规划和建设，新建社区和以原来单位居民为基础建立的社区场地规划及设施配备逐渐得到平衡，区域间养老活动场地面积、养老服务设施完善程度逐步提高，养老服务基础设施在社区间的差别缩小。

但需要注意的是，目前老年人的需求会随着年龄的增长以及自理程度的不同发生较大的分殊，不同经济状况的老年人也存在差异化的养老需求，而养老政策和养老服务的整体性制定由于个性化需求考虑不足，导致其在实践中陷入治理困境。由于老年人的养老服务需求呈现多样化、差异化的特征，如果以"同样的标准"为所有服务对象购买"相同的服务",那么必然会有老年人无法获得自己最需要的服务,导致在"移情性"方面的不满意。养老服务设施的设置不仅要考虑个体老龄化程度,还要考虑社区老龄化程度,我们要有耐心等待养老服务需求的沉淀,提前做好服务对象标准精细化工作,将社区养老中居家养老、日/夜间照料、短期托老、长期托老的护理级别进行分类管理,对不同程度的失能老年人设置不同的评估标准和护理标准,并对应不同的补贴标准和收费标准,体现对服务对象的精细化分层分类管理特征。

第四,养老服务政策质量有进一步提升的空间。从养老服务政策制定视角进行评定,高质量的养老服务政策具有合法性、合理性、明确性、稳定性、科学性、发展性等特征。从政策目标群体视角进行判断,高质量的养老服务政策一定能够为政策目标群体提供满意的服务。从国家治理视角进行评判,高质量的养老服务政策能够充分协调、统筹兼顾社会各阶层、各方面的利益,让全体社会成员各尽其能,各得其所,共享改革发展的成果,促进社会公平和社会和谐。从养老服务的产出(老年人对养老服务质量的感受)看,老年人对养老服务政策落实情况、居家养老服务质量、工作态度、职业技能、服务补贴等的评价,均对服务质量产生了重要的影响。

目前一些社区的养老服务在专业水平、服务态度等方面还存在一定问题,这与依赖政府、资金来源单一等原因有关。资金对养老服务的供给作用至关重要,政府资金投入不足会在一定程度上影响养老服务的质量。资金缺乏会造成社区养老服务的建设和发展举步维艰,基础设施建设滞后,社区工作人员待遇得不到保障,社区养老服务事业难以走上良性发展轨道。此外,目前社区专业技术人才社会保险和工资待遇缺乏激励机制,人才比较紧缺,流动性大。同时,缺乏对养老服务队伍的职业化和专业化的培训,引致了养老服务队伍建设问题。社区医疗是老年人十分关注的问题,社会工作者、社区护理员、社区卫生服务人员、社区全科医生等培育机制不健全,人才缺乏,从业激励机制不完善,相关人员专业素质有待提升。未来,G市养老服务要更加注重养老服务质量,加强服务人员职业技能培训,充分发挥专业社会工作组织作用。养老资金补贴机制也需要改善,让老年人能够真正从补贴资金中受益。

第 6 章　G 市社区居家养老服务供给机制及供需协调效果评价

21 世纪初以来，以北京、上海、南京、武汉、杭州等为代表的大城市积极探索社区居家养老服务社会化运作，并逐渐形成了政府主导、中介运作，政府资助、机构主办，政府购买、市场运营等多种社区居家养老模式，这些有益探索对缓解日趋紧张的养老服务供需矛盾起到了积极的作用。G 市凭借较高的经济发展水平以及毗邻港澳的地缘优势，成为较早一批尝试创新社区居家养老服务供给的城市之一。为进一步探讨不同社会主体与政府合作供给社区居家养老服务的嵌入机制，本章分别选取了 YX 区政府与 A 社工机构合作的模式；BY 区 JX 街道与 B 养老公司合作的模式；NS 区政府推动时间银行志愿组织互助养老作为典型案例，以期解构典型的社区居家养老供给模式。

6.1　政府向社工机构购买养老服务

政府向社会组织购买服务是政府与非营利组织合作的主要形式。政府通过制定正式的制度对社区居家养老服务供给进行规制，将行政资源、物资资源、资金资源嵌入到社区养老服务模式中，并形成较为稳定的政府购买社会组织服务的模式，这也是当前 G 市提供社区居家养老服务最主要的做法。

6.1.1　行政关系规制

政府对社区居家养老服务的行政嵌入体现在完善管理组织架构方面。社区居家养老服务供给是一项系统工程，涉及多个部门，在养老服务目标牵引下，要明确各部门权利和职责，处理好政府部门各行其是、难以统一协调等问题。对此，G 市在《G 市社区居家养老服务管理办法的通知》（以下简称《通知》)中，明确了政府在社区居家养老服务管理中的组织架构及具体职责。目前，G 市社区居家养老服务工作在市民政局统筹安排下，形成了职责清晰的社区居家养老服务管理组织体系(如图 6-1 所示)。在该组织体系中，由 G 市民政部门统筹规划并搭建居家养老综合信息服务平台，市、区各政府职能部门各司其职，财政局负责将社区居家养老服务经费纳入本级财政预算安排；人力资源和社会保障局负责落实社区居家养老服务从业人员技能培训补贴政策、社会保险制度建设以及退休人员的社会化管理工作；卫生和计划生育委员会负责指导医疗卫生机构提供便捷医疗服务，做好老年慢性病防治和康复护理，建立家庭医生签约服务；区民政局负责本区社区居家养老服务的统筹规划、组织实施、监督管理，指导区居家养老服务指导中心开展相关工作；街道办事处(镇政府)负责本辖区社区居家养老服务的承接、组织实施和监督管理。

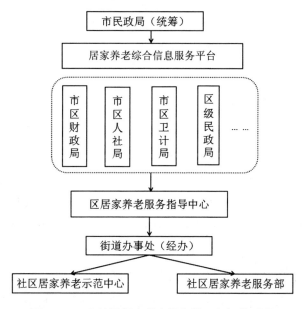

图 6-1　G 市社区居家养老服务管理组织体系图

6.1.2　物资资源投入

按照《G 市社区居家养老服务管理办法》的规定，区一级应设立 1 个区居家养老综合服务平台，设置居家养老服务人员实训、照顾需求等级评估、服务项目评估、老年用品展示、居家养老服务示范等功能设施；街道(镇)一级应设立 1 个街道(镇)居家养老综合服务平台，设置日间托管、临时托养、生活照料、助餐配餐、医疗保健、康复护理、辅具租赁、照顾需求评估等功能设施；社区一级可根据老年人口数量和居住范围合理布设社区老年人活动站点(含社区星光老年之家/农村老年人活动站点)、农村五保互助安居点。从政策要求来看，G 市目前已经搭建起覆盖"市—区—街道(镇)—社区"四级养老公共服务网络。

为保证充足的场地空间，各区、街道(镇)积极盘活辖区闲置物业和场地设施，以无偿、低偿方式提供给社会力量在辖区开展社区居家养老服务。按照政策要求，街道(镇)居家养老综合服务平台总建筑面积不少于 500 平方米，社区级服务设施建筑面积不少于 100 平方米。据统计，G 市 2017 年年底共建有 164 个居家养老服务综合平台、1460 个星光老年之家、1144 个农村老年人活动站点、170 个日间托老机构、952 个长者饭堂、188 个家庭综合服务中心、136 个五保互助安居点；社区养老服务设施面积超过 76 万平方米，覆盖率达到 100%。此外，政府还为服务站点提供内部装修、购买器材等服务，以提升老年人活动体验。

6.1.3 财政资金补贴

政府对社区居家养老服务资助标准主要分成四类(如表 6-1 所示)，一是机构运营资助。按照政策规定，区财政资助区居家养老综合服务平台运营经费每年 100~200 万元；街镇居家养老服务综合平台每年不少于 60 万元；社区老年人活动站点、农村五保互助安居点每年 3~5 万元。若按照 G 市 11 个区、136 个街道、1500 个社区的基数进行估计，每年的社区居家养老服务机构补贴额应在 1.4 亿~1.8 亿。

二是对养老服务对象的资助。政策中将可接受资助的老年人划分为两类，第一类资助对象包括无劳动能力、无生活来源且无法定赡养、抚养、扶养义务人或其法定赡养、抚养、扶养义务人无赡养、抚养、扶养能力的老年人，即城镇"三无"人员和农村五保供养对象；最低生活保障家庭、低收入困难家庭、享受抚恤补助的优抚对象等 3 类人员中失能的；最低生活保障家庭、低收入困难家庭、享受抚恤补助的优抚对象、80 周岁及以上的老年人等 4 类人员中独居或者仅与持证重度残疾子女共同居住的；曾获市级及以上劳动模范荣誉称号中失能的；100 周岁及以上的；计划生育特别扶助人员。上述对象资助标准为每人每月 400 元，属重度失能的每月增加护理资助 200 元；第二类资助对象包括 80 周岁及以上的；纯老家庭（含孤寡、独居）人员。上述对象资助标准为每月最高资助 200 元，但服务资助不得用于发放现金、购置实物和支付医疗费用，仅用于购买社区居家养老服务。

三是养老服务评估资助。区居家养老服务指导中心委托具有资质的第三方评估机构，依据本市统一标准进行老年人照顾需求等级评估。其中，政策规定属于第一类和第二类的服务对象参加户籍所在区的照顾需求等级评估，评估费用（含动态评估）由区财政全额负担。其他老年人自愿参加户籍所在区照顾需求等级评估，评估费用（含动态评估）由个人和区财政各负担一半，所需资金由区财政安排。

四是服务机构资助。各区民政局、财政局在综合考虑服务项目专业化程度、服务人次数、服务质量、服务成本等因素基础上，确定差别化服务项目补助标准，评估定级为不合格的不予补助。其中，对服务机构提供的日间托管、康复护理服务（每次不少于 30 分钟）、上门生活照料（每次不少于 1 小时）、上门医疗服务，合格的每人次补助不少于 2 元，良好的补助不少于 3 元，优秀的补助不少于 4 元，不合格的不予补助。

表 6-1　G 市社区居家养老服务资助项目及标准一览表

资助项目	资助条件	资助标准
养老服务机构运营资助	区居家养老综合服务平台	100~200 万元/年
	街镇居家养老服务综合平台	不少于 60 万元/年
	社区级养老服务站点	3~5 万元/年
养老服务资助	第一类资助对象	每月 400 元，属重度失能的，每月增加护理资助 200 元
	第二类资助对象	每月最高资助 200 元

续表

资助项目	资助条件	资助标准
养老服务评估资助	照顾需求等级评估费	第一、二类资助对象免费
	自愿参加户籍所在区照顾需求等级评估	个人和区财政各负担一半
服务机构资助	按服务项目评估结果定级	差别化服务项目补助标准，合格≥2 元/人，良好≥3 元/人，优秀≥4 元/人

6.1.4　基本运行模式

G 市政府在提供上述支持后，各区、各街道按照政策标准采取政府购买服务的方式，通过委托具有相应资质的服务机构来运营。在社区居家养老服务中引入社会组织具有较大的现实意义。一方面，社会组织具有较强的公益性和专业性，在解决政府服务同质化程度高的问题上具有较大优势；另一方面，社会组织参与社区老年人的居家养老服务，不仅能促进社区功能的完善，同时也能促进居民与社会组织之间的交流与互信，为社会组织进一步发展和壮大提供机会。G 市社区养老服务项目设置采取"3+X"的方式，其中 3 是指医养结合、助餐配餐、家政服务三项服务，X 是指社会组织可根据自身能力开展其他服务项目。目前活跃在城乡各社区的居家养老服务社会组织以其灵活的服务方式和扎实的专业能力为社区老年人提供居家养老服务，受到社区老年人的普遍认可和欢迎。目前，社会组织提供居家养老服务主要采用以下运作模式(如图 6-2 所示)。

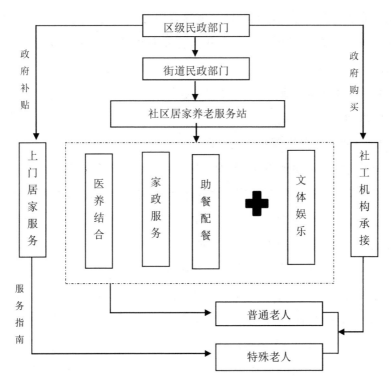

图6-2　政府购买社区居家养老服务模式运行机制图

目前，G市家庭综合服务中心、社区养老综合服务中心均有专业的社工组织进驻，由项目督导、一线社会工作者等人员组成团队。在该模式中，政府一方面通过补贴的方式对特殊困难老年群体提供经济支持，另一方面通过向专业社工机构购买服务的方式，向长者提供"3+X"养老服务项目，形成了以社工服务为基础，为社区老年人开展生活照料、配餐送餐、文体娱乐、法律维权、小组活动、知识讲堂等养老服务的模式。

6.2　政府与企业合作提供养老服务

企业参与社区养老服务模式是基于福利多元理论在实践中的一种体现。福利多元理论的核心内容是构建社会福利多元化，由此来弥补政府与市场等主体在各自的角度和领域上的福利供给缺陷。事实上，社区居家养老服务的提供单靠政府和社会组织的力量是难以完成的，在一定程度上必须要借助专业养老企业的力量。企业参与社区居家养老服务供给可以整合社会多方力量，从专业服务、社会责任角度，为老年人提供日常生活照料、文化娱乐活动、医疗保健、精神慰藉等服务。特别是随着老年人收入水平的提高，带有鲜明福利色彩的低水平养老服务将无法满足老年人的需求，提供高质量的养老服务必须要借助市场的力量。

6.2.1 专业服务规模化、定制化

企业参与社区养老服务供给的优势是使社区养老服务更具专业性。政府向社会组织购买服务虽然在一定程度上能够解决老年人基本养老服务需求问题，但是由社工机构负责运营的社区养老服务供给在医疗康复、护理保健等专业服务上始终存在专业性不足的短板，制约着医养结合深度融合发展。鉴于此，引入养老企业主体运营社区居家养老服务供给为创新供给模式、丰富供给内容提供了新的思路。本部分以 BY 区 JX 街道居家养老综合服务中心为案例。JX 街道在政府购买服务中，并没有选择由社会组织来承接社区居家养老服务项目，而是于 2017 年 9 月与 B 公司签约，由 B 公司承接社区居家养老服务项目。作为集团化公司 B 公司可以依托企业自身的物业资源优势来组建和打造专业的服务团队，通过以社区化、小型化、专业化为发展思路，建立起一站式社区嵌入式居家养老服务网络。目前，JX 街道社区居家养老综合服务中心已逐渐形成以居家照料为基础、以助餐配餐为抓手、以医养融合发展为重点，通过专业服务嵌入和资源整合，依托社区居家养老综合服务中心及社区日间托老中心、星光老年之家为长者提供生活照料、助餐配餐、医疗护理、康复保健、文体娱乐、精神慰藉、紧急援助、日间托老等多种形式的专业化为老服务。

与政府向社会组织购买服务模式相比，依托企业运营社区居家养老服务不仅可以为老年人提供基础服务而且还可以提供定制化服务。B 公司为企业性质，在承接政府社区居家养老服务项目后，一方面以完成政府规定的养老服务项目为先，优先保障特殊老年人的养老服务需求；另一方面又积极探索创新，不断根据老年人的养老服务需求优化养老服务项目设计。与社工机构的非营利性质不同，企业的营利性特征决定了其服务项目的设计除满足政府购买服务合同中的基本养老服务项目外，还可以在快速准确地掌握老年人需

求基础上开展部分有偿服务项目。在经济利益驱动下，企业具有参与社区养老服务的动力，一是体现在更加关注医疗资源的嵌入，着力打造具备现代服务理念、知识和技巧的专业人才团队。从事养老服务的人员需要经过系统的专业训练，持证上岗。同时特别强调优化人才梯队的组成结构，通过配备一线护理员、专业护士，以弥补政府购买服务中专业护工、全科医生不足的问题；二是体现在不断创新服务项目种类，提供针灸按摩理疗、全托照料（可按月、半年或一年）等收费服务。通过提供专业化、高品质的养老服务来满足老年人不同层次的养老服务需求。

此外，企业运营社区养老服务供给还呈现出规模化、标准化的特征。社区养老服务供给实现规模化经营是由粗放式走向集约式、由分散供给走向集中供给的重要表现，规模化供给成为实现效益最大化的有效途径。通过规模化操作，可将现有社区养老服务资源进一步整合，在一定范围内形成社区养老服务网络，从而更有利于各社区间信息交流、余缺调剂、供需平衡、资源共享。目前，B公司养老服务辐射JX街道及其辖区内16个社区，包括街道一级的居家养老综合服务中心，社区一级的星光老人之家、日间托老中心等，共计为3000多名60周岁及以上长者提供社区居家养老服务。此外，B公司还通过将服务设施建设与配置要求、服务机构要求、人员资质要求、服务内容要求、服务流程、服务规范、服务安全卫生进行标准化管理，进一步提高社区居家养老服务的质量。

6.2.2　企业社会责任还利于民

通常而言，企业提供社区居家养老服务投资大、回报周期长，企业参与的热情较低。企业之所以能够参与到养老事业的发展中需要具备一定的社会责任利他动机。B公司在参与社区养老服务供给中一方面让利政府，为街道解决了规划服务场地的难题。目前，B公司将自有物业商务公寓的二层作为长者综合服务中心全面对外开放使用。其利用自有物业开发养老服务场所的做法不需要街道另行规划场地，极大地降低了政府用于沟通规划的行政成本。此外，B公司经营社区养老服务项目自付经费购买服务设施，减轻了政府购置服务设施的财政投入成本。而且就笔者走访中所观察到的JX街道养老硬件设施条件及活动环境均要优于政府购买服务方式所提供的条件。

另一方面 B 公司还利于民。在助餐服务供给中，B 公司采取自建厨房的方式为老年人提供配餐服务，专门开辟厨房空间，雇佣专业厨师、厨房勤杂人员、配送人员(5~6 人)专门为老年人提供配餐服务，并严格监督餐饮安全。在餐食制作方面，由于老年人的饮食习惯和对食物的制作标准较高，B 公司致力于生产制作适合老年人身体特点和口味的配餐，根据老年人的咀嚼能力做成大小内径不一样的餐食，在软食、半流食、流食等方面进行一系列产品的开发；在用餐方面，老年人既可以选择到长者配餐中心集中就餐，也可以选择配餐上门服务；在付费方面，B 企业积极响应政府的运营补贴政策，按照"政府补一点，企业让一点，慈善捐一点，个人出一点"的原则，以低于市场定价 3 元的标准 12 元计算午餐价格，这实际上是企业让利 3 元，政府补贴 3 元，普通老年人只需 9 元即可购买午餐，特殊老年人还可以再减免 1 元就餐。这种自建厨房、分类补助、集中用餐与上门配送相结合的方式使 JX 街道及其辖区内 16 个社区助餐配餐服务需求得到有效整合，服务统筹规划能力得到极大提升，有效地避免了各社区配餐服务统筹安排缺失、服务随意性大等问题。

6.2.3 积极创新降成本、提效益

企业天然具有逐利倾向，在公益性和逐利性间找到两者的平衡，使两者目标相调和才是企业长久参与社区居家养老服务的根本所在。在 B 公司的案例中，积极创新无疑是其降低服务成本和提高服务效益的制胜法宝。

在助餐配餐服务中，B 公司的创新主要体现为以下三点：

一是多渠道扩大服务影响力，吸引长者体验。为扩大助餐服务知晓度，B 公司采取线上和线下相结合的方式加强宣传推广。线上采取微信推送、编辑新闻页面等方式；线下采取传单派发、试吃活动等方式吸引老年人参与，由现场工作人员详细介绍惠民政策、申请条件、申请流程，加深老年人对助餐服务的认识。除此之外，B 公司的就餐服务不仅包括辖区内的户籍老年人，也面向非本地、非户籍老年人并向周边就业及居住人群辐射，扩大增收范围。

二是优化管理流程。由于目前的助餐服务没有形成统一的平台化管理，所以订餐服务、用餐消费流程对于老年人来说相对复杂。B 公司利用自有的信息管理平台，为老年人提供打卡就餐服务，减少现金支付带来的麻烦。而

且 B 公司还通过就餐卡一次性充值优惠活动吸引老年人就餐。换句话说，企业为吸引更多的老年人参与助餐服务，加大了企业让利的幅度，其营销策略是先追求老年人用餐数量，当就餐人数扩大到一定程度后必将产生规模效益进而给企业带来利润。

三是社会资源链接能力强。送餐服务对于时效性要求较高，为了能给老年人提供最快捷的服务，B 公司为居住位置偏远但又有送餐上门需求的老年人链接居住小区附近的餐饮企业，为老年人就近提供配餐上门的服务，这种方式避免了午餐因运输时间过长而影响饭菜口感的问题。

总而言之，企业更加关注对社区居家养老服务市场的调研，充分了解和挖掘老年人的养老服务需求，并通过质优价廉的个性化服务，让老年人在消费体验过程中慢慢接受、认可，直至离不开社区居家养老服务，从而将老年人的潜在需求转化为有效需求，然后在此基础上不断提高服务频次，拓展服务项目。仅就一项助餐配餐服务而言，B 公司在运营中就采取了多项创新举措，不仅降低了服务成本，而且通过扩大服务对象范围、优化服务流程、提高服务质量等方式极大地提升了老年人参与服务的意愿和满意度。在实现政府服务目标的同时，企业的营利目标也在一定程度上得到了实现。

6.2.4　基本运行模式

与政府购买社会组织服务的方式相比，企业运营的社区居家养老服务除能够满足政府规定的对服务对象提供"3+X"养老服务项目外，企业还可以充分发挥自主性，在老年人需求日益膨胀且需求内容不断多样化的背景下，形成以"老年人为中心"的养老服务项目设置，采取无偿服务、低费服务和有偿服务的分类策略，满足不同层次的老年人需求(如图 6-3 所示)。

由企业提供社区养老服务工作，实际上是街道对社区居家养老服务工作的创新。这种创新推动并促使社区居家养老服务逐渐由完全的行政管理模式向初步的市场化经营转型，从完全的财政投入向企业自负盈亏转型。就目前情况来看，G 市养老服务产业化程度不算高，其经营方式和管理方式还没有形成一定的规模和影响力。更为重要的一点是，目前社会对企业与社区居家养老服务相融合的理念还存在误区，实际上企业的营利属性并未改变社区居家养老服务的公共物品属性，两者在一定程度上可以实现兼容。考虑到传统的政府购买社会组织服务的方式所面临的需求扩张和资金短缺将逐渐成为制约社区居家养老服务扩大发展的两重障碍，一味依靠行政手段而否认社区居家养老服务所具有的经济效益终将是行不通的，未来企业参与提供社区养老服务中的优势将会越来越凸显。

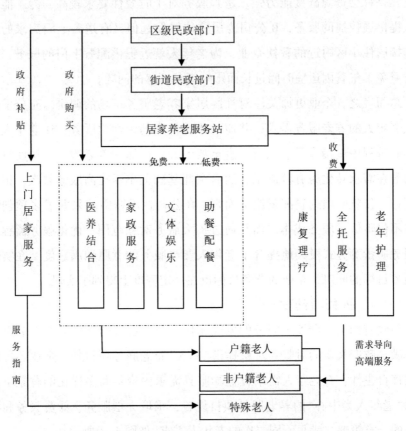

图 6-3　政府与企业合作提供社区居家养老服务模式运行机制图

6.3　时间银行自发互助提供养老服务

在社区居家养老服务工作中，志愿团体是一股不可或缺的参与力量。志愿团体提供志愿服务可以有效扩大社区居家养老的服务范围，有利于满足社区老年人多元化养老服务需求。NS 区在实践探索中将"时间银行"平台引入社区居家养老服务供给中，该模式以互助互惠为特点，通过构建激励机制和信任机制广泛吸纳志愿者为社区老年人提供日常生活照料、精神慰藉等服务，这种模式形成了对社区和家庭照护以及养老资金来源的有效补充。

6.3.1　以互利关系为运行基础

社会心理学和实验经济学的研究将人们追求利益的行为表现从个人偏好角度分成三部分：一是自利性，表现为对自己收益的关心；二为利他性，体现了对他人收益的关心；三是互利性，表明了对他人行动意图的关心。在日常生活中人们所秉承的"投我以桃，报之以李"，正是人类在长期的人际博弈中所形成的。从广义上讲，"时间银行"是指不同年龄阶段的志愿者在参加志愿服务活动的同时，为自己以后享受同等时间的志愿服务积累时间。[①]

"时间银行"模式起源于发达国家在 20 世纪 80 年代以来开展的社区互助养老实践。1980 年，美国学者埃德加·卡恩首次提出"时间银行"的概念。"时间银行"从其诞生的理念来看体现了非常明显的互利性特征，它类似于普通银行，只不过"时间银行"中储蓄的不是金钱货币，而是志愿者为他人提供服务的"时间"。在卡恩看来，以时间作为计量标准，可以将人们每次参与志愿活动的服务时间存入个人的"时间银行"账户，待到自己日后需要服务之时，再从"时间银行"中支取"被服务时间"，接受他人提供的同等时间但可以是不同类型的志愿服务。可见，支撑"时间银行"模式的理论基础及道德基础是公众服务的理念，服务他人，成就自我，以为他人服务为第一要义存储自己的时间。

参与时间银行互助养老模式的老年人通常是在趁自己还没老到被他人帮助养老之前，自己"存储时间"，为需要帮助的老年人提供服务，待年老时再支取时间。这种互利关系在时间银行实践中体现为低龄老年人服务于高龄老年人。生产性老龄化理论强调老龄群体是一种社会资源，可以在生产和生活中发挥重要作用，并鼓励老年人积极参与到经济和社会生活中去。[②] 低龄老年人的服务对象多为高龄、空巢、困难、独居等弱势老年群体，他们具备充裕

---

① 王亚婷，曹梅娟. 时间银行互助养老模式的概念及其关键要素[J]. 护理研究，2017，31(20)：2453-2455.

② 蔡玉敏. 社区养老"时间银行"可持续发展的路径选择——基于"老有所为"的理论视角[J]. 浙江树人大学学报(人文社会科学)，2017，17(01)：58-63.

的时间用以服务他人。这种服务对于社区的高龄老人而言能够满足其照顾、陪伴的需求；而低龄老人在此过程中可以实现奉献社会、追求健康的价值追求，参与此类志愿活动能使低龄老年人实现自身的价值，挖掘自身潜力，发挥余热实现老有所为。这种互利关系使低龄和高龄老年人的诉求同时得到了满足。

与此同时，这种互利关系还扩大到全龄志愿者对老龄群体的服务。在 NS 区时间银行平台中，老年人的需求分类细致且多样，包括探访、清洁卫生、陪同体检、康复训练、户外陪伴、饮食起居、买菜做饭、医院陪护、订餐送餐等服务。为满足上述需求，"NS 时间银行"网络平台除提供基本的志愿服务外，也面向社会，包括高校、民间机构、医院等专业领域招募准社工、义工、医生、律师、修理工、护理员，专业志愿者团队可以提供普通志愿者无法提供的专业服务。

6.3.2　以货币媒介增加激励性

传统互助养老模式因强调单向的付出而缺乏互动与激励，主要依靠个人的责任意识与奉献精神来维持，但随着助人为乐行为边际效用的递减，互助养老模式的可持续性受到挑战。在传统的互助养老方式中嵌入一定的激励关系，将"货币"的概念引入系统以鼓励和激发人们参与志愿服务的热情。时间银行的激励关系主要体现在以下两个方面：

1. 可积累性。在时间银行中，当志愿者为别人提供服务后，可获得定量的"时间货币"，并存入志愿者的"时间银行"个人系统中，这使得服务时间和质量具有了一定的可视性和可衡量性。在"时间货币"的计算上，"时间银行"认为所有的互助活动都是出于爱心责任、基于个人能力的奉献，不存在价值的差异，只有时长的区别。因此，"时间银行"无论接受或提供何种服务，只按照服务时长以小时为单位计量，而且时间货币不存在通货膨胀，无论何时提取，享受的服务都以原时数为基准。除此之外，时间货币的特殊之处还体现在其免税特征，各国都将以时间货币衡量的"收入"纳为免税项目，这是由于时间货币不可用现金货币兑现，且互助行为带有慈善色彩。

2. 可兑换性。积累的志愿服务时间可以兑换同等时数的服务或兑换实物。也就是说，由于"时间银行"引入有偿机制，会员会对自己的延期收益形成可靠的心理预期，"时间货币"这一无形资产给会员带来荣誉感、收益保障及与他人账户数额的良性竞争，这对会员可以产生持久的激励作用，从而保障互助养老行为的长期性与经常性。

在兑换时间的方式中，储户在"时间银行"存储的时间不仅可以供自己提取，而且可以用于自己的亲属，或将自己存储的时间转让给其他有需要的人。NS时间银行的这种激励关系采取由服务需求方定价时间币的方式确定服务价值。这在一定程度上改变了由单一的时间尺度计量服务价值的弊端，转向由需方根据服务消耗的时间、服务难度等信息进行综合定价的方式，进一步发挥时间币对志愿服务者的激励作用。

在兑换服务的方式中，时间币可兑换为一些费用减免和折扣的商业服务。NS时间银行的时间币通兑业务也为激励关系的持续维持起到了强化作用。志愿者除以服务换服务形成时间上的兑换外，还可以将积累的时间币到NS时间银行商城兑换居家电器、电子产品、生活用品、玩具、办公用品、票券、文体用品等产品，不同物品兑换所需时间币由3~1262个时间币不等。目前，NS时间银行商城兑换商品强调实用性，贴近群众日常生活，得到了志愿者较高的评价。

6.3.3　以持续服务深化相互信任

有效的互助式服务信息需要可靠的数据信息管理平台支持，以保证志愿服务时间、服务项目、服务累计时数得到精确保存。目前，NS时间银行网站由政府负责信息管理，包括信息的发布、及时的响应、信息交流与共享等，通过信息技术对系统的数据加以有效利用。志愿者和求助者注册成为会员后，可在网站上发布请求或提供志愿帮助，平台可精确地查询到自己的志愿服务存取记录。政府在帮助时间银行提供政策制度、资金投入、管理协调、保证时间银行在公众眼中的信誉度和认可度方面扮演着重要的角色。政府的权威和信誉实际上就是"时间银行"本身的权威和信誉。也就是说"时间银行"有足够的权威和信誉吸引"储户"来储存服务。就现有的"时间银行"来看，大多数是由政府来保障它的运行，人们参与"时间银行"是出于对政府的信任，自己存储的时间通过政府来保证在需要时可以提取所需服务。

邻里是社会中的一种初级群体，邻里关系是社区关系中的重要组成部分。

服务过程的信任关系是建立在熟人社会关系的基础上，以邻里互助和上下楼互助较为多见。"时间银行"互助养老模式注重老年人之间的社会交往和互助共享，以增加老年人的归属感和认同感。"时间银行"所构建的老年人互助网络促成了社区成员之间的互动，收获了对彼此的信任与友谊，从而有助于打破现代人际关系的冷漠格局，消除人与人之间的心灵隔阂，使整个社区成为一个互利互信的社区共存体。

6.3.4 基本运行模式

NS 时间银行志愿服务采取会员制，无论是服务提供方还是服务需求方均需在线注册。"NS 时间银行"网站可以快速发布需求、查看他人的服务请求、清晰地查询自己的存取记录。通过"时间银行"的网络服务平台，老年群体的需求和供给都会利用先进的信息技术进行存储、发布及统筹安排得以实现。每项志愿服务由服务需求方发起，通过网络平台发布需求信息，提供需求内容、需求时间、支付时间币等基本信息，服务提供方通过浏览网页信息对接服务需求。在志愿服务结束后由服务需求方对服务质量进行评价和反馈，并支付承诺的时间币。网络平台的后台管理需要由专人负责，工作内容包括审核登记服务信息、服务咨询、时间币记录、时间币通兑等业务。其基本运行模式如图 6-4 所示。

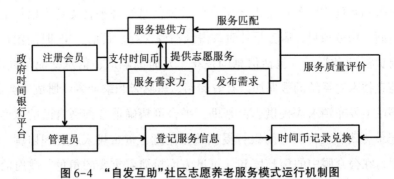

图 6-4 "自发互助"社区志愿养老服务模式运行机制图

6.4 G 市社区居家养老服务供需协调效果评价

在实际的社会生活中任何一种模式都不是单独存在的，上述社区居家养老服务模式的划分仅以具体实践中主导的方式进行界定。归纳起来，社区居家养老服务供给的途径体现为以下三种：以政府为主导、自上而下、体现福利主义取向；以市场为主导、自下而上、体现增长至上取向；以社区为主导、多向互动、体现伙伴关系取向。①

6.4.1　服务提供环节评价

在"政府购买服务"模式中，行政关系的规制使社区居家养老服务具备了合法性基础。在政府部门主导下，通过卫生和计划生育部门、人力资源和社会保障部门、民政部门、老龄工作委员会办公室、财政局等政府部门通力合作，以政策规制政府采购合同的方式来确定服务项目、服务内容、服务次数、服务人群，使服务提供标准化。物资资源投入以及财政资源投入有效保证了资金、信息、土地、人力等资源的供给。社会组织在承接服务后，能够为政策覆盖对象特别是特殊老年群体提供社区居家养老服务。但是以政府购买服务的形式提供服务，官办色彩比较强烈，行政资源规制使社会组织所提供服务以实现合同目标为导向，社会组织自主性发展不充分，且对政府的物质资源和财政资源嵌入更加依赖，最终导致服务创新动力不足。

在"政企合作"模式中，由养老企业作为社区居家养老服务的主要生产者和服务方，通过定制化、规模化的专业服务彰显了组织能力的高效性。与政府作为单一财政投入主体相比，企业可以利用自有资源在一定程度上弥补政府场地资源、资金资源、人力资源等投入不足的问题。企业在社区居家养老服务提供过程中，不仅可以提供与政府签订购买合同中所要求的服务内容，而且由于企业的营利属性区别于社会组织的非营利属性，企业还可以根据老年人的需求开展许多个性化的收费服务项目。企业具有的逐利取向使其提供的服务以老年人需求为导向，比单一的政府能够提供的服务数量更多、质量更高、覆盖人群更广，能够更加多元化地满足老年人需求。但是如果缺乏对企业逐利动机的适当约束，当企业逐利动机超过社会责任和社会创新的动机时，企业在养老服务提供中可能会合法化地利用政府的补贴政策更多地吸引和激励老年人以市场化方式享受服务。

① 唐德龙. 资源依赖、合作治理与公共服务递送——以深圳市阳光家庭综合服务中心项目运作为例[J]. 华东理工大学学报(社会科学版)，2014，29(03)：88-97+104.

在"自发互助"模式中，互利关系的嵌入表现为社会志愿力量的广泛参与，减少政府的投入负担，并缓解养老资源短缺的问题。低龄老年人为中高龄老年人提供志愿服务体现了双向互惠，一方面同为老龄群体的志愿者身份使低龄老年人更为深入地渗透到老年人的日常生活中，提供老年人最所需所想的服务。另一方面，提供志愿服务的老年人不仅仅是服务提供者，在服务提供的过程中，老年志愿者可以充实晚年退休生活，获得满足感，增强成就感，从而获得精神上的满足。从服务内容看，政府搭建时间银行网络平台完成志愿服务提供方和需求方之间的直接对接，老年人衣、食、住、行、乐等信息均可以发布在线上平台，由愿意承担服务的志愿者承接，提高服务精准对接效率。但是，志愿服务组织缺乏对提供服务的老年志愿者进行业务培训，难免会出现服务质量低下和志愿者流失的情况，甚至会造成参与各方均不满意的情况发生。

6.4.2　服务定价环节评价

社区居家养老服务既具有公共物品属性，又具有准公共物品和私人物品属性。"政府购买服务"主要体现社区居家养老服务公共物品属性，服务定价采用无偿和提供补贴(服务券)的方式。作为公共物品提供的社区居家养老服务为避免搭便车行为，需要严格界定服务对象的年龄、经济收入水平、健康状况。例如，G 市政府会根据年龄(80 岁以上)、经济状况(低保/低收入)、生活自理能力(失能/重度失能)、居住状况(独居/纯老/空巢)等指标进行评估，分为一类和二类补贴对象，以确定政府购买服务的补贴力度。政府在购买社区居家养老服务中体现了遵循"福利性"的特征。即使对于收费项目，也需要由政府物价部门核定其服务价格。例如，政府购买的针对失能、独居、空巢等低保老年人的服务价格要远低于市场价格。这些价格标准带有一定的指导性，对于纠正部分服务提供方在提供商品和服务的过程中定价过高的问题起到很大的限制作用。

在"政企合作"模式中，社区居家养老服务体现出公共物品、准公共物品和私人物品三重属性，其中准公共物品和私人物品是可以参与到市场竞争中进行价格确定的。在服务定价环节，企业一方面对于具有公共物品属性的社区居家养老服务按合同规定为特殊老年人提供政府购买服务中免费和低费的养老服务项目；另一方面企业的社会责任以及社会创新能力使服务项目更加多元，收费方式更加多样。企业可以针对普通老年人提供具有准公共物品、私人物品性质的养老服务，按照市场供需进行定价的有偿服务，以弥补企业前期投入中成本的不足。但是对于具有私人物品属性的社区养老服务，企业以市场定价为基础进行让利，企业让利行为的存在不仅有助于扩大影响力，而且能够满足老年人日趋多样化的养老服务需求。从长远看，随着老年人受教育程度的提高、购买能力的增强，很多老人具有了从市场购买养老服务的意识和购买能力。企业的参与恰好弥补了社会组织提供养老服务中的不足。对于一般老年人来说可以采用不同付费方式获得多样化的服务，对于中高收入老年人来说可以选择购买高质量的养老服务产品。这意味着社区居家养老服务具有市场性、盈利性与产业性的特点，地方政府为特殊困难老年人购买基础社区居家养老服务，其他服务的生产可交由社会力量来承担。老年人可以采用投票的方式决定企业长期运营的能力。

在"自发互助"模式下，NS"时间银行"的建立使互联网资源能够为志愿服务的供需双方提供更快速的信息响应平台，时间货币的激励也使志愿服务具有了回报性。"时间银行"按照"谁需求谁定价"的原则，老年人可以根据服务内容、服务时间支付时间币，志愿服务者在完成一次志愿服务后即可获得时间币，而且"时间币"可以通过"时间银行"储蓄工时，积累下来的时间币既可以用于兑付志愿服务，也可以兑换志愿商城中的商品。这是一种将社会服务转化为社会财富，更进一步转化为养老资源的创新方式。但是"时间银行"采用需方定价的方式而忽视了对服务质量的要求，单纯依靠互惠关系和信任关系嵌入所建立起的志愿服务供给机制缺乏对服务提供方的监督约束。而且建立在时间货币基础上的激励关系可持续性受到地域范围影响，在不同区域间的结算兑现中存在阻滞，并进一步影响了信任关系的维持。

6.4.3　服务递送环节评价

在"政府购买服务"模式下，服务递送环节主要依靠自上而下的行政驱动进行。社会组织在实现养老服务供给过程中主要依循政府的行政逻辑，以政府发布的考核指标为指引，分解任务、明确指标细项、层层落实。这种方式比较容易将工作重点放在容易考核和见效的服务递送环节上。但 G 市社区类型在空间分布、地形特点、人口组成等方面的特征千差万别，这些差异很大程度上决定了社区居民对于服务种类的需求各不相同。可见，将社区内老人的基本信息数据进行汇总，改变"一刀切"的服务递送方式，按需分配服务种类，做到有的放矢地提供服务十分必要。在具体的服务递送中，"线上"服务主要是平安钟服务，但此项服务的对象受年龄和经济条件的限制，覆盖范围较窄。此外，G 市政府也在全市探索网上订餐、手机订餐服务。

在"政企合作"模式中，服务递送环节是自上而下行政驱动和自下而上需求驱动的结合，其中降成本、提效益的社会创新动机极大地提高了服务递送绩效。在"线上"活动和"线下"活动紧密结合的过程中，老年人可以通过"线下"服务获得休闲娱乐、继续教育、精神慰藉、法律援助、生活照料、医疗护理、日间托老等服务。针对孤寡、高龄、独居老人形成稳定的探访机制，标注服务星级，并根据老年人分类定级给予妥善照顾。对于老年人亟须的医疗护理服务，也能提供基本的医护服务，包括测血压、测血糖等。这就使得服务的对象不仅包括特殊老年人，还将更多的中高收入老年人纳入范围内。而且"线下"活动还可以深入到社区内主动出击，提升服务的便利性和可得性。"线上"服务可以整合社区周边的各类服务资源，集成"线上"资源库，为老年人提供便民服务。此外，还包括服务活动回顾、信息推广宣传等，综合服务体的标准化管理初见雏形。

在"自发互利"模式中，时间银行"线上"服务系统资源丰富，老年人衣、食、住、行、乐等信息在线上平台发布后，即可与承接服务的志愿者对接。服务需求的提出和服务的承接均体现了信任关系的嵌入。"时间银行"网上系统可以实现信息记录、信息存储和信息分享，同时具备了匹配子系统、评价子系统和其他养老服务平台的互联系统等。最终，个体实现了与养老资源、社会养老资源的紧密融合。

6.4.4 服务接受环节评价

从服务接受环节看，"政府购买服务"模式的服务供给在服务内容上仍然比较欠缺，尚未形成"以老年人为中心"的服务提供模式，服务的质量和水平还不能达到老年人的要求。老年人亟须得到满足的是医疗服务需求，但社区居家养老服务与医疗服务融合程度不深，医疗服务缺口比较大。"政企合作"

模式下的社区养老服务供给覆盖对象范围较广，而且在服务内容上和服务形式上均有所创新，能够适应不同消费层次、不同服务内容的老年人养老需求。在"自发互助"模式下，老年人可以按照自身需求在"时间银行"平台发布志愿服务信息，但志愿服务提供者的服务质量约束机制不足。志愿者提供服务的水平和质量更多的靠道德约束。而且"时间银行"志愿服务辐射范围主要是 NS 区范围内，提供上门服务的志愿者也通常选择离居住范围较近的服务对象，因此接受服务的老年人数量受到一定的限制。

总体来看，"政府购买服务"模式采取自上而下的以合同为导向的服务提供策略，通过免费、补贴、低费等手段优先保障贫困老年人群体的需求，在递送方式上采取以现场服务为主，上门服务为辅，适度扩展线上服务的模式，但服务对象范围主要以辖区内老年群体为主；"政企合作"模式采取自下而上以需求为导向的服务提供策略，采取免费、补贴、收费等多种服务定价模式，扩大现场服务的辐射范围，不仅包括户籍和非户籍老人，而且可以吸纳非辖区居民的参与；"自发互利"模式是建立在信任关系基础上，基于情感导向的服务提供模式，以时间货币为度量服务价值的媒介，采取线上搭建供需信息对接平台，提供上门服务的方式，但辐射范围比较有限。

第 7 章　G 市社区医养结合服务供给机制及供需协调效果评价

《G 市养老服务体系建设"十四五"规划》要求："2025 年，实现街镇综合养老服务中心(以下简称"颐康中心")街镇覆盖率 100%、村居颐康服务站村居覆盖率 100%"。在此目标下，G 市自 2020 年起由点及线、由线及面全面铺开街镇综合养老服务中心建设工作，街镇综合养老服务中心成为社区层面医养结合养老服务工作开展的重要抓手。

目前，街镇综合养老服务中心(颐康中心)下设村居颐康站，形成"1+N"的社区颐康服务网络。按照建设标准，街道层级每个颐康中心面积不少于1000 平方米，具备全托、日托、上门服务、对下指导、统筹调配资源等功能，能够为区内老年人就近提供全托、日托、助餐配餐、家政、医养结合、辅具租赁等服务。颐康站可以统筹调动长者饭堂、日间托老中心、星光老年之家等社区养老服务设施，采取全托、日托、上门服务等形式，为老年人提供全方位、多层次、一站式、到户式的综合养老服务，实现养老服务资源的统筹管理和高效配置，满足"就近、专业、便利、个性化"的养老需求。

G 市街镇综合养老服务中心(颐康中心)主要采取公建民营方式，引导社会力量积极参与，并发展成为由不同社会力量运营，具有不同特色的社区医养结合服务模式。本章根据实地调研情况，结合社区养老服务与医疗资源叠加的不同形式以及医疗资源接入程度，着重介绍三种比较典型的社区医养结合服务模式及其运营机制。

7.1　以医办养：由社区医院提供社区医养结合服务

7.1.1　"以医办养"基本运行模式

"以医办养"模式是指充分运用医院的医疗资源优势，在现有医疗资源基础上增设养老服务，从而实现医养结合的养老服务模式。在 G 市"医养深度融合"模式可以 H 区 J 街社区卫生服务中心为代表。J 街 H 社区医院原属于国有企业下设的职工医院。2007 年因响应政府改制要求，该职工医院从原有国有企业中剥离出来，在医院院长带领下，经过合资重组注册为非营利性社区卫生服务中心，并于 2020 年升级为"社区医院"。从性质上看，H 社区医院属性为社会组织，这就与一般社区卫生服务中心的公办属性区分开来。其在近 13（2007—2020 年）年的发展中，始终以居民卫生服务需求为导向，着力做好基本医疗服务，满足居民常见病、多发病的诊断治疗与康复，并促进医防融合。目前该社区医院已形成从门诊签约服务，到住院康复护理，再到居家养老的闭环式社区卫生服务圈，并不断地向全生命周期大健康管理目标迈进。

H 社区医院建筑面积 11396 平方米，下设有两个社区卫生服务站、一个颐康中心、一个护理站、两个厂医务室、一个大学医疗门诊部，现有卫技人员 240 人，中级职称以上人员 53 人，高级职称以上人员 7 人。借助长期从事医养结合的养老服务工作优势，H 社区医院承接了所在街道的颐康中心项目，并于 2020 年 12 月 20 日建成营业，成为 G 市首批、区首家通过验收的颐康中心。

在承接颐康中心项目后，该社区医院结合自身医疗资源形成包含医、养以及医养结合的三大主要板块。在"医"的方面，社区医院设立科室包括（1）全科医学科，提供家庭医生门诊与签约基础服务，慢性病及高危人群健康管理；（2）内科、外科、妇科、儿科、口腔科、中医科、康复医学科等科目的门诊服务和 24 小时急诊、急救、住院等服务；（3）综合住院病房，开放医保核定床位 220 张，收治常见病、多发病及已经确诊的慢性病患者，设立安宁舒缓疗护病房；（4）预防保健科和健康体检中心，涵盖国家基本公共卫生服务项目，健康体检等业务。

在"养"的方面，社区医院打造了社区居家养老服务平台，提供包括助餐配餐、基本生活照料、适老化改造在内的十项服务。在"医养结合"方面，社区医院专门设立科室包括：（1）医养结合科，以养老、康复、预防为主，治疗为辅，开展医养结合，满足失能、半失能患者就医难、养老难的多层次需求；（2）家庭病床科，为行动不便，就医困难，适于家庭监测治疗的稳定慢性病或临终关怀的病人提供方便快捷连续全程的家庭医疗服务。总的来说，由 H 社区医院运营的颐康中心较好地发挥出社区医院的医疗优势，并在结合社区居家养老服务需求的基础上，较好地满足了失能半失能老年人群体的医疗需求，逐渐探索出"以医办养"型社区医养结合养老服务模式，其运作架构如图 7-1 所示。

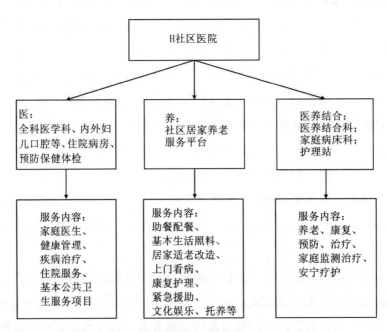

图 7-1 "以医办养"型社区医养结合模式架构图

7.1.2 "以医办养"优势：专业化与资源整合

"以医办养"模式的优势之一是医疗机构运营弥补了社区养老服务供给中，医疗资源长期不足以及专业性不高的问题，能够使老年人的生命安全得到更有效的保障。特别是对于失能、半失能等对医疗资源有刚性需求的老年人群体来说，"以医办养"能够较大程度地满足了老年人的需求。在该案例中，H

社区医院借助医疗机构科室齐备与医疗设备齐全的优势，使老年人在突发疾病时能够得到及时的救治。一方面在提供居家医疗方面，内设的护理站和家庭病床科可提供居家医养服务，以满足老年人日常居家医疗、护理和康复的需求。另一方面在社区医院内就诊多科室功能有机衔接，如健康体检中心每年会给老年人进行定期体检、保健和慢病管理，医养结合科可以开展医疗服务和养老服务的闭环管理，中医治未病和安宁护理可以做好疾病预防和临终关怀等服务。

该模式的优势之二是最大限度地做到医养政策资源整合。H 社区医院是 G 市职工医疗保险、居民医疗保险、省工伤医疗保险、市工伤医疗保险、区公费医疗挂钩单位、门诊慢性病、长期护理保险定点单位。H 社区医院还获得了家庭病床、护理站、上门居家服务资质。在医联体建设方面，H 社区医院与 Z 大学附属第一医院东院和 G 医科大学附属第五医院建立双向转诊关系。除此之外，H 社区医院还是市残疾人定点康复机构，多部门政策资源叠加后发挥出政策合力的效果比较明显，可以实现有效的资源整合，并发挥出规模效应。

7.1.3　"以医办养"劣势：可复制性差与成本高

该模式的劣势之一是由医院提供养老服务的动力不足，这也是全国"以医办养"机构数量较少的原因之一。因为与医院的住院床位相比，养老床位周转速度慢，成本投入大回报慢，一旦达不到规模，机构运营的压力就会比较大。因此，一般效益较好的公办医疗机构没有转型动力，这也就导致该模式的可复制性比较差。该模式劣势之二是专业的医疗资源以及服务对象的特殊性决定了入住费用标准较高。H 社区医院的收费标准在 5000~8000 元/月。虽然该中心是长护险试点单位，评估符合条件的失能老人可以获得长护险补贴，支付成本最多可减 3000 元。但是对于没有办法获得长护险的老人来讲，颐康中心收费的价格是比较高的。除此之外，医疗机构的养老服务资源还比较单一，服务经验也比较缺乏。

7.1.4　"以医办养"机遇与挑战：社会信任与政策依赖

从机遇角度看，H 社区医院模式一直积极探索医养结合、大健康等与国家发展要求相适应的业务，不仅得到了党中央、省、市层面的大力推广，而且常常作为"医养结合"的典型案例向我国其他地区介绍经验。特别是在国家大健康战略背景下，群众的健康诉求不断提高，分散在各部门之间的医疗资源也正在不断积聚整合。因此，借助社区医院作为实施医养结合服务的载体就成为很好的抓手，比如卫健部门开展家庭病床，民政部门推出家庭养老床位，残联主推残疾人康复、精神障碍疾病康复等，这些项目具体由具备医疗资源的社区医院承接就显得顺理成章。

此外，H 社区医院从原国企医院转型，民办非企业属性不仅为其开展医养结合服务提供了便利，而且长期根植社区积累了良好的口碑，社区医院深得居民信任，辖区内 5 万左右的常住居民，老年人有 4000 多人，这些老年人与社区医院医护人员基本都很熟悉，这也是社区医院积极介入到医养结合领域的重要原因。

从挑战角度看，该模式的挑战之一是目前还较为依赖政策的支持。比如获得基本医疗保险、长期护理保险、护理站等定点资质。但是由于部门管理交叉重叠，社区医院要分别接受来自民政、卫健、残联等部门以及街道的多重管理。另一个威胁是对于医院整体而言，养老业务形成不了规模效应，运营成本较高。H 社区医院的床位目前只有 20 张，医养结合投入的人力成本较大，即使在床位全部住满的情况下也可能会面临经营亏损的风险。这也是访谈中院方一直强调要借助医院力量，使医生、护士等人员一专多能的原因。

7.2 "养中有医"供给：由养老企业提供社区医养结合服务

7.2.1 "养中有医"基本运行模式

"养中有医"模式是指在养老服务功能的基础上自建医疗服务队伍，从而将医疗服务纳入养老企业整体业务板块的探索。在 G 市，F 集团是比较典型的介入养老服务市场较早的养老企业，"养中有医"可以 F 集团在线下承接街镇综合养老服务中心为代表。F 集团在粤港澳大湾区，服务覆盖超过 32 条街道，300 余个社区居家养老服务站点，60 岁以上老年人服务人数超过 37 万人，护理站 10 个，医疗机构 12 个，包括中医门诊、医疗机构、护理站，养老机构床位 2200 张，CCRC 项目床位数 5000 张。

借助企业集团化运作优势，F 集团内部通过打造养老生态圈从而将医、养、康、护等多个功能模块有机整合，为社区老年人提供居家养老服务。相关医疗功能通过内嵌护理站的方式得以实现。护理站打造一支以护士为核心，囊括了各类护理人员及康复师组成的团队，为一定社区范围内长期卧床老人、患者、残疾人、临终患者和其他需要护理服务者提供基础护理、专科护理、临终护理、消毒隔离技术指导、营养指导、社区康复指导、健康宣教和其他护理服务。除此之外，F 集团还打造了"健康长者照护中心"作为社区居家养老基地。该中心以单点辐射半径 5～10 千米，以社区为基础提供居家养老服务。"健康长者照护中心"由 7 大服务模块构成：看护家、社工、老年大学、评估、健康产品、医养、教育。该中心配备康复理疗区、配餐区、书画阅览室、活动室、老年大学、洗浴区、理发室等区域，集居家照护、日间照料、全托养老护理、健康膳食、社工组织、社区医疗、保健康复、适老用品、健康产品等功能于一体，实现了 24 小时不间断护理。

F 集团还以家庭为中心，打造"一站式"高端家庭服务品牌，提供个性化的家庭服务全面解决方案，比如个性化养老方案定制、居家保洁定制、家电清洗、基础家政等。F 集团还创建管理系统，该系统包括多个终端（C 端—微信公众号、C 端—微信小程序、B 端—员工 APP、OC 端—运营管理系统、客服系统）串联各大功能板块，满足丰富的业务场景需求，实现以家庭为中心的服务闭环，为客户及其家庭提供全方位、个性化的解决方案（如图 7-2 所示）。

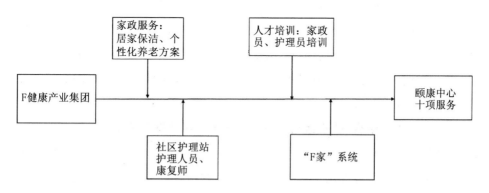

图 7-2　"养中有医"型社区医养结合模式构架图

7.2.2 "养中有医"优势：高效协调资源

从优势角度看，该模式较好地平衡了养护资源。从 F 集团案例可以看出，通过整合社工、医护、家政等多项资源，利用自建医疗团队可以为老年人提供比较好的护理和康复服务，特别是为非危急重病的老年人但是又有大量长期护理和康护需求的失能、半失能、失智、高龄等老年人提供病后康复和护理具有在地化优势。与此同时，F 集团也承接了护理站项目，具有提供长期护理保险的资质，可以为长期失能人员提供基本生活照料和与基本生活密切相关的医疗护理。一般来说，养老企业并不是单一业务企业，而是多元化集团控股公司。集团化、连锁化运作可以实现集团内跨区域调配资源，雄厚的资金基础可以支撑起目前亏损的养老板块。而且养老企业运营社区居家养老服务可以充分利用市场逻辑深度挖掘老年人需求，细分养老服务市场，该养老企业对未来实现盈利充满信心。

7.2.3 "养中有医"劣势：养老消费市场尚未形成

从劣势角度看，由养老企业承担服务时，在服务场地的选择上往往比较被动。除自有物业的养老企业外，很多企业选址都需要听从街道的统一安排。如果选址条件不合适将直接影响到未来养老服务运营的收益，但企业在影响政府决策话语权方面的能力还处于弱势。加之目前养老企业服务收费较高，对老年人设置了比较高的准入门槛。特别是目前，绝大多数老年人的消费意识和消费能力仍与现代市场的消费观念存在距离，他们很难接受以高昂的价格购买养老服务的形式。虽然目前上门居家服务是养老企业的一个盈利点，但目前老年人消费意愿总体很低。当然也有一些经济条件较好的老年人具备较高的消费能力，但他们也有较高的养老服务质量要求。因此对于养老企业来说，如何扩大老年人的消费服务场景，并且根据不同消费层次锚定老年人需求是很重要的。

7.2.4 "养中有医"机遇与挑战：养老市场环境与政策准入

从机会角度看，养老服务市场的开放为养老企业进入并提供专业化、连锁化、市场化的服务提供了最大的机遇。在政府提高养老服务质量和降低购买服务成本的双重目标下，养老企业长期经受市场考验所形成的敏锐决策模式可以在最大程度上改变主要靠政府购买服务进行输血的方式，只要政府提供充分的空间和舞台，那么养老企业就会在市场利润的引导下，不断细分市场，细化服务。总体来说，养老企业对未来的养老市场充满了乐观的希望，他们希望能够撑到养老消费市场反转，获得较好收益。

从挑战角度看，政府在经营准入、政策试点等方面掌握的政治资源对养老机构影响是非常大的。如果享受不到政府提供的准入政策，那么养老机构就会在规模和资本上遭遇无形的壁垒。特别是政策的不确定性，比如在购买服务的年限、场地租赁年限、医疗保险资格的授权等方面，都有可能形成政策壁垒而对企业经营带来威胁。

7.3　"医养合作"供给：由社会组织提供社区医养结合服务

7.3.1　"医养合作"基本运行模式

"医养合作"模式是指社区养老机构通过和社区卫生服务机构等签订合作协议，或者由医疗机构托管养老机构医疗服务的形式联动运营。在 G 市，由社会组织承接政府购买的养老服务是最早出现的一种形式，实践案例也较为丰富。本部分以 Y 社会工作服务中心为例，该机构是较早一批进入社会工作领域的社会组织，是一家由大学从事社会工作专业教学与研究的教师团队于2009 年 9 月创办的专业化社会工作服务机构。Y 社工机构致力于为有需要的个人、家庭、组织和社区提供人性化、专业化的社会工作服务，帮助社区的个人及家庭有效预防及应对各种问题和挑战，提升居民融入社区的归属感、幸福感和认同感。

调研中(调查周期为 2023 年)，Y 社工机构从 2011 年起承接 W 街社工站，自承接之日起该项目已经进入第 12 个服务年头，属于第四个服务周期。2014年政府采用购买服务的方式与 Y 社工机构合作运营 W 街长者服务中心，一开始政府每年投入运营经费 15 万元。2016 年由于新增日间托管和助餐配餐服务项目，Y 社工机构按照"1+7"的服务点模式，政府每年提供 64 万元经费，即一个中心运营经费 15 万元，7 个站点每个站点每年 7 万元运营经费。2020 年根据 G 市统一部署，站点升级为居家养老服务平台，按照"1+11"服务模式提供上门服务和到站服务，政府每年提供 164 万元经费，即一个平台运营经费60 万元，11 个站点共计 104 万元运营经费。2021 年，平台再次升级为街镇综合养老服务中心(颐康中心)，采取"1+13"服务模式，政府每年提供 147 万元运营经费，即一个平台运营经费 60 万元，13 个站点共计 87 万元运营经费。

目前，该中心以老年人服务需求为导向，盘活社区各类养老资源，构建起集全托、日托、助餐配餐、文化娱乐、上门生活照料、上门医疗、康复护理、安全援助、精神慰藉、临终关怀、家庭养老床位、适老化改造等"一站式"和"到户式"综合养老服务。

调研中发现，Y 社工机构在养老服务领域中的创新举措比较丰富。具体包括：(1)Y 社工机构有自建档案分级管理信息系统，可以为辖区长者提供全面、及时、高效和个性化的服务；(2)在医疗保健方面，其特色服务包括打造社区中医健康驿站，引入 5G 物联网慢性病智能化自检设备，为老年人提供健康监测服务。邀请康复师为有需要的长者制订康复计划、开展康复服务；(3)在精神慰藉方面，其特色服务包括建立老年人心理健康驿站，组建由心理专家、资深社工组成的心理关怀团队，关心老年人的心理健康，组织以"初老"长者为主的"银龄天使为老服务队"；(4)在生活照料方面，其特色服务包括与羊城家政基层站合作，为社区老年人提供居家清洁、洗衣做饭、剪发等多层次的上门生活照料服务。打造护工姊妹站，将老年人照护服务细分为多个单项，形成为老年人提供灵活选择服务项目和频次的"零售"模式；(5)启动社区基金，针对经济困难的老年人，启动社区基金为其提供上门服务，以提高老年人居家生活质量。但由于社会组织不具备医疗资质，因此一般会采取与社区卫生服务中心合作的方式，为有医疗需求的社区老年人提供上门医疗服务，为家床服务对象提供定期巡诊等服务(如图 7-3 所示)。

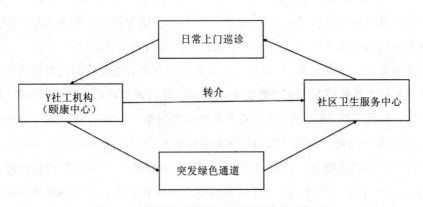

图 7-3 "医养合作"型社区医养结合模式构架图

7.3.2 "医养合作"优势：提供社工专业服务

从优势角度看，Y 社工机构服务于 W 街道及其 8 个社区，其中常住老年人有 5944 人，户籍老年人 4153 人，平均年龄达到 70.16 岁，老龄化率 13.54%。按照政府购买服务要求，Y 社工中心重点服务特困老年人 4 人、低保老年人 7 人、孤寡老年人 11 人、计划生育特别扶助老年人 16 人、重度残疾老年人 158 人、高龄老年人 612 人。由于 Y 社工机构长期根植社区建设，社工服务秉持的专业伦理和价值观要求使他们不仅关注老年人服务需求，而且更加注重情感需求。相较于其他模式，由 Y 社工机构运营的颐康中心更擅长老年人心理健康建设，特别是在组织活动、走访慰问、心理疏导等方面活动特色较为突出，他们希望让老年人在熟悉的家庭、社区环境中，享受专业化的养老服务。

7.3.3 "医养合作"劣势：服务合作具有不确定性

从劣势角度看，社工机构能否与社区卫生服务中心达成合作具有不确定因素。双方之间的稳定合作必须要建立在信任和互利的基础上。调研中有的社区卫生服务中心与社工机构合作积极性不高，可能基于医养分属于不同行政管理归口，也可能是对彼此过去业绩、行为和声誉的了解有限，双方对合作持谨慎态度，信任关系尚未建立起来等原因。

7.3.4 "医养合作"机遇与挑战：内驱创新与医疗资源不足

从机遇角度看，Y 社工机构在社区老年人信息化管理和社区基金建设方面具有较强的创新探索，已经形成非常完备的工作流程和规范。在社区老年人信息化管理方面，Y 社区机构根据业务需求自建信息系统，该系统从统计服务对象的需求信息入手，整理分析服务需求的数量、类型、分布情况。具体的操作是首先依据居委会提供的老年人名单全面走访，再根据老年人的日常生活活动、感知和沟通、精神状态、社会能力、家庭经济状况、社会支持指标进行评估分级，按其需求情况建立服务处理机制与信息分级，以确保服务对象能够得到实时关注及跟进。

2017 年底，Y 社会工作服务中心把握"社工+慈善"的发展机遇成立了 Y 社区基金，用于社会边缘人群紧急救助、社区困难人群就业扶持以及培育社区组织服务，截至目前该基金已经筹款 100 余万元。社区基金的建立能够切实帮助那些政策边缘的困难老年人群体。

从挑战角度看，Y 社工机构的工作人员也越来越认识到，做好养老领域的服务需要大量与医学相关的专业知识。传统的社工机构从组织形式到人员配备的诸多方面都很难满足这个需要，单靠转介很难满足老年人的医疗需求，社工机构自身也正面临转型。面对政府对社区医养结合服务的重视以及医养结合服务专业度提升的客观事实，社工机构对于未来是否能够继续承接政府购买服务项目也有着深深的不确定之感，他们甚至认为未来有极大可能被排挤出医养结合的养老服务市场。

通过对三种典型的医养结合社区养老服务模式进行分析，我们可以较为清晰地看到三种模式的优势、劣势、机遇、挑战，如表 7-1 所示：

表 7-1　三种典型医养结合社区养老服务模式的 SWOT 分析表

	以医办养	养中有医	医养合作
优势(S)	医疗资源丰富 叠加政策合力	侧重康护功能 细分老年人需求	社工专业伦理价值 关注老年人精神需求
劣势(W)	转型动力不足 服务费用偏高	企业话语权较弱 老年人消费意识淡薄	医养合作具有不确定性 缺乏医疗资源
机遇(O)	大健康战略 医疗诉求增多	养老服务市场开放 养老服务细分赛道	业务创新动力足 自创信息管理和社区基金
挑战(T)	多头管理 运营成本过高	政策准入壁垒 政策不确定性	医疗转介难以满足需求 医疗专业知识不足

以上三种模式可以进一步根据医疗资源的多寡分为"养老+大医疗"和"养老+小医疗"两大类。其中"以医办养"具备较强的医疗实力，可以在老年人需要定期常规检查和紧急特殊医疗的情况下提供必要的医疗支撑，很好地满足老年人，特别是高龄、失能老年人的身体状态和医疗需求。但是从案例分析中我们也可以看到，形成这种模式的条件比较严苛。首先表现为承接方必须具备直接的医疗资质，承接方所具备的医疗资源和救治团队必须满足一般及特殊状态下的老年人医疗需求，包括日常巡诊、紧急抢救、康复护理、临终

关怀等，也就是将"医养康护"一体化，这种模式本身更适合高龄、失能等对医疗资源需求较大的老年人群体。但是从更大范围讲，这种医疗基础的先天优势在街道—社区层面可供挖掘的资源中实属稀缺，因此更普遍的情况是街道—社区与养老企业合作或通过社会工作机构转介的方式链接医疗资源，从而形成"小医疗"对养老服务的支撑，也就是"养中有医"和"医养合作"模式。但是由于这种医疗资源间接性、资质有限性等因素的限制，能够提供给老年人的医疗服务主要是局限在上门看病、上门康复护理、驻点检查等操作比较简单的医疗服务，无法满足在地救治等紧急医疗需求。因此，这种模式也相对比较适合身体状况相对稳定，以生活照料和康复训练需求为主的老年人选择。

7.4　医养结合视角下老年人就医行为分析

7.4.1　医养结合再定义

国家卫生和计划生育委员会于 2015 年出台《关于推进医疗卫生与养老服务相结合的指导意见》，明确提出了"十三五"时期医养结合的发展目标是基本建立医养结合的体制机制、政策体系、服务网络、服务能力。党的十九大召开后，"医养结合"更是成为"健康中国"战略的重要组成部分。但是目前对"医养结合"的理解存在窄化倾向，主要体现在以下三个方面：一是"医养结合"常常被理解为养老机构与医疗机构的服务拓展及相互合作。比如在实践领域，青岛、苏州、杭州、西宁等地积极探索"养+医""医+养""医养合一"等医养结合模式。[①] 与此对应，学术界将其归纳提炼为内源型模式、外源型模式、多元型模式(杨翠迎，2018)，或医养结合科层组织模式、医养结合契约模式、医养结合网络模式(刘清发等，2014)。在此语境下，"医养结合"更多地被理解为弥补"养""医"功能分离的一种新模式。

二是"医养结合"服务对象范围狭窄，重点关注健康状况较差或失能的老年人[②]，以患病或失能后的救治为主。这一理解缺乏从整个生命历程的视角去

---

① 马伟玲，王俊华. 我国医养结合养老服务试点进展、存在问题及国家治理研究[J]. 苏州大学学报(哲学社会科学版)，2017，38(03)：24-31.

② 杜鹏，王雪辉."医养结合"与健康养老服务体系建设[J]. 兰州学刊，2016，(11)：170-176.

看待老年人的医养结合服务需求。对不同健康状况老年人的"医""养"服务需求进行细分可以发现，不同身体状况的老年人对"医"和"养"的需求差异极大，能力完好的老年人偏向疾病预防类服务，但是对于失能老年人来说则必须采取专业的医疗介入（杜鹏等，2016）。因此，医养结合服务应包括"疾病预防+健康干预+长期照护+临终关怀"的全周期服务。对"医养结合"服务对象的特征认知不到位会使医疗服务资源更多地投入于疾病治疗阶段，而忽视了"治未病"的重要性，这不仅会导致医疗费用的持续攀升，而且无法避免医疗资源的浪费。

三是"医养结合"的医疗政策支持体系存在断裂，政策之间缺乏有效衔接的通盘考虑。一般来说，政策设计决定医养结合提供的服务内容，现有的"医养结合"政策体系中体现医疗功能的政策是由家庭签约医生、分级诊疗、社区首诊、基本医疗保险、长期护理保险、大病医疗保险、医疗救助等一系列正式制度安排组成。其中，家庭签约医生和社区首诊制度充当"守门人"的角色，提供定期体检、慢病诊治、上门巡诊、家庭病床、社区护理、康复指导、健康管理等基本医疗和基本公共卫生服务功能；基本医疗保险和长期护理保险在老年人患病以及半失能/失能状态时充当医疗"付费者"的角色，减轻老年人的医疗支付和照护服务的经济负担；大病医保、医疗救助充当"兜底线"的角色，以防止老年人因病致贫、因病返贫。但是各项制度如何有效衔接，并发挥合力更好地满足老年人的需求，还需要将理论和实践研究相结合，持续推动有关政策的优化。

基于以上对"医养结合"理解偏误的阐释，笔者认为医养结合应是贯穿整个老年阶段，覆盖全体老年人，以老年人需求为导向，将医疗保健服务和养老服务有机结合起来的一套完整制度体系。这一体系一方面要求"医养结合"政策设计需要在不同生命历程中，以老年人的就医行为特征为基础，解决老年人就医过程中存在的困难；另一方面要考虑如何通过政策引导老年人产生健康的生活方式和行为，从而预防或延缓带病状态，达到较为合理地配置医疗资源和养老资源的目的。因此，以老年人就医行为特征来重新审视"医养结合"政策制定中的价值预设、理路预设、行为预设等关键性问题，从中发现当前"医养结合"政策执行中的短板，将为"医养结合"政策优化提供合理的政策建议。

7.4.2　老年人就医行为分析模型

根据本书的研究目的，构建老年人健康就医行为的理论框架，重点讨论影响老年人定期体检、门诊及住院行为、非理性就医的影响因素。根据所获数据的基本情况和基础分析，本书研究框架应用研究卫生服务利用的经典模型，即 Anderson 模型(Anderson et al.，1983)构建分析框架。该分析模型结合老年人特点，把健康就医行为的决定因素归为三大类：(1)先决变量(个体特征，predisposing)，包括性别、年龄、受教育状况、户籍、婚姻状况、居住模式等；(2)使能变量(能力资源，enabling)，包括固定收入、退休金、经济困难、子女负担等经济状况，医疗保险、医保了解情况等医疗保障情况，以及社区卫生服务、就医体验等医疗服务情况；(3)需要变量(needing)，包括自理能力自评、老年疾病、视听障碍等。理论模型可以用下式表示：

$$y = f(Xp，Xe，Xn)$$

其中，y 表示就医行为，包括预防行为、门诊及住院行为、非理性就医等；Xp 为先决变量，Xe 为使能变量，Xn 为需要变量。以上变量的具体定义和数值情况见表 7-2。

表 7-2　模型变量选择及统计分析表

变量名称		变量定义	均值	标准差
因变量				
预防行为		未定期体检=0,定期体检=1	0.73	0.443
门诊行为		过去两周看过门诊,没有=0,有=1	0.35	0.476
住院行为		过去一年住院,没有=0,有=1	0.21	0.408
非理性就医		不及时看病=0,及时看病=1	0.68	0.465
自变量				
先决变量	性别	男性=1,女性=2	1.59	0.492
	年龄	60~69 岁=1,70~79 岁=2,80 岁及以上=3	1.65	0.761
	婚姻状况	无配偶(未婚、离异、丧偶)=0,有配偶=1	0.70	0.456
	居住模式	非独居=0,独居=1	0.14	0.349
	户籍	农业户口=1,居民户口=2	1.64	0.479

续表

	变量名称	变量定义	均值	标准差
使能变量	经济状况——固定收入	无固定收入=0,有固定收入=1	0.80	0.401
	经济状况——经济困难	不困难=0,困难=1	0.23	0.423
	经济状况——退休金	1999 元以下=1,2000 元~3999 元=2,4000元以上=3	1.85	0.751
	医疗保障——医疗保险	未参加=0,参加=1	0.90	0.304
	医疗保障——医保认知	不了解=0,了解=1	0.76	0.429
	社区卫生服务	不愿意接受=0,愿意接受=1	0.68	0.468
	就医体验——排队时长	体验好=0,体验不好=1	0.60	0.489
	就医体验——服务态度	体验好=0,体验不好=1	0.09	0.289
	就医体验——医疗收费	体验好=0,体验不好=1	0.37	0.482
需要变量	自理能力	完全自理=1,部分自理=2,不能自理=3	1.16	0.426
	老年病	有老年病=0,没有老年病=1	0.17	0.376
	视力障碍	有障碍=0,无障碍=1	0.84	0.366
	听力障碍	有障碍=0,无障碍=1	0.80	0.403

3. 计量模型。本书将老年人的就医行为分为四个模型:预防行为模型、门诊概率模型、住院概率模型、非理性就医模型,公式表示为:

$$Z_i = X_i\beta + \varepsilon i$$

其中,Z_i 代表个体采用某种健康就医行为的概率,X_i 为自变量,$\varepsilon_i \sim N(0, 1)$。由于因变量是二分类变量,因此使用二元 Logistic 模型进行回归。

7.4.3 健康及亚健康状态下的预防行为

1. 预防行为的描述分析

随着年龄的逐渐增长,老年人各项身体机能都会发生退行性变化,疾病的患病率也逐渐上升。"在养老领域,有效延长老年人的自理期,以降低老年人陷入失能和失智的风险,这对医疗资源的配置,尤其是提前介入与注重预防等提供相应医疗服务有着广泛的需求"①。现实中有很多疾病等到发现有明显症状时已经为时已晚，如癌症、尿毒症等，这些疾病都是在早期能得到控制并治愈的，病情一旦到了晚期就比较麻烦。因而，老年人体检的目的在于通过健康检查了解自己的健康状况和功能状态，及早发现重要疾病，有效地预防疾病的发生，达到早发现、早诊断、早干预的目的。比起患病后再去治疗，不仅可以节约健康成本，也可以减少很多痛苦，所以健康体检对于老年人的健康有着无法替代的作用。

本次调查显示（如表 7-3 所示），有 45.6% 的老年人能做到定期体检，偶尔进行体检的老年人有 27.7%，不会进行身体检查的老年人有 26.7%。从不同年龄的老年人看，60~69 岁老年人能做到定期体检的有 43.6%，70~79 岁老年人有 49.3%，80 岁及以上老年人有 45.2%，均不到半数；从性别来看，做到定期体检的男性老年人有 44.5%，女性老年人有 46.3%。

表 7-3　 老年人定期去医院做身体检查的情况表　　（单位:%）

定期体检情况	老年人类型			性别		合计
	60~69 岁	70~79 岁	80 岁及以上	男	女	
定期	43.6	49.3	45.2	44.5	46.3	45.6
偶尔	28.6	26.9	26.0	28.3	27.2	27.7
不会	27.8	23.8	28.8	27.2	26.5	26.7
合计	100.0	100.0	100.0	100.0	100.0	100.0

2. 预防行为模型的回归结果分析

通过对预防行为回归模型进行综合检验，显著性 p 值 <001，Hosmer 和 Lemeshow 检验 $p = 0.738$，大于 0.05，卡方值为 5.185，$df = 8$，表明模型的拟合效果好（如表 7-4 所示）。在先决变量中，性别和年龄在预防行为模型中均通过了显著性检验。女性比男性进行体检的概率高，这在一定程度上体现出女性的预防保健意识要高于男性；70~80 岁老年人的体检概率更高，这可能

① 张晓杰. 医养结合养老创新的逻辑、瓶颈与政策选择[J]. 西北人口，2016, 37(01)：105-111.

是由于这一年龄段老年人的身体退行性表现更为显著，在一定程度上能够激发老年人更强的预防保健意识。而婚姻状况、居住模式、户籍因素均未通过显著性检验，他们没有成为影响老年人是否进行预防行为的影响因素。

在使能变量中，经济状况、退休金收入、医疗保险、社区服务接受度和服务体验均对老年人的预防行为产生了显著影响。经济状况困难的老年人体检行为明显减少，退休金收入在 4000 元以上的老年人收入水平要高于全市平均退休金水平，其体检行为的发生概率也明显高于其他两个收入群体，这意味着经济条件达到较高水平的老年人预防保健意识也非常强。相对于没有医疗保险的老年人群来讲，参加医疗保险能够促进老年人采取更积极的预防行为。愿意接受社区服务的老年人体检行为发生概率更高，这可以反映出基层医疗服务对老年人预防行为具有积极的促进作用。但是对于参加体检的老年人来说，服务排队时间较长，会影响他们的服务体验。

在需要变量中，自理能力、是否患有老年病和视听障碍均会对预防性就医行为产生显著影响。与完全自理老人相比，不能自理老人的体检行为发生概率是明显降低的，这意味着身体失能老人对预防性就医需求明显减弱。而没有老年病、没有视听障碍的人群预防性就医行为也较弱，体现出老年人的预防保健观念仍存在较大误区。

表 7-4　预防行为模型回归结果表

	自变量	参数估计	标准误差	*OR* 值
先决变量	性别（对照＝男性）	0.412***	0.117	1.510
	年龄（对照＝60~69 岁）			
	70~79 岁	0.359***	0.136	1.431
	80 岁及以上	−0.120	0.171	0.887
	婚姻状况（对照＝无配偶）	0.211	0.152	1.235
	居住模式（对照＝非独居）	−0.149	0.187	0.862
	户籍（对照＝农业户口）	0.197	0.155	1.217

	自变量	参数估计	标准误差	*OR* 值
使能变量	固定收入(对照=无固定收入)	−0.098	0.211	0.906
	经济困难(对照=不困难)	−0.447＊＊＊	0.136	0.639
	退休金(对照=1999 元以下)			
	2000~3999 元	0.230	0.150	1.259
	4000 元及以上	1.127＊＊＊	0.202	3.087
	医疗保险(对照=未参加)	0.635＊＊＊	0.217	1.886
	医保认知(对照=不了解)	−0.254＊	0.154	0.776
	社区卫生服务(对照=不愿意接受)	0.488＊＊＊	0.116	1.630
	排队时长(对照=体验好)	0.250＊＊	0.115	1.284
	服务态度(对照=体验好)	0.094	0.194	1.098
	医疗收费(对照=体验好)	0.112	0.121	1.119
需要变量	自理能力(对照=完全自理)			
	部分自理	−0.187	0.186	0.829
	不能自理	−0.924＊＊	0.370	0.397
	老年病(对照=有老年病)	−0.605＊＊＊	0.144	0.546
	视力障碍(对照=有障碍)	0.520＊＊＊	0.155	1.682
	听力障碍(对照=有障碍)	−0.267＊＊	0.158	0.766
	常数项	−0.506	0.364	0.603

注:＊＊＊、＊＊、＊分别表示变量在 0.01、0.05、0.1 水平上显著

7.4.4　疾病状态下的门诊及住院行为

1. 就医行为的描述分析

调查显示(如图 7-4 所示),老年人经常选择的就医机构顺序依次为:街道社区卫生服务中心/乡镇卫生院(41.5%)、市级医院(21%)和区级医院(21%)、卫生室/站(14.6%)、省级医院(12.9%)、私人诊所(3.8%)。可以看出,有较多的老年人选择了就近的医疗机构(街道社区卫生服务中心/乡镇卫生院、卫生室/站)看病。

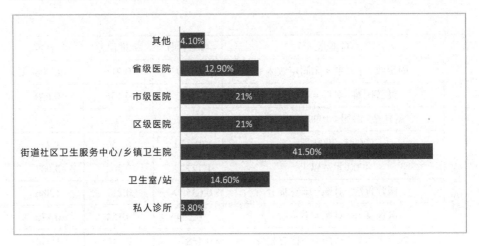

图 7-4　老年人就医机构分布图 (多选题)

从不同年龄段的老年人看 (如表 7-5 所示), 就医机构选择有微小的差异。60~69 岁和 70~79 岁老年人的就医选择次序依次为：街道社区卫生服务中心/乡镇卫生院 (43.3%/40.3%)、区级医院 (21.1%/22.1%)、市级医院 (19.7%/21%)、卫生室/站 (15.6%/14.4%)、省级医院 (12.6%/12.9%)、私人诊所 (2.8%/4.8%)；但是 80 岁及以上老年人的就医选择次序发生变化，依次为：街道社区卫生服务中心/乡镇卫生院 (38.1%)、市级医院 (25%)、区级医院 (18.9%)、省级医院 (13.8%)、卫生室/站 (12.1%)、私人诊所 (4.9%)。上述就医机构选择的特征体现出，老年人 "看小病" 在街道就近就医的习惯基本形成，但高龄老年人身体状况差， "看大病" 需求更为突出，对高质量医疗服务的需求比低龄老年人和中龄老年人更加迫切。

表 7-5　老年人就医机构统计表 (多选题) 　　　　　单位:%

老年人年龄段	就医机构						
	私人诊所	卫生室/站	街道社区卫生服务中心/乡镇卫生院	区级医院	市级医院	省级医院	其他
60~69 岁	2.8	15.6	43.3	21.1	19.7	12.6	3.9
70~79 岁	4.8	14.4	40.3	22.1	21.0	12.9	3.8
80 岁及以上	4.9	12.1	38.1	18.9	25.0	13.8	4.7

老年人作为各种慢性疾病的多发人群，是社会医疗需求的主要群体，对医药资源消耗的需求高。长期看病吃药对于老年人及其家庭开支影响巨大，也是导致老年人贫困的一个重要原因。目前，现有的保障制度(包括社会医疗保险和商业健康保险、医疗救助等)对老年人看病就医意义重大，在医疗过程中获得多大程度的经济保障，也是老年人较为关心的问题。本次调查对老年人在 2016 年的医疗费用支出及 2016 年医疗费用的自费部分进行统计，了解老年人的医疗支出和医疗负担情况。调查显示(如表 7-6 所示)，2016 年有过医疗花销的老年人平均医疗费用支出为 9750.6 元，中值为 1800 元。

表 7-6　医疗费用支出情况表

2016 年您花费的医疗费用总数多少元		
均值($N=2562$)		9750.6
中值		1800
百分位数	10	0
	20	99
	30	200
	40	1000
	50	1800
	60	3000
	70	5000
	80	8000
	90	16000

2016 年医疗费用支出中(如表 7-7 所示)，自费部分平均为 3974 元，中值为 500 元。由此，可算出 2016 年老年人就医平均费用实际报销比例约为 59.3%，接近六成，基本医疗保险制度对老年人减轻医疗费用支付压力起到了很大的作用。

表 7-7　医疗费用个人自付情况表

其中自己(不能报销)花了多少元?		
均值(N=2562)		3974.0
中值		500
百分位数	10	0
	20	5
	30	99
	40	200
	50	500
	60	1000
	70	2000
	80	3500
	90	7000

2. 门诊就医行为模型的回归结果分析

通过对模型进行综合检验，显著性 p 值<001，Hosmer 和 Lemeshow 检验 $p=0.254$，大于0.05，卡方值为10.163，$df=8$，表明模型的拟合效果良好(如表 7-8 所示)。从先决变量看，性别和年龄对门诊就医行为产生了影响，女性比男性的门诊就诊概率高，处于 70~79 岁年龄段的老年人患病概率增大，门诊就诊率也随之提高。而婚姻状况、居住模式、户籍均未通过显著性检验，它们不是影响老年人门诊行为的主要因素。

在使能变量中，经济状况、退休金收入、对医疗保险的认知以及就医排队时长通过了显著性检验，且对门诊就诊率有正向影响。一般来说，健康状况与经济状况有关，经济状况越差的老年人健康状况越差，因此门诊就诊概率也随之提高。退休金作为老年人退休后主要的收入来源，是支持老年人看病就医的经济保障，退休金越高，越是会对老年人的门诊就医行为产生正向的影响。对医保政策的认知越好，老年人的门诊就医行为概率也会越高。值得注意的是，对排队时间体验越不好的老年人，门诊就诊概率越高，也有可能是因为这一类老人的门诊就诊需求大，但是排队等待时间较长，影响了就医体验。在需求变量中，仅有老年病一项通过显著性检验。没有老年病的老年人门诊就诊发生率明显降低。

表 7-8　门诊行为模型回归结果

	自变量	参数估计	标准误差	OR 值
先决变量	性别(对照=男性)	0.187*	0.108	1.206
	年龄(对照=60~69 岁)			
	70~79 岁	0.194*	0.117	1.215
	80 岁及以上	0.136	0.156	1.145
	婚姻状况(对照=无配偶)	0.087	0.138	1.090
	居住模式(对照=非独居)	0.020	0.173	1.020
	户籍(对照=农业户口)	0.047	0.154	1.048
使能变量	固定收入(对照=无固定收入)	−0.010	0.217	0.990
	经济困难(对照=不困难)	0.306**	0.132	1.359
	退休金(对照=1999 元以下)			
	2000~3999 元	0.545***	0.145	1.725
	4000 元及以上	0.676***	0.169	1.966
	医疗保险(对照=未参加)	0.112	0.218	1.119
	医保认知(对照=不了解)	0.345**	0.140	1.411
	社区卫生服务(对照=不愿意接受)	0.040	0.106	1.040
	排队时长(对照=体验好)	0.285***	0.105	1.330
	服务态度(对照=体验好)	−0.179	0.177	0.836
	医疗收费(对照=体验好)	0.140	0.107	1.150
需要变量	自理能力(对照=完全自理)			
	部分自理	−0.043	0.167	0.958
	不能自理	−0.490	0.365	0.612
	老年病(对照=有老年病)	−1.471***	0.177	0.230
	视力障碍(对照=有障碍)	−0.195	0.145	0.823
	听力障碍(对照=有障碍)	−0.069	0.138	0.934
	常数项	−1.462	0.360	0.232

注：***、**、* 分别表示变量在 0.01、0.05、0.1 水平上显著

3. 住院就医行为模型的回归结果分析

通过对模型进行综合检验，显著性 $p<001$，Hosmer 和 Lemeshow 检验 $p=0.633$，大于 0.05，卡方值为 6.131，$df=8$，表明模型的拟合效果良好（如表 7-9 所示）。从先决变量看，年龄、婚姻状况、户籍对住院行为产生了显著影响。年龄越大的老年人，住院发生的概率明显增高。家庭对住院的支持作用发挥出来，有配偶的老年人住院概率要大于无配偶的老年人。居民户口老年人的住院概率高于农业户口老年人。在使能性因素中，仅有退休金和就医排队时长通过了显著性检验。相比于收入 2000 元以下的人群，退休金在 2000 ~ 3999 元的老年人的住院概率是下降的。但住院就医老年人的排队体验同样不好。从需要变量看，半自理和不能自理老人的住院概率明显提高，有老年病和有视听障碍的老年人住院概率明显增高。

表 7-9　住院行为模型回归结果表

	自变量	参数估计	标准误差	OR 值
先决变量	性别（对照=男性）	0.022	0.129	1.023
	年龄（对照=60~69 岁）			
	70~79 岁	0.255*	0.142	1.290
	80 岁及以上	0.729***	0.174	2.073
	婚姻状况（对照=无配偶）	0.286*	0.167	1.332
	居住模式（对照=非独居）	0.211	0.201	1.234
	户籍（对照=农业户口）	0.520***	0.183	1.682

续表

	自变量	参数估计	标准误差	*OR* 值
使能变量	固定收入（对照＝无固定收入）	−0.103	0.247	0.902
	经济困难（对照＝不困难）	0.156	0.155	1.169
	退休金（对照＝1999 元以下）			
	2000～3999 元	−0.328*	0.170	0.720
	4000 元及以上	−0.065	0.195	0.937
	医疗保险（对照＝未参加）	0.162	0.268	1.176
	医保认知（对照＝不了解）	0.209	0.165	1.232
	社区卫生服务（对照＝不愿意接受）	0.203	0.129	1.225
	排队时长（对照＝体验好）	0.239*	0.127	1.270
	服务态度（对照＝体验好）	0.097	0.202	1.102
	医疗收费（对照＝体验好）	0.090	0.128	1.094
需要变量	自理能力（对照＝完全自理）			
	部分自理	0.963***	0.170	2.621
	不能自理	0.660*	0.351	1.934
	老年病（对照＝有老年病）	−1.467***	0.257	0.231
	视力障碍（对照＝有障碍）	−0.434***	0.159	0.648
	听力障碍（对照＝有障碍）	−0.262*	0.154	0.770
	常数项	−2.067	0.425	0.127

注：***、**、* 分别表示变量在 0.01、0.05、0.1 水平上显著

7.4.5　老年人的非理性就医行为

1. 非理性就医行为的描述性分析

调查中，有老年人存在"有病不医"的拖延情况，具体原因见表 7-10。不及时就医的原因选择较为集中的前三项依次为"医疗费用太贵"（39.8%）、"自己能够治疗小毛病"（38.2%）、"就医麻烦"（27.3%）。

表 7-10 老年人不及时就医的原因统计表（多选题）

原因	个案数	百分比(%)
医疗费用太贵	396	39.8
交通不方便	168	16.9
挂不到号	93	9.3
无人陪伴护送	153	15.4
自己能够治疗小毛病	380	38.2
到医院也看不好	96	9.6
就医麻烦	272	27.3
其他原因	52	5.2

对不同类型老人不及时就医原因进行交叉分析发现，"医疗费用太贵""自己能够治疗小毛病""就医麻烦"仍然是较为集中的原因，而"无人陪伴护送"则是高龄、不能自理老年人、独居老年人未能及时就医最为明显的影响因素。从医疗保险以及经济状况看，未享受医疗保险或经济较为困难的老年人对医疗费用较为敏感（如表 7-11 所示）。

表 7-11 不同类型老年人不及时就医的交叉分析结果表 （单位:%）

	老年人年龄结构类型			居住模式		自理能力			医疗保险		经济状况	
	60~69岁	70~79岁	80岁及以上	非独居	独居	完全自理	部分自理	不能自理	未享受	享受	不困难	困难
医疗费用太贵	41.9	42.4	29.7	40.2	37.0	39.6	44.1	14.3	50.9	38.4	31.3	56.1
交通不方便	16.7	16.2	18.7	15.8	22.0	15.6	23.0	19.0	19.6	16.7	15.5	19.0
挂不到号	10.3	10.1	5.5	9.2	11.0	10.2	6.2	0.0	5.4	10.0	11.1	5.8
无人陪伴护送	9.9	15.5	30.8	11.8	32.4	11.9	28.0	52.4	15.2	15.4	16.1	12.9
自己能够治疗小毛病	38.6	40.7	33.0	38.0	37.6	39.9	32.3	19.0	36.6	38.3	41.9	30.3
到医院也看不好	9.9	9.1	9.9	8.3	16.8	9.2	11.8	9.5	11.6	9.2	8.3	10.6
就医麻烦	27.1	27.3	28.0	26.7	31.2	26.6	27.3	57.1	29.5	27.0	27.6	26.1
其他原因	4.3	6.4	6.0	5.3	5.2	5.0	5.6	9.5	6.2	5.1	4.9	6.5

2. 非理性就医行为的回归结果分析

在非理性就医模型中，先决变量仅有性别和户籍变量通过了显著性检验。意味着女性比男性的非理性就医行为发生的概率更高，男性就医更为及时。持农业户口的老年人非理性就医的发生概率高于持居民户口的老年人。此外，经济困难的老年人发生不及时就医概率更高，服务体验不好(排队时长、服务态度、医疗收费)均会造成老年人不及时就医，有老年疾病和视听障碍的老年人发生不及时就医的概率更高。

表 7-12　非理性就医模型回归结果表

	自变量	参数估计	标准误差	*OR* 值
先决变量	性别(对照=男性)	−0.259**	0.113	0.772
	年龄(对照=60~69 岁)			
	70~79 岁	0.198	0.124	1.218
	80 岁及以上	0.131	0.165	1.140
	婚姻状况(对照=无配偶)	−0.062	0.144	0.940
	居住模式(对照=非独居)	−0.261	0.178	0.771
	户籍(对照=农业户口)	0.453***	0.156	1.573
使能变量	固定收入(对照=无固定收入)	0.434**	0.203	1.544
	经济困难(对照=不困难)	−0.427***	0.132	0.652
	退休金(对照=1999 元以下)			
	2000~3999 元	−0.394***	0.151	0.674
	4000 元及以上	−0.337*	0.183	0.714
	医疗保险(对照=未参加)	0.119	0.220	1.127
	医保认知(对照=不了解)	−0.137	0.145	0.872
	社区卫生服务(对照=不愿意接受)	−0.181	0.114	0.835
	排队时长(对照=体验好)	−0.717***	0.116	0.488
	服务态度(对照=体验好)	−0.432**	0.168	0.649
	医疗收费(对照=体验好)	−0.472***	0.109	0.624

续表

	自变量	参数估计	标准误差	*OR* 值
需要变量	自理能力（对照＝完全自理）			
	部分自理	−0.278	0.172	0.757
	不能自理	0.105	0.384	1.111
	老年病（对照＝有老年病）	0.743***	0.164	2.103
	视力障碍（对照＝有障碍）	0.395***	0.148	1.485
	听力障碍（对照＝有障碍）	0.248*	0.142	1.282
	常数项	0.792	0.357	2.207

注：***、**、*分别表示变量在 0.01、0.05、0.1 水平上显著

7.4.6 半失能／失能状态下的照护行为

1. 选择机构养老的条件

由于身体自理能力因素极大地影响着老年人是否入住养老机构，因此从不同的自理能力分析老年人选择入住养老机构的条件十分必要。通过对身体自理情况与入住养老机构的条件进行交叉分析发现（如表 7-13 所示），在被访的 2483 名完全自理老年人中，有 1039 名老年人假定在完全不能自理时有最大可能性入住养老机构，占比 41.8%；其次是在无子女照料的情况下可能入住养老机构，占比 20.5%；再次是行动不便时可能入住养老机构，占比 10.4%。与此选择排序完全一致的是部分自理老年人，这说明超过半数的老年人在身体完全不能自理时会倾向选择入住养老机构。

但是在完全不能自理老年人的回答中，这一结果发生了变化。在被访的 60 名不能自理的老年人中，有 18 名老年人假定无子女照料的情况下可能入住养老机构，占比 30.0%；有 17 名老年人假定在完全不能自理时有最大可能性入住养老机构，占比 28.3%；再次是有 9 名老年人假定在无老伴陪伴时选择入住养老机构，占比 15%。可见，在真正完全不能自理时，老年人往往首先还是比较依赖通过子女和配偶来提供照料支持，而入住养老机构是退而求其次的选择。

表 7-13　不同自理能力老年人入住养老机构的条件情况表

入住养老机构的条件	完全自理		部分自理		不能自理	
	人数（人）	百分比（%）	人数（人）	百分比（%）	人数（人）	百分比（%）
无子女照料	509	20.5	64	18.8	18	30.0
无老伴陪伴	64	2.6	13	3.8	9	15.0
行动不便	257	10.4	31	9.1	2	3.4
完全不能自理	1039	41.8	146	42.8	17	28.3
其他	554	22.3	82	24.0	14	23.3
无作答	60	2.4	5	1.5	0	0.0
合计	2483	100.0	341	100.0	60	100.0

如表 7-14 所示，1000 元以下收入的老年人中，在完全不能自理情况下可能入住养老机构的老年人 243 人，占比 37.3%，这一比例随着老年人收入的增长不断增加，收入 5000 元以上的老年人在完全不能自理的情况下入住养老机构的比例提高到 54%。而在收入 1000 元以下的老年人中，有 25.3% 的老年人选择在无子女照料的情况下入住养老机构，但这一比例随着老年人收入的增加而不断降低，收入在 5000 元以上的老年人中，仅有 10.3% 的老年人选择在无子女照料的情况下入住养老机构。也就是说，在完全不能自理的情况下，收入越高的老年人，越有可能选择进入养老机构。收入越低的老年人对子女照料的依赖程度越高，对子女照料的选择优先于入住养老机构。

表 7-14　不同收入老年人入住养老机构的条件情况表

收入分类	特征值	无子女照料	无老伴陪伴	行动不便	完全不能自理	其他	无作答	合计
1000 元以下	人数（人）	165	11	40	243	180	12	651
	百分比（%）	25.3	1.7	6.1	37.3	27.7	1.9	100.0
1000~2000 元	人数（人）	46	6	17	60	58	7	194
	百分比（%）	23.7	3.1	8.8	30.9	29.9	3.6	100.0

续表

收入分类	特征值	无子女照料	无老伴陪伴	行动不便	完全不能自理	其他	无作答	合计
2000~3000元	人数（人）	54	8	34	128	54	5	283
	百分比（%）	19.1	2.8	12.0	45.2	19.1	1.8	100.0
3000~4000元	人数（人）	119	24	86	309	100	11	649
	百分比（%）	18.3	3.7	13.3	47.6	15.4	1.7	100.0
4000~5000元	人数（人）	42	12	43	143	32	8	280
	百分比（%）	15.0	4.3	15.3	51.1	11.4	2.9	100.0
5000元及以上	人数（人）	22	13	30	115	28	5	213
	百分比（%）	10.3	6.1	14.1	54.0	13.2	2.3	100.0

2. 医养结合服务需求的内容

从老年人不同自理能力情况看（如表7-15所示），他们对于社区助老服务项目的需求不同。在完全自理的情况下，老年人最需要定期体检服务、康复保健、健康管理。在部分自理的情况下，老年人最为需要的服务项目是定期体检、紧急呼救、上门巡诊。在不能自理的情况下，老年人最为需要的服务项目是康复保健、上门巡诊、紧急呼救。

表 7-15　不同自理能力老年人需要社区提供助老服务项目排序表

排序	完全自理	排序	部分自理	排序	不能自理
1	定期体检	1	定期体检	1	康复保健
2	康复保健	2	紧急呼救	2	上门巡诊
3	健康管理	3	上门巡诊	3	紧急呼救
4	紧急呼救	4	康复保健	4	社区护理
5	上门巡诊	5	健康管理	5	定期体检
6	社区护理	6	陪诊	6	陪诊
7	健康教育宣传/服务	7	家居清洁	7	健康管理
8	心理咨询/聊天解闷	8	社区护理	8	家庭病床

排序	完全自理	排序	部分自理	排序	不能自理
9	家居清洁	9	心理咨询/聊天解闷	9	心理咨询/聊天解闷
10	日常维修	10	助餐配餐	10	家居清洁
11	陪诊	11	日常维修	11	助浴
12	助餐配餐	12	家庭病床	12	健康教育宣传/服务
13	家庭病床	13	健康教育宣传/服务	13	日常维修
14	法律援助	14	日间托老	14	助餐配餐
15	日间托老	15	日常交费	15	老年辅助用品租赁
16	日常交费	16	代购服务	16	代购服务
17	代购服务	17	法律援助	17	日间托老
18	老年辅助用品租赁	18	助浴	18	日常交费
19	助浴	19	老年辅助用品租赁	19	法律援助

3. 社区医养结合服务满意度

在家政服务满意度中，不能自理的老年人对家政服务的需求较大，所以对家政服务的满意度也相对较高。精神慰藉服务中，部分自理与不能自理的老年人对精神慰藉服务相对较好，比例为 62.5% 与 60%，而能够自理的老年人满意度比例为 55.6%。生活照料服务中，不能自理的老年人对生活照料服务满意度较高，其次为完全能自理与部分自理的老年人，但相差不大。

表 7-16　不同自理能力社区医养结合服务满意度情况表　　　（单位:%）

生活自理能力	家政服务			精神慰藉服务			生活照料服务		
	不满意	一般	满意	不满意	一般	满意	不满意	一般	满意
完全自理	2.0	46.0	52.0	3.1	41.3	55.6	3.6	49.0	47.4
部分自理	0.0	54.9	45.1	0.0	37.5	62.5	7.7	46.2	46.1
不能自理	10.0	10.0	80.0	20.0	20.0	60.0	4.5	47.9	47.6

如表 7-17 所示，紧急救援服务中，生活自理能力越差的老年人，对紧急救援服务的需求就越大，其满意度亦随自身需要逐渐上升。医疗护理服务的

评价中，不能自理的老年人对医疗护理服务的需求高，满意度也相对较高。健康保健服务结果显示，不能自理的老年人对健康保健服务满意度更高，其次则为完全自理与部分自理的老年人，满意度均处于中等水平。

表 7-17　不同自理能力社区养老服务满意度情况表　　　　（单位:%）

生活自理能力	紧急救援服务			医疗护理服务			健康保健服务		
	不满意	一般	满意	不满意	一般	满意	不满意	一般	满意
完全自理	2.8	43.9	53.3	3.2	38.0	58.8	3.2	43.0	53.8
部分自理	6.8	34.1	59.1	4.3	42.5	53.2	2.8	44.4	52.8
不能自理	10.0	20.0	70.0	0.0	33.3	66.7	14.3	14.3	71.4

7.5　G 市社区医养结合服务供需协调效果评价

根据社会行动理论，医养结合政策的合理度与老年人就医行为理性程度间存在互构关系。按照韦伯的"理想类型"可将医养结合政策合理度与老年人就医行为理性程度交叉分为价值理性就医型、工具理性就医型、情感行动就医型和传统行动就医型四种不同类型(如表 7-18 所示)。

表 7-18　就医行为理性程度与医养结合政策合理度的"行动—结构"类型

		就医行为理性程度	
		理性	非理性
医养结合政策合理度	高	价值理性就医型	工具理性就医型
	低	情感行动就医型	传统行动就医型

第一，在理性就医的"行动—结构"模型中，就医行为理性程度高且医养政策合理度高的情况称为"价值理性就医型"。老年人将健康价值观放在首位，对自身的身体状况、是否需要就医、何时需要就医、就医方式选择等能够做到较为理性的判断，这是老年人健康素养提高的一种表现。与此同时，医养结合政策以人的需要为政策设计出发点，能够较为贴合老年人就医需求特征，破除老年人就医过程中可能面临的群体、经济、程序、资源分配等诸多障碍，

致力于促进就医机会均等。

第二，在有限理性就医的"行动—结构"模型中，包括了工具理性就医型和情感行动就医型两种类型。工具理性就医型意味着个体的健康自主性较差，无法对接受科学治疗做出理性判断，因此需要医养结合政策的有效引导，此时的医养结合政策是实现目的的手段，经过个体与目标的充分对照权衡，能够引导个体做出符合理性选择的有效行为；情感行动就医型强调个体虽具有较强的健康自主性，但医养结合的契合性较差，无法帮助个体有效排除就医过程中所遭遇的经济困境、资源利用困境、信息获取困境等，个体的就医决策仍主要靠感觉、心情等不稳定的情感状态所决定。

第三，在非理性就医的"行动—结构"模型中，个体就医行为与医养结合政策间缺乏有效互动，不具备健康素养的老年人既无法通过相关政策获得健康行为的正向激励，同时政策的非合理性也无法对老年人的就医行为形成有效干预，这就使老年人的就医行为继续沿着长久积习下来的非理性方式，从而带来过度医疗或有病不医的非理性后果。当前，老年人就医行为与医养结合政策设计存在矛盾的主要表现体现为以下五个方面。

7.5.1 就医"投资"行为缺乏，政策引导功能发挥不充分

老年人进行定期体检是对身体进行"投资"的一种表现。定期体检可以视为老年人积极关注身体变化，做到疾病早发现、早治疗、早预防的投资性安排。这种投资虽是即时性的，但影响却是长期性的，且十分必要。从 G 市老年人定期体检的调查情况看，老年人对自身进行积极的投资行为形势仍不容乐观。老年人自身的预防意识薄弱，每年能够定期参加体检的人数不到半数，偶尔进行体检的人数不足三成。具有"投资性"特征的体检人群的年龄分布在中龄老年人群体中更为明显，而在低龄老年人中关注不足。此外，老年人对预防保健的理解存在误区，越是身体健康的老年人越容易忽视对身体健康维护的长期持续投资，从而缺乏有规律性的体检行为。

造成这种情况的原因一方面是受制度安排的影响。《G 市基本公共卫生服务包(2012 年版)》规定，65 岁及以上老年人可每年享受一次由政府提供的免费体检，这一政策对 65 岁及以上老年人养成定期体检习惯的效果是较为明显的。但是免费体检政策仅针对 65 岁及以上的老年人，这也忽略了一个基本事

实，即预防性就医行为越早开展越好，随着老年人年龄的增大，身体自理能力下降，老年人外出体检受限，对体检的需求反而下降。

另一方面，医养结合"守门人"制度的引导功能未能充分发挥出来。从调查情况看，基层社区医院对老年人预防行为的引导具有正向影响。G 市于 2017 年印发《G 市加快推进家庭医生签约服务制度工作方案的通知》（以下简称《通知》），但是《通知》中规定居民或家庭采取自愿原则与家庭医生团队签订服务协议，在一定程度上缺乏强制性。家庭医生签约服务是一项自上而下的政策供给与政策安排，它不是医院的主动作为，由于相关配套政策对全科医生的激励不足，所以社区全科医生开展签约服务的积极性较为有限。虽然居民签约的数量及签约率都达到了标准，但后续服务跟不上，只签不约、为签约而签约等现象层出不穷。居民健康档案建设不全，难以为不同人群提供有针对性、防治结合、持续有效、综合、个性化的健康管理服务。特别是个人健康信息收集与管理缺乏系统化，对健康知识的传递与咨询、健康行为的干预与指导等方面介入不深的问题较为突出。

7.5.2 就医"便利"趋向明显，基层医疗资源配套不足

调查显示，老年人在医疗机构的就诊选择主要以街道一级的卫生服务中心为主，这说明社区首诊、分级诊疗的政策引导效果是较为明显的，"看小病"在基层医疗机构基本得到落实。但是老年人理性就医行为与非理性就医行为存在城乡差异，这与医疗资源在基层分配不均衡有关。G 市这座超大型城市，中心城区、新城区与远郊区受经济与制度等因素影响，医疗服务资源聚集性与公平性以中心城区为核心，在向外辐射过程中呈现出空间集聚水平递减的趋势。因此，不同城区的基层医养结合服务覆盖程度和服务质量均存在较大差异，高品质医疗专业服务难以有效下沉。虽然近年来 G 市试图通过医联体建设来缓解医疗资源分配不均的问题，但"理不顺""下不去""接不住""联不通"等问题仍然十分突出。

目前 G 市共采取四种医联体建设方式：(1)医疗卫生服务共同体(医共体)。按照各区统一规划，每个区设置若干个医共体，每个医共体以 1~2 家区级医院牵头，整合一定数量的基层医疗卫生机构，采用集约式一体化管理模式；(2)医疗集团。中心城区继续探索以市内三级公立医院或者业务能力较

强的医院为龙头，以 1~2 间区属医院为骨干，联合若干社区卫生服务机构、护理院和专业康复机构等组建医疗集团；(3)专科联盟。医疗机构之间以专科协作为纽带形成的联合体；(4)远程医疗协作网。由牵头单位与基层、偏远和欠发达地区医疗机构建立远程医疗服务网络，推进面向基层、偏远和欠发达地区的远程医疗服务体系建设。

从运作机制角度讲，医联体需要在不同层级的医疗机构之间进行协作，需要一系列制度安排进行上下协调，厘清权责关系，否则双向转诊、分级诊疗就难以实现。但是目前行政区划、财政投入、医保支付、人事管理等方面的壁垒和障碍还比较明显，比如医保关系尚未理顺，医保即时结算的政策支持不够。医养结合机构提供医疗服务的医保准入门槛比较高，未落实家庭病床、家庭护理纳入医保报销的政策，这实际上提高了老年人享受医养结合服务的成本，降低了有效需求，影响医联体开展服务的积极性和分级诊疗的可持续性。而且基层卫生服务机构人才缺乏，专业技能和服务水平均不能满足日渐提高的人们需求。加之基层的信息化服务水平比较落后，一些医疗机构之间尚未实现信息平台共享，所以导致患者在进行转诊时信息记录不全，这会造成重复检查、医疗资源浪费等问题。

7.5.3　就医"依赖"行为强烈，政策忽视对家庭的支持

随着年龄的增长，老年人患疾病的风险不断上升，对医疗服务的潜在需求日益增加，但生理功能、日常行为能力的不断退化却在某种程度上导致"看病难"。比如由于行走不便、日常生活活动能力较差，自主或独自就医困难增加，尤其远距离搭乘多种交通工具去医疗机构时，需要有人陪同才能获得医疗服务。就医过程中一系列挂号、检查、咨询、付费等流程对于行动不便、耳聋眼花的老年人而言是一项"挑战"，高龄、失能老年人对家庭照料的依赖性越来越强。有研究认为，家庭照料有可能通过减少就医障碍与医疗服务呈互补性，有家庭照料的老年人的门诊和住院率上升，尤其对高龄老年人的互补性更强。① 现阶段家庭成员仍然是主要的照料资源，按重要程度分别为配

---

① 余央央，封进. 家庭照料对老年人医疗服务利用的影响[J]. 经济学(季刊)，2018，17(03)：923-948.

偶、儿子与女儿。调查也显示出家庭支持越多的老年人养老压力由家庭成员,特别是子女来缓解的情况越多,家庭支持越多的老年人寻求社会化养老的需求降低,尤其是低收入老年人群体对家庭代际的支持依赖性更强。

与国外相比,国内家庭照料的支持政策发展还比较迟滞,缺乏不同政策类型的相互支撑和组合使用。比如,对家庭照料者提供政府直接拨款、免税或是以购买服务等经济支持形式缺乏。喘息服务、家庭助理服务、居家医疗服务等辅助支持缺乏。有弹性的工作时间安排、带薪休假制度、照料者津贴等方式的就业支持缺乏。家庭照料需要来自社会各方力量的广泛支持,这些政策支持通常来自于不同的供给主体,照料者的享受资格条件也存在差异。因此,需要不同层级的政府和社区以及其他各部门之间的相互合作,建立起为照料者服务的信息资源平台,从而为家庭照料者提供经济、精神、技能等方面的支持。

7.5.4 就医"拖延"行为普遍,保障对象和服务水平仍须完善

造成老年人就医"拖延"主要有以下原因:一是就医程序烦琐。老年人年龄大、体质差、疾病多、行动困难,就医时排队挂号、交费、检查、取药时常常出现站不住、挤不动、等不及、吃不消等状况。虽然许多医院都为老年人开设了绿色通道,建立了老年门诊和老年优先窗口,但由于许多规定和措施尚不够精准和完善,在实际就医过程中,老年人仍然感到困难重重。特别是在"互联网+医疗"大力推行的背景下,网上预约挂号等便捷的就医措施极大地减少了患者看病排队的时间,但是老年人数字化能力不足被进一步凸显,因为不会网络数字化操作,这些便利措施反而给老年人增加了负担。

二是经济困难。调查表明,城镇职工医疗保险和城乡居民医疗保险可以帮助老年人减轻医疗费用负担,获得医疗保险的老年人不仅显著促进了老年人在健康体检、两周患病采取措施、两周患病后就医方面的卫生服务利用,也显著降低了老年人应住院未住院的概率。[①]尽管基本医疗保险实现了制度覆盖意义上的无缝衔接和全民享有,但不可否认的是,这仍是一项待遇迥异、

---

① 秦兴俊,胡宏伟. 医疗保险与老年人卫生服务利用的政策评估[J]. 广东财经大学学报, 2016, 31(01): 105-112.

基本分割的相对独立的保险计划，且这种以人群身份为基础划分和确定保险计划的方式蕴藏着不公平。有研究表明，我国存在亲富人的健康不平等、医疗服务利用不平等，高收入人群的健康状况更好并使用了更多的医疗服务。[①]对于经济状况较差，又不符合领取医疗救助的老年人来讲，其医疗支付的压力还是比较大的。尤其在重大突发事件发生时，这部分老年人抵抗风险的能力更弱。

此外，为减轻失能老年人需要长期照护而面临巨大的开支压力，G 市针对完全失能老年人提供生活照料和医疗服务的制度安排，但目前长期护理保险（下文简称"长护险"）和高龄重度失能老年人照护商业保险（下文简称"高照险"）的覆盖范围和待遇支付标准还比较严苛。根据《G 市长期护理保险试行办法（2019 年）》（下文简称《办法》）的有关规定，G 市长期护理保险参保人群为本市职工社会医疗保险参保人员。城乡居民社会医疗保险参保人员和其他人员尚未被长期护理保险覆盖，而是将其纳入高照险。但是高照险的待遇支付水平与长护险又存在一定差距，保障水平更低。从服务对象上看，《办法》规定参保人员因年老、疾病、伤残等原因，生活完全不能自理已达或预期将达六个月以上，病情基本稳定且符合以下条件的，可申请评估，经长护评估后按以下规定享受长护险待遇：一是参保人员按日常生活活动能力评定量表，日常生活活动能力评定不高于 40 分（含 40 分）；二是经本市二级以上（含二级）社会医疗保险定点医疗机构中的精神专科医院或综合性医院神经内科诊断为痴呆症（中、重度），且参保人员日常生活活动能力评定不高于 60 分（含 60 分）。但目前能够享受到长护险的人群还比较有限，制度覆盖人群重点聚焦老年失能人员，缺乏对失能人员分级分类的细化指标设计和评估。而且目前的制度筹资机制缺乏可持续性，采取由医保结余资金作为长护险资金来源的方式只是权宜之计。

7.5.5　现有"医养结合"模式难以实现医疗和养老自由切换

步入老年阶段后，老年人一般会经历"医养需求不高"—"以养为主，以医

---

① 解垩. 与收入相关的健康及医疗服务利用不平等研究[J]. 经济研究，2009，44（02）：92-105.

为辅"—"以医为主,以养为辅"—"医养并重"的四个阶段。在前两个阶段中,医疗需求不强烈,社区居家养老或家庭养老可以基本保证老年人需求。但是随着老年人身体功能衰减步入三、四阶段后,需要更为专业的"医疗"与"养老"资源相衔接。目前韶关市正探索实践提供医养结合床位,即在一张床上实现医疗和养老。具体做法是:当老年人病情稳定时,对老年人进行医疗专护管理,医生每天定期查房,对老年人进行血压、血糖等基本生命体征的检测,对老年人的慢性病进行管理。发生的符合基本医疗保险药品目录、诊疗项目目录和医疗服务设施范围的医疗服务费。该模式的优势在于不仅能够及时监测老年人的身体状况,还能减轻患者及家属的经济、生活负担。当老年人病情发生变化时,将老年人的医疗专护模式转变为住院模式,及时、有效地采取救治措施,实现医疗救治零时间差。在转换过程中,始终坚持以病人为中心的理念,打破原有的病人跟着医生跑的局面,养老、医疗服务在一张床上就能够全部实现。

这种以医疗机构为核心,实现"医养一张床"的模式可以较好地适应失能/半失能老年人在疾病与养护不同需求之间的切换。但此种模式往往对医疗水平要求较高,且医疗收益较好的二、三级医院吸引力不大,医护人员缺乏动力。而以养老机构为核心开展的医养结合模式往往比较难以达到较高的医疗资源水平。由于养老机构医疗能力不足,所以存在医疗服务的短板。与此同时,医院没有专门的科室负责老年人的医疗管理,因一人多病,无法掌握智能信息平台、住院时间长和限额等问题,各科室存在推诿,这使"医疗"和"托老"服务自由切换还有难度。

第 8 章　G 市社区居家养老服务供需协调发展困境及其制度性根源

目前，对 G 市社区居家养老服务供需协调的判断可以分别从服务项目供需协调、服务设施供需协调以及服务政策供需协调三个角度进行分析。其中，社区居家养老服务项目供需协调需要考虑老年人需求层次、潜在需求与有效需求、需求变化趋势与服务项目设置之间的关系；服务设施供需协调需要考虑城乡发展需求、区域发展需求、医疗资源需求与服务设施配置之间的关系；政策供需协调需要考虑政策覆盖需求、政策认知需求、政策边际收益与政策制定之间的关系。

8.1　G 市社区居家养老服务供需协调发展困境

8.1.1　社区居家养老服务项目供需协调困境

第一，养老服务自上而下的设置与老年人实际需求之间存在矛盾。

社区居家养老服务项目设置的一个主要功能在于满足基本生存需求，从长者助餐配餐项目近年来如火如荼地推广可印证这一政策价值取向。但在基本生存需求中，随着经济社会发展水平的提高，老年人需求的优先次序正在发生改变。从老年人共性养老需求来讲，本次调查结果显示，解决吃的问题并不是老年人最迫切需要解决的问题，"医"才是老年人迫切关注并亟待解决的首要问题。行为学的连续理论认为，人们在日常生活的各种实践中，会不断积累各自的行为模式和心理反应，形成不同的个性和习惯。连续理论解释了老年人在私域空间中所形成的行为习惯是较难改变的，饮食恰恰是最具私人特点的行为习惯，饮食时间、口味、口感、方式等均带有强烈的个人偏好。

当老年人求助于助餐配餐服务以解决吃饭问题时，往往意味着其家庭照护能力不佳，出行不便，难以按照个体需求满足饮食偏好。因此，对助餐配餐服务具有刚性需求的人群往往是高龄、孤寡、独居和缺乏生活照料的老年人，而对其他多数老年人而言，助餐配餐服务并非迫切需求。社区居家养老服务需要将注意力和资源配置转移至老年人更多诉求的医疗服务领域。

第二，养老服务供给不充分与潜在养老服务需求转化为有效需求之间存在矛盾。

社区居家养老是我国养老服务体系的重要支柱，社区居家养老的政策重点在于破解供给困境，加强供给侧结构性改革。本次调查结果显示，老年人从社区居家养老服务使用中获得的满意度较高，但供给不充分的现象依然存在，多数老年人并不知晓社区所提供的为老服务，老年人养老服务需求的"获得感"尚不显著，大多养老服务需求未能得到满足。此外，有效需求和实际利用之间并非简单的线性关系，有效需求率高并不一定代表实际利用率高，在将有效需求转化为实际利用率的过程中，需要关注到老年人受教育程度、收入状况、社会参与积极性、健康状况以及供给认知率等因素的影响。

第三，兜底型养老服务设置与发展型养老服务诉求之间存在矛盾。

在养老服务供给的政策设计上，保基本、兜底线是基本的政策取向，强调政府优先保障基本生存类服务。但随着社会主要矛盾的变化、人民生活水平的逐渐提高以及老年人认知结构、精神需求的不断丰富，老年人的需求逐渐从单一的生存需求向更高层次的发展需求转向，养老服务的内涵和外延相应地也在发生一定的变化，并进一步对养老服务的内容、养老服务的数量以及养老服务的质量提出更高的要求。在此背景下，养老服务的供给侧结构性改革从"保基本"定位向"促发展"定位转型，G 市目前部分经济发达区域已经具备满足外部诉求的基本条件和财力基础。

8.1.2 社区居家养老服务设施供需协调困境

第一，城乡发展不均衡与城乡协调发展之间存在矛盾。

首先，城乡间社区居家养老服务资源配置不均衡。随着老龄化进程的加快，建立城乡统筹的老年人公共服务体系将是实现城乡公共服务均等化的重要一环。长久以来，农村社会化养老的基础比较薄弱、设施短缺、资源有限，农民的养老理念、养老方式与城市老年人相比也存在较大不同。当前，城乡间养老服务资源配置不均衡的重要体现是在养老服务设施的建设上，城市的养老服务设施规划优于农村，且养老服务设施标准化建设程度、服务水平均好于农村。这一方面是由城乡养老服务设施统筹规划性不足，农村养老服务设施的建设规划与城市养老服务设施的建设规划不同步所致；另一方面，由于农村自身的地域因素、传统的农业生产模式及农民的生活习惯对村落的布局及规模都具有一定的局限性，农村的养老服务设施空间分布整体上是比较分散的，导致目前农村的养老服务设施供给数量和供给质量仍与城市的发展存在一定的差距。因此，农村亟待根据农民养老生活的方式和特点形成与城市标准有别的标准化养老服务设施及服务项目体系。因此，城乡老年人养老服务体系建设要根据老年人的人口分布情况，分阶段、分目标、分步骤地规划和布局，最终形成覆盖城乡、区域均衡、共建共享的养老服务体系。

其次，区域间社区居家养老服务资源配置不均衡。除了城乡差异外，全市的中心城区、新城区与生态保护区老年人分布情况、土地资源利用情况也存在差异，这些客观条件决定了养老服务设施规划和配置上的差异。比如中心城区老年人分布集中且人口密集，在社区分散布点较为合适；生态保护区老年人口居住分散，养老设施布设要适度集中。因此，需要从市一级层面根据区域老年人人口数量和综合比较各区老年人养老服务发展水平的基础上进行统筹规划。在充分整合现有资源的基础上，盘活存量、整合增量，统筹安排好建设项目。

在前述各区的养老服务设施供给认知和服务项目供给认知的分析中，HP区均得分第一，这与 HP 区不以街道为单位，不以物理空间划分，而是以人群、以社区、以老年人出行半径和服务半径来构建养老服务体系有关。HP 区作为 G 市社区居家养老服务试点区域，根据其区域特征，以老年人出行半径和服务两个维度，确立了以社区为单位进行养老服务设施布局的工作思路。这一工作思路在具体的实践检验中，收效十分显著，老年人的评价最高。此外，HP 区在"医养社"融合方面、社区入托养老服务中心建设方面、助餐配餐服务方面取得了工作成效，因地制宜地创新了社区居家养老服务。但是 G 市各区经济社会发展差异较大，老龄化差异程度也较大，因此要善于抓住养老服务供给的短板,将城市边缘作为需要重点加强的区域,为创新服务提供思路与方法。

第二,养老服务设施划分碎片化与养老服务功能统筹发展之间存在矛盾。

G 市建立的"市—区—街(镇)—社区(村)"四级养老服务设施决定了不同层级的养老服务设施的布局、建设标准以及辐射范围。市一级的养老服务示范中心建设面积大、服务项目多、服务质量高、连接资源能力强,但辐射范围却比较有限;街道一级的家庭综合服务中心以及社区居家养老综合服务中心所提供的长者服务项目较为综合,具有一定的服务转介能力和上门服务能力,但辐射能力仍然受限;社区一级的星光老人之家虽然布点数量较多,但服务项目有限、活动场地较小、资源连接能力较弱、服务质量一般,对老年人参与的吸引力不强。根据调查结果显示,老年人对养老服务设施的有效需求并不旺盛,这一方面是由于养老服务设施具有一定的可替代性;另一方面,其布局位置会产生一定影响,特别是养老服务设施的内容建设显然要比形式建设更重要。

目前 G 市养老服务设施规划根据服务设施的功能以及辐射范围形成了"独立型"社区居家养老服务设施发展的特点。例如星光老人之家/老年人活动站点以社区为单位,提供老年人日常文体娱乐活动的空间及设施。但是在实际运营中,部分星光老人之家配套设施单一,功能性单一,除提供麻将桌外,没有其他任何健身康复设备,或者设备年久失修无法使用。虽然 G 市于 2010 年和 2012 年分别出台了《G 市星光老年之家管理办法》和《G 市星光老年之家年度考核和分类资助试行办法》,对年度考核为一类、二类、三类的星光老年之家每年给予 7 万元、5 万元、3 万元的运营经费资助。然而,实施效果却未能达到预期。星光老人之家/老年人活动站点由于活动场所空间有限,运营经费不足,除满足棋牌类娱乐需求外,没有足够能力同时承载日间照料、助餐配餐、心理慰藉等多功能服务。

日间托老机构也在一定程度上面临相似的问题。日间托老机构在选址方面既可以单独设立也可以依托星光老年之家、家庭综合服务中心。服务对象为具有本市户籍的 60 周岁以上,重点为不能完全自理的空巢、独居老年人提供服务。但是对于单独设立的日间托老中心来说,其仍要提供生活服务、保健康复、文体娱乐等服务，在一定程度上无法与其他社区养老服务机构共享资源，会造成资源重复建设。相比之下，社区居家养老服务示范中心和长者综合服务中心分别以区和街道为服务单位，主要面向自理和半自理老人。不仅服务提供场地大，而且运营经费来源有可靠保障。从服务提供方面来看，助餐配餐、文娱康乐、日托服务、康复训练、情感支持等服务在这里基本可以得到满足。但是街(镇)级长者综合养老服务平台数量比较有限，辐射范围受到地域限制。

第三，基层医疗资源不足与医疗需求膨胀之间存在矛盾。

目前老年人使用的基层医疗资源主要包括基层社区卫生服务中心以及社区居家"医养结合"护理站。老年人在晚年生活中最为在意的就是未患病阶段能够得到预防保健知识的指导，患病阶段能够得到及时有效的医疗救治，康复阶段能够获得细心周到的康复护理。虽然近年来 G 市积极推进基层医院首诊、医养结合、家庭医生、家庭病床等多种医疗方式，但总的来看，形式建设大于内容建设，外在建设大于内在建设，医疗服务发展不充分的现象还比较普遍。

以基层社区医院提供的家庭医生和家庭病床服务为例。家庭医生和家庭病床是以家庭为日常护理场所，设立的初衷是让病人在熟悉的环境中接受治疗和护理，这在一定程度上可以免去病人来往医院的奔波之苦，也在一定程度上能够减轻家人的照料负担。截至 2018 年年底，G 市家庭医生签约服务 65周岁及以上老年人达 62.87 万人，签约率达到 68.63%。在实际运行中，虽然家庭医生签约率较高，但家庭医生提供服务的使用率不高。在访谈中，部分老年人反映，家庭医生虽然采取上门看诊模式，省却了老年人的出行时间，但是诊疗后的拿药时间却转嫁给了子女，增加了子女的额外负担。此外，家庭医生队伍服务能力建设需要提高，"多、快、好、省"的服务效果体现得尚不明显。

除家庭医生发展情况不容乐观外，建立家庭病床的基层医疗机构就更少了，YX 区 DS 街社区卫生服务中心服务社区 10 多万人口，已建立的家庭病床仅 16 张。社区医院不仅人手不足，而且全科医生也比较缺乏。由于上门诊治中的医疗设备消耗、交通成本等转嫁为基层医院的额外负担，致使基层建立家庭病床的激励不足，动力较弱。

在护理站方面，2018 年 G 市卫生计生委、G 市民政局等部门印发《在社区建立护理站的实施方案》，按照方案要求，护理站是以维护社区人群健康、满足社区人群基本医疗护理需求为宗旨，以护士为核心的各类护理人员组成团队，在一定社区范围内，为长期卧床老年人、患者、残疾人、临终患者和其他需要护理服务者提供基础护理、专科护理、临终护理、消毒隔离技术指导、营养指导、社区康复指导、健康宣教和其他护理服务的医疗机构。自项目启动以来，护理站试点单位根据 G 市养老护理服务市场需求，加强与养老机构、社区托养机构以及基层医疗卫生机构合作，积极探索个性化服务方案，有效提供社区居家老年人上门护理服务。截至 2019 年年底，G 市已有 56 家护理站被确定为"护理站试点单位"。护理站试点项目由政府设立专项资金，鼓励和引导社会力量参与，为社区居家老年人提供便捷、专业、规范的上门护理服务。但是目前护理站试点项目数量还比较少，服务辐射范围还比较有限，服务效果尚不明朗。

8.1.3　社区居家养老服务政策供需协调困境

第一，老龄政策进入扩面提待的瓶颈阶段。

由于政府的社区居家养老服务对象主要面向辖区范围的户籍人口，因此对于跨区域、跨地区流动的外来人口来说，服务待遇存在一定差异。"补缺型"的社区养老服务一方面与养老服务政策覆盖范围狭窄、保障水平偏低有关。长期以来，政府提供免费的社区居家养老服务对象主要是政府资助的高龄、空巢、低保、五保、残疾、失能等特殊老年人群体，而通过低偿或有偿方式购买所需服务的老年人比例低，一些有养老服务需求的老年人在政府购买服务的"门槛"外徘徊，等待政府埋单的政策放宽。这种长期以来"低水平、窄覆盖"的政府养老政策容易使人们误认为社区居家养老只是为少数特殊老年人提供服务，与很多家庭无关。另一方面，社区居家养老服务"补缺"定位的标签化进一步强化了老年人抱持的不关注、不积极参与的态度。老年人对社区居家养老服务的期望降低会减少对社区养老服务的利用频率，导致社区居家养老服务的潜在需求对象和供给对象都未能主动进入社区养老服务体系之内，老年人的有效养老需求并没有适度地社区化和社会化。在政策制定和政策认知双重"补缺"的定位下，社区居家养老资源利用效率持续低下，老年人的日常照料、经济支持、精神慰藉、基础护理等需求压力仍主要转化给家庭成员。

事实上，社区居家养老服务的对象不仅是传统社区弱势老年人，还应逐步有阶段、分层次地向社区内全年龄段老年人开放，老年人既可以居住在家里，在社区内开展日常活动，也可以接受由社区提供的上门照料服务。社区居家养老服务对象不仅包括老年人群体本身，还应该面向所有长期照顾失能、半失能老年人的家庭成员。面对需要长期照顾的老年人，其照护者不仅可以通过社区居家养老服务体系对接养老资源，将老年人的日常需求社区化，减轻家庭成员负担，而且社区还可以为照护者提供支援服务，包括护老技巧训练、个案辅导、情绪支援、器材借用、互助小组等服务。因此，在坚持优先保障孤老优抚对象及低收入的高龄、失能、独居等困难老年人养老服务需求的基础上，还要逐步关注社区内全年龄段老年人及失能、半失能老年人及其家属的生活质量提高和养老能力提升。

2015 年我国城乡老年人失能发生率为 18.3%，失能、半失能老年人口总规模高达 4063 万人。失能老年人自报患有慢性病的比例高达 97%，自我评价健康状况"比较差""非常差"的比例总数高达 80.7%，失能老年人日常生活需要别人照护的比例为 92%，而生活自理老年人需要照护的比例仅为 11.9%，有 89.9% 的失能老年人希望在家接受照护服务，[①] 由此可见，建立长期护理保险缓解老年人医疗康复负担是提高其生命质量的重要方式之一。从国家层面看，护理保险仅仅还在各地政策的"探索建立"阶段。G 市作为建立长期护理保险的试点城市之一，制度建立时间亦非常短暂，仍处于探索阶段，存在制度参与率低、推进速度慢、地区间发展不同步等问题。从根源上看，长期护理保险的筹资机制、费用分担机制、服务评估层级划分、专业医疗护理人员等核心问题还需进一步厘清和理顺。

---

① 党俊武. 老龄蓝皮书：中国城乡老年人生活状况调查报告（2018）[M]. 北京：社会科学文献出版社，2018：124，148-160，31-32.

第二，老龄群体政策认知能力较为匮乏。

资源获取能力(Resource Acquisition Capability)是指个人获得有用资源的能力，包括显性资源和隐性资源的能力。老年人群体因其受教育程度、收入水平、工作性质等因素的影响会呈现出群体内的分层化现象。本次调查结果显示，不同阶层的老年人在设施使用、项目获取、政策参与、信息获取方面存在显著差异。本部分老年人的阶层地位主要以经济收入为划分标准，这是因为老年人的收入水平实际上是对其受教育程度、工作性质的综合反映。笔者将收入在 2000 元以下的老年人定义为低层群体，收入在 2000~5000 元的老年人定义为中层群体，收入在 5000 元以上的老年人定义为高层群体。

首先，不同阶层的老年人在社区居家养老服务资源利用能力上存在差异。老年人获取公共服务资源的差异一方面体现在对养老服务设施的认知方面。总体来看，经济收入水平越高，受教育程度越好的老年人对养老服务设施的知晓率越高，且不同阶层的老年人对养老设施的知晓情况存在显著差异($P<0.05$)。其中，中间阶层的老年人对社区居家养老示范中心、星光老人之家/老年人活动站点、家庭综合服务中心、日间托老机构的知晓情况均好于低层群体和高层群体(如表 8-1 所示)。

表 8-1　不同群体养老服务设施信息知晓率情况表　　　　(单位:%)

养老服务设施	低层群体	中层群体	高层群体	Sig.
社区居家养老示范中心	9.8	20.6	15.8	.000
星光老人之家/老年人活动站点	33.6	39.0	33.8	.014
家庭综合服务中心	32.4	48.5	38.6	.000
日间托老机构	10.4	26.1	21.9	.000
社区卫生服务中心	62.5	62.4	50.9	.008
养老院	62.0	56.2	71.1	.000

另一方面，养老服务资源利用差异体现在养老服务项目信息的获取上。不同阶层的老年人群体在养老服务项目中获取信息的能力同样显示出差异，经济收入水平越高，受教育程度越好的老年人对养老服务项目的知晓率越高。

除文体娱乐项目外，其余养老服务项目中，不同阶层老年人对养老服务认知情况存在显著差异($P<0.05$)。其中，中层群体对助餐配餐、日间托老、家政服务、精神慰藉、生活照料、康复保健项目的知晓情况好于低层群体和高层群体(如表8-2所示)。

表8-2　不同群体养老项目信息知晓率情况表　　　　　(单位:%)

养老服务项目	低层群体	中层群体	高层群体	Sig.
助餐配餐	19.0	37.2	36.6	.000
紧急援助	6.0	13.4	17.4	.000
日间托老	10.4	26.1	21.9	.000
家政服务	5.8	21.7	21.0	.000
精神慰藉	7.5	11.6	7.6	.003
生活照料	5.7	10.7	10.3	.000
文体娱乐	39.9	38.5	31.7	.051
医疗护理	14.9	19.0	20.1	.013
康复保健	8.0	11.9	10.7	.009

其次，老年人在养老服务信息获取能力方面也存在一定差异。这一方面体现在对养老政策的了解程度上。在市级政策中，高层群体对老年人优待证、长者长寿保健金、65岁以上免费体检的了解程度最高；中层群体对无障碍设施改造、银龄安康行动、公办养老机构轮候、助餐配餐的了解程度最高。总体而言，两者的养老服务信息获取能力均好于低层群体。在国家级政策中，中高层老年群体对政策的了解程度均好于低层群体，且差异显著($P<0.05$)(如表8-3所示)。

表8-3　不同阶层老年人群体养老政策信息知晓率情况表　　　　　(单位:%)

政策名称	低层群体	中层群体	高层群体	Sig.
老年人优待证(卡)	86.4	92.7	95.7	0.000
长者长寿保健金	53.2	59.1	61.8	0.040

续表

政策名称	低层群体	中层群体	高层群体	Sig.
无障碍设施改造	14.3	23.4	21.7	0.000
银龄安康行动	26.8	34.7	24.1	0.000
公办养老机构轮候	7.7	23.5	13.6	0.000
助餐配餐	17.2	34.7	23.6	.000
65 岁以上免费体检	57.3	63.3	64.0	0.015
社会养老保险	70.9	79.1	72.5	0.000
社会医疗保险	73.3	83.2	81.7	0.000
城乡居民大病保险	28.5	37.7	29.2	0.000

另一方面,从不同老年人群体信息获取渠道看,除通过板报/宣传单了解政策的方式差异不显著外,中高阶层的老年群体能够更充分地利用媒体工具,如报刊、电视/广播、网络、手机等来了解政策信息,且不同群体间的信息获取渠道差异显著($P<0.05$)(如表 8-4 所示)。

表 8-4   不同群体获得信息途径差异情况表(多选题)   (单位:%)

信息途径	低层群体	中层群体	高层群体	Sig.
报刊	7.5	36.4	51.7	0.000
电视/广播	33.2	57.9	63.9	0.000
板报/宣传单	9.7	11.8	13.9	0.092
网络	1.1	7.6	13.0	0.000
手机	2.1	10.5	18.5	0.000
社区座谈会/政策宣讲	5.5	13.1	9.7	0.000
村(居)干部通知	69.9	38.9	31.5	0.000
其他	8.8	9.9	10.5	0.298

最后,政策补贴手段仍以供方补贴为主,缺乏需方补贴作为补充。

目前 G 市对社区居家养老相关服务的补贴包括对服务机构的运营补贴和服务对象补贴两大类。对于服务机构补贴来说,除享受在硬件、人力上的补助，为了吸引民间资本的进入，"公办民营"作为近两年政府大力推广的模式也在逐步落地。其具体的做法是政府投资硬件建设，委托给民间机构运营，政府一次性补贴运营费用。特别是 G 市《支持社会力量参与社区居家养老服务试行办法的通知》的出台，增强了对引入社会力量进入社区居家养老服务领域政策的支持力度。

对于老年人来说，单方面强调服务供给仍不够，如何将潜在需求转化为有效需求才是重点。其中，服务项目补贴是能够鼓励老年人将潜在养老服务需求转化为有效养老服务需求的方式之一。目前 G 市主要采取"分类+定额"补贴的方式资助老年人享受养老服务。所谓分类，就是先将服务对象按照年龄、户籍、身体状况、经济状况四个角度划分为一类对象、二类对象，提供针对孤老优抚对象、城镇"三无"、农村五保的供养制度和高龄补贴制度，支持经济困难的老年人购买社会养老服务，对生活长期不能自理、经济困难的老年人，根据其失能程度等情况给予护理补贴。在分类的基础上，采取同类对象同等对待原则，一类服务对象补贴 400 元/月，二类服务对象补贴 200元/月，重度残疾每月增加 200 元的定额标准。

但是，对现有的服务对象进行定额补贴的方式忽视了服务对象的复杂性特征，特别是无补贴服务对象群体之间收入差异十分巨大，以结果平等的标准难以取得绝对平等的结果。而采取相对平等的标准似乎为解决现有问题提供了思考方向。例如在美国，养老服务项目资助的标准并非完全相同，老年人支付服务费用的价格与经济收入水平相挂钩，也就是说，获得相同的服务老年人并不一定要支付相同的价格，价格的多少取决于收入的多寡。例如，美国弗吉尼亚费尔法克斯老年社区的助餐服务按照收入标准划分为 5 个收入档次，月收入低于 953 美元、年收入低于 11440 美元的仅需支付 2 美元；月收入 953~1429 美元、年收入 11440~17148 美元的需支付 3 美元；月收入 1430~1904 美元、年收入 17149~22848 美元的需支付 4 美元；月收入 1905~2854 美元、年收入 22849~34248 美元的需支付 5 美元；月收入高于 2855 美元、年收入高于 34249 美元的需支付 6 美元。此种服务补贴方式充分说明老年人的收入能力存在差别，收入能力决定消费能力，以收入水平作为判断补贴标准的前提条件更有利于形成相对公平的政策环境。

与此同时，目前的补贴方式无法将老年人对养老服务的有效需求与市场资源有效衔接。养老服务补贴不准发放现金，一般会采取发放养老服务券的方式用于支付社区居家养老服务机构的服务项目。但目前的社区居家养老服务专业性并不强，无法提供老年人最急需的医疗康复、护理、家政服务等。由于服务券的发放无法与市场专业资源对接，购买范围受到限制，在一定程度上造成了老年人服务边际收益的下降。

8.2　G 市社区居家养老服务供需协调发展的制度瓶颈

8.2.1　政府部门多头管理，政策协同推进难度增加

目前，G 市社区居家养老服务虽然由民政部门主管，但仍涉及多个部门配合。其中，医疗服务归口卫生健康委，社会保险归口人力资源与社会保险部门，财政支持归财政部门，其他部门如公安部门、发改部门、教育部门、住房和城乡建设部门、宣传部门、税务、残联、消防等部门也与居家养老有着千丝万缕的联系。一般说来，民政部门是养老工作的主管部门，在部门联动中起着指挥协调的作用。但是，民政部门与卫健、人社、财政等部门平级，在很多情况下难以做好指挥协调工作。加之负责老龄工作的老龄办还是民政下属部门，级别更低，开展指挥协调工作更加困难。[①]

在实际操作中，由于信息不对称，部门之间信息的兼容性和整合性差，这使得部门间交叉管理、职责界定不清等问题进一步演化升级为互相推诿和多龙治水的困境。横向部门间的有效协调是建立在信息共享基础上的，如若横向部门间缺乏有效的信息沟通机制，必然会给各部门间的资源和信息共享带来阻滞，从而增加政策执行成本。例如如果能够实现老年人健康管理档案信息在人社部门、民政部门的信息共享，不仅可以节省对高龄、重病、失能、部分失能老年人的自理能力鉴定成本，而且还可以提高为老服务的精准性。

此外，在社区居家养老领域，部门合作存在道德风险，很多合作主要依靠"私人感情"予以推进。若部门之间关系较好，合作就相对容易推进；反之，

---

① 宋言奇. 居家养老中资源整合问题——基于苏州的实践[J]. 苏州大学学报（哲学社会科学版），2015, 36(01)：40-45.

则比较困难。在社区居家养老服务中，民政部门与卫健部门是最主要的两大部门，两者之间的合作对于居家养老具有重要意义。由于跨部门合作涉及多个利益主体，在制定和实施新的政策议程过程中，各部门会从自身利益和效率角度权衡利弊，并从组织资源和组织任务的优先次序出发去制定规划、采取行动方案。

在医养结合政策体系中，为清晰各部门职责权限，我国颁布的《医养结合重点任务分工方案》明确了民政部、卫生健康委、人力资源和社会保障部、发展和改革委员会、住建和城乡建设部等几个主要部门的任务分工。虽然表面看各部门职责划分较为清晰，但各部门在开展具体行动时仍会将医养结合工作职责同部门组织目标相权衡。例如在养老医疗服务供给与医保报销相衔接的过程中，医疗保险部门着重从医保资金使用安全的角度出发对现行的养老服务报销范围进行限定，包括老年人年龄、自理程度、服务类型、定点机构等，以防止"骗保套保"等行为的发生。但是这些严苛的限制在一定程度上又抑制了医养服务的有效结合，如社区居家养老服务由于无法将医疗康复护理服务纳入医保报销的范围，老年人对社区照护服务使用积极性低；家庭病床上门服务医保报销范围界定狭窄，老年人使用上门医疗服务动力不强。由此可见，相关部门在权衡自身责任的情况下，采取了十分谨慎的态度确定了医疗保险报销范围，但这在一定程度上又与老年人医养结合服务需求产生了矛盾，进而出现部门利益与整体利益相博弈、部门间合作成本提升、养老服务供给无法有效落实的问题。

8.2.2　政府财政投入面临总量和结构的双重压力

社区居家养老服务的建设过程中离不开政府的资助和扶持，政府在为老服务方面有着不可或缺的责任。在政府购买服务模式下，G 市养老服务政策目标定位仍具有"补缺型"特点。这种补缺型政策的特点对政策对象的准入条件有严格的限制，例如《G 市人民政府关于全面深化公办养老机构改革的意见》的政策中强化了对特殊困难老年人的服务和保障，将本市户籍的"三无"（无劳动能力、无生活来源、无赡养人和扶养人或者其赡养人和扶养人确无赡养和扶养能力）老年人、五保对象，低保低收入、重点优抚对象、计划生育特扶老年人，经济困难的孤寡、失能半失能、高龄等老年人，以及符合规定条件为社会做出重要贡献的老年人作为政策的主要对象。《G 市社区居家养老服务管理办法的通知》将本市户籍且在本市行政区域内居住的服务对象按照经济状况、年龄状况、身体状况等因素作为共同衡量资助对象的标准。《G 市特殊困难老年人家庭及居住区公共设施无障碍改造项目资金管理办法》仅用于特殊困难老年人家庭及居住区公共设施无障碍改造。《G 市特殊困难老年人入住养老机构资助办法的通知》主要适用于本市户籍低保、低收入困难家庭高龄老年人和本市户籍、年满 60 周岁、轻度失能及以上的老年人。

值得关注的是，兜底式保障的财政投入充分性仍然面临挑战。公共服务补贴总量潜在缺口随着人口老龄化及高龄化程度的提高而不断加深，G 市的养老服务体系建设财政投入表现出两个取向：一是重点关注高龄、贫困、失能、孤寡等弱势老年群体；二是养老服务项目财政投入在整个养老服务体系建设中的比重越来越突出。特别是 2017 年由于养老服务补贴项目增多、保障水平提高、保障对象范围扩大，养老服务补贴资金数额将在短期内急剧增长。以 G 市发放长者长寿保健金来估算政府的财政补贴投入，按照政策规定，长者长寿保健金按月、按年龄档次发放标准为，70~79 周岁每人每月 30 元，80~89 周岁每人每月 100 元，90 周岁及以上每人每月 300 元。[①] 按此标准估算，长者长寿保健金补贴将从 2014 年的 4.83 亿元增加至 2020 年的 6.29 亿元（如表 8-5 所示）。

表 8-5 2014-2020 年长寿保健金补贴金额变动情况估算表

年份 补贴标准	发放标准	2014 年	2015 年	2016 年	2017 年	2020 年
70~79 周岁（亿元）	360 元/年	1.47	1.48	1.68	1.55	1.85
80~89 周岁（亿元）	1200 元/年	2.40	2.52	2.67	2.75	2.94
90 周岁及以上（亿元）	3600 元/年	0.96	1.03	1.13	1.20	1.50
合计（亿元）	—	4.83	5.03	5.48	5.50	6.29

---

① 《G 市长者长寿保健金发放管理办法》，https：//www. gz. gov. cn/gfxwj/sbmgfxwj/gzsmzj/content/mpost_ 7347641. html.

可以预见，随着 G 市人口老龄化以及人口结构的高龄化趋势不断加剧，G 市养老服务的财政支出将承受持续性压力。特别是在"补缺型"福利向"普惠型"福利迈进的过程中，受社会福利支出刚性的影响，G 市养老服务体系建设的财政投入将只增不减，公共服务财政投入充分性将面临着较大的压力，福利缺口财政填补资金数额将较大。

从财政投入结构看，G 市养老服务财政补贴内部结构并不均衡，养老服务补贴动态调整依据不足。从总量上看，2017 年养老服务资金投入量增幅并不大，仅比 2016 年增加了 1.95 亿元的财政投入，增长率为 8.62%。但是分项目的财政资金投入变化幅度却非常大，例如公办养老机构投入增长率为 72.69%，养老服务补贴投入总额增长高达 660.47%，民办养老机构投入额降低了 88.52%。数据的变动说明在总财政投入有限的情况下，一些项目投入的大量增长必然以其他项目的财政投入减少为代价，这也致使 G 市公办养老机构与民办养老机构财政补贴投入结构极不均衡。与此同时，各项财政补贴增减依据并不明确，个别养老项目财政补贴增减额忽大忽小，并非根据老年人口数量、机构设置数量变化而进行调整，缺乏财政补贴动态调整的依据。

如表 8-6 所示，2016 年 G 市公办养老机构数 65 个，年财政投入金额 2.16 亿元，平均每个养老机构补贴 332.31 万元。虽然 2017 年公办养老机构数下降至 63 个，但年财政投入金额上升至 3.73 亿元，增长了 1.72 倍，平均每个养老机构补贴 592.06 万元，增长了 1.78 倍。而民办养老机构方面，2016 年的数量为 114 个，年财政补贴额为 3.92 亿元，平均补贴金额为 343.86 万元，而 2017 年民办机构数量增加至 120 个，但补贴金额仅有 0.45 亿元，平均补贴金额仅为 37.5 万元，补贴金额仅为公办养老机构的 6%。

同时，公办养老床位补贴与民办养老床位补贴同样存在较大差距。2016 年 G 市公办养老床位 1.79 万张，每张床位补贴约 1.2 万元，民办养老床位 4.11 万张，每张床位约补贴 9537.7 元，两者差别并不大。但到 2017 年，公办养老床位 1.92 万张床位，每张约补贴 1.94 万元，民办养老床位 4.29 万张床位，每张约补贴 1048.9 元，差别十分明显。目前 G 市护理型床位的数量严重不足，护理型床位数仅占养老床位总数的 31.88%，距离 70% 的护理床位数的目标要求差距较大。

表 8-6　2016—2017 年公办与民办养老机构及床位补贴金额表

年份	2016 年			2017 年		
	数量	投入金额	平均补贴金额	数量	投入金额	平均补贴金额
公办养老机构	65 个	2.16 亿元	332.31 万元	63 个	3.73 亿元	592.06 万元
民办养老机构	114 个	3.92 亿元	343.86 万元	120 个	0.45 亿元	0.37 万元
公办养老床位	1.79 万张	2.16 亿元	12067 元/张	1.92 万张	3.73 亿元	19427 元/张
民办养老床位	4.11 万张	3.92 亿元	9537.7 元/张	4.29 万张	0.45 亿元	1048.9 元/张

8.2.3　政策支持合力不足，社会力量参与能动性不强

首先，社会组织参与社区居家养老服务递送受制于自身能力和政策支持，这体现在参与社区居家养老服务的社会组织自上而下成立的内生性特征明显，较为依赖政府支持，缺乏独立性。社会组织依赖各级政府的权力与资源，与政府形成的非均衡依附式合作关系使其缺乏独立性、灵活性，变成了政府部门的延伸机构，导致其参与养老服务供给带有很强的行政导向，并非完全以社会需求为导向来提供服务。特别是政府对社会组织机构运作的社区居家养老服务设置的各项考核指标，成为社会组织发展的紧箍咒。社会组织为持续获得社区居家养老服务运营资格需要在行动中首先考虑是否完成考核指标，这种功利性驱动在一定程度上限制了社会组织能动性的发挥，也影响了社会组织养老服务创新能力的发挥。

与此同时，目前一些社区的养老服务在专业水平、服务态度等方面还存在一定短板，这与依赖政府、资金来源单一等原因有关。资金缺乏会造成社区养老服务的建设和发展举步维艰，基础设施建设滞后，社区养老服务事业难以走上良性发展轨道。目前社区工作人员待遇得不到保障，社会保险和待遇缺乏激励机制，社区专业技术人才比较紧缺，流动性大，养老服务专业人

才不稳定。同时，操作层面缺乏对养老服务队伍的职业化和专业化设计，养老服务人员的工资报酬比较低，缺乏规范化的专业培训，引致了养老服务队伍建设的问题。虽然社区医疗问题老年人十分关注，但社会工作者、社区护理员、社区卫生服务人员、社区全科医生培育机制仍不健全。此外，目前失能与半失能老人主要通过家庭照护和社区养老服务站照护为主，考虑到未来失能老人与半失能老人医疗服务需求量大，相关的养老设施并不能适应老年人护理和医疗的相关需求。

其次，企业参与动力仍较为有限。养老服务行业发展具有前期投入大、投入时间长、回收期长、利润低、风险大的特点，养老服务行业是微利性的，这与企业的盈利目标存在一定的矛盾。因此，如何对相关企业进行政策引导和激励十分重要。目前政府对企业的财政支持力度不够大，难以对具有资格的企业产生持久的吸引力。这一方面是由于行业特性决定了民间资本参与积极性不高，另一方面是老年人的养老消费意识不强，潜在需求转化为有效需求能力较弱，服务项目较高的收费与服务对象较低的支付能力之间存在矛盾。

此外，政府对参与养老服务企业的税收优惠支持力度不足。由于企业的营利属性区别于社会组织的非营利属性，因此企业无法享受政府对社会组织提供的税收减免、水电费优惠等一系列政策措施。也就是说，企业投身社区养老服务事业中，虽有公益之名，却无公益之实，无法共享政府的政策支持。企业与社会组织在竞争中无法处于平等的竞争起点，这不仅会挫伤企业参与社区养老服务事业的积极性，而且还会扭曲市场资源配置的功能。此外，政府的经费支持方式也存在一定的滞后性。政府对于社区居家养老的补贴一般是在中期评估合格后拨付一期，当年服务结束后次年再拨付一期。这种拨款方式意味着企业至少需要垫付半年的机构运营资金才能得到政府后续入的财政补贴资金。这种滞后补贴方式在一定程度上也降低了企业参与社区养老服务的热情。

面对上述问题，G 市民政局于 2019 年 5 月 16 日发布《G 市支持社会力量参与社区居家养老服务试行办法的通知》，使公司制企业、非公司制企业、合伙企业、个人独资企业等利用自有物业符合创办标准的可享受创办补贴。此外，G 市还全面落实国家各项税收减免政策，根据社区居家养老服务机构的公益性质或经营性质分为免征行政事业性收费、减半征收行政事业性收费。同时，水、电、气费用按居民生活类价格标准收费。鼓励通过财政贴息、补助投资、风险补偿等方式，提高社区居家养老服务机构综合实力和可持续发展能力，推进实施健康与养老服务工程。可见，G 市在政策上降低了制度准入门槛，平等对待社会资本进入养老领域，试图从多角度释放政策红利，实现全方位激励。

最后，志愿服务可持续性有待提升。志愿关系的可持续性需要政府与参与者的共同努力。通常而言，老年人比其他年龄阶段的人拥有更多的专业知识和技能积累，并且具备更丰富的生活经验和更加宽裕的时间。如果能让社区中具备一定能力的老年人主动、自愿地参与社区志愿服务，那么一方面能避免老年人因脱离社会而陷入孤独，另一方面也能弥补当前社区老年志愿者总量不足的缺陷。目前，由于老年人观念的局限，社区志愿氛围的缺失以及老年志愿服务的激励机制和保障机制不完善，社区老年志愿服务活动开展形式仍较为单一。

从参与人群上看，老年志愿团体组成人员以低龄老年人尤其是女性健康老年人为主，现有的志愿者招募和活动消息发布还需要依靠社区工作人员电话通知或个别号召，老年人利用互联网技术的能力匮乏。老年志愿者偏少也使老龄资源被严重浪费，尤其是大量低龄或中龄老人具备较好的身体条件，能够胜任诸如维护社区治安、协助调解邻里纠纷、维护社区卫生环境、帮助邻里、关心下一代等志愿活动，以缓解社会服务力量不足的困境。与此同时，老年人接受到的志愿服务也偏少，这既无法缓解家庭和亲友的照顾压力，也无法让老年人感受到社会的关爱。

从政府方面看，"时间银行"的持续运行是基于时间币的可兑换功能。互助的有偿性决定了它需要权威的组织机构作为后盾，以保证不会出现无法及时兑付等问题。但现有的法律政策保障不足，通存通兑并未在全市范围内实现，暂时无法实现不同区域间的互联互通，这导致志愿服务参与者对长久积累时间币存储的信心不足，更偏好选择即时兑换，志愿服务的可持续性遇到了挑战。

第 9 章　G 市社区居家养老服务体系发展趋势及优化策略

9.1　G 市社区居家养老服务体系的发展趋势

9.1.1　发展定位：从"保基本"到"促发展"

党的十九大报告指出，我国社会矛盾已经由"人民日益增长的物质文化需要同落后的社会生产之间的矛盾"转化为"人民日益增长的美好生活需要和不平衡不充分的发展之间的矛盾"。社会主要矛盾发生全局性、历史性的变化指明了当前及未来一段时期，人民对美好生活的追求将作为党和政府的奋斗目标。是否"以人为本""以人民为中心"实现人民对美好生活的追求是判断平衡充分发展的重要前提。对此，社区居家养老服务供给要依时而变，依势而动，呈现动态调整的基本特征。

长久以来，无论是国家层面的养老服务供给，还是地方层面的养老服务供给均是以保基本、兜底线为政策方向，强调政府优先保障基本服务需求，这是党和国家坚守底线和践行承诺的具体体现。但随着社会主要矛盾的变化以及人民生活水平的逐渐提高，基本养老服务的内涵和外延相应地也在发生一定的变化，人民的需求逐渐从单一的生存需求向更高层次的发展需求转向，这对养老服务的内容、数量以及质量提出了更高的要求。在此背景下，社区居家养老服务的功能从"保基本"向"促发展"转型，已经具备满足诉求的外部条件。

在养老服务领域，G 市民政部门积极协调有关部门，保障好老年群体，特别是困难老年人的基本生活和基本公共服务需求，精准聚焦、雪中送炭，逐步建立起多层次的社区居家养老服务体系。多层次的社区居家养老服务体系建设至少应包括养老服务设施、养老服务项目和养老服务内容三个层面(如图9-1所示)。其中,养老服务设施体系要包括基本养老服务设施、重大区域型养老服务设施及"医养结合"功能性设施;养老服务项目体系要包括生存型养老服务项目、发展型养老服务项目以及享受型养老服务项目;养老服务内容体系要包括满足极少数贫困群体需要的养老服务、满足人群共同体需要的养老服务、满足人群差异化需要的养老服务。

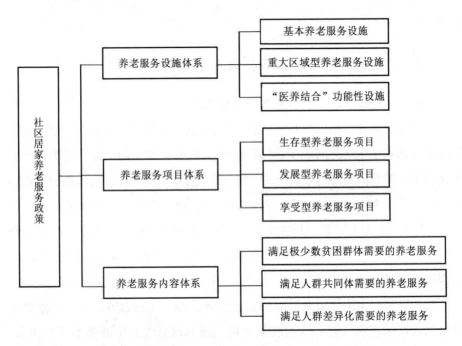

图9-1 多层次的社区居家养老服务体系建设示意图

9.1.2 发展原则:"以人民为中心"的权利公平观

社区居家养老服务供给需要坚持"以人民为中心",在政策制定中体现四个区分:一是按年龄区分,关注不同年龄段老年人的差异化需求,如弹性的养老服务需求和刚性的养老服务需求,应重点关注高龄老年人需求;二是按经济能力区分,关注无支付能力的养老服务需求和有支付能力的养老服务需求;三是按家庭结构区分,关注老年人对服务需求的程度。如居家养老,自我服务老年人的养老需求；居家养老，子女服务老年人的养老需求；居家养老，社区服务老年人的养老需求；机构养老，机构服务老年人的养老需求。四是按健康程度区分，自理健康老年人以及半自理和不能自理老年人的养老服务需求。在凝聚需求共识的基础上，采取"1+X"的共享养老服务模式（如图9-2所示），"1"是指政府层面赋予的一律享有的、平等的公民权利和国民待遇，确保人人享有基本养老服务，并加大对基础养老服务设施和基础养老服务项目的投入；"X"是指各区可以根据各自的经济发展状况、人群特征、社会特征以及价值取向"各显神通"。

图9-2　"1+X"养老服务政策设计影响因素图

9.1.3　发展目标：打造以健康为核心的社区居家养老服务体系

积极的老龄化首先是健康的老龄化。习近平总书记在全国卫生与健康大会上强调，"将健康融入所有政策，人民共建共享"。《健康中国2030规划纲要》中明确提出推动老年卫生服务体系建设等多项举措，旨在促进健康老龄化。将"健康"重新引入公众视野，以健康老龄化来弥补现有政策的不足已经成为当前的共识。对此，可采用以下路径进一步完善社区居家养老服务。

首先，重点打造以健康为核心的社区居家养老服务体系。进一步完善医疗卫生服务体系，为老年人有效的健康服务提供制度保障。一方面要持续深入推进长期照护保险、医养结合、家庭医生、家庭病床、银龄安康保险、紧急救援等政策安排；另一方面要整合各级医院、护理院资源，盘活闲置资源。

其次，以农村和基层为重点，将政策更多惠及弱势群体老年人。加大对老年人贫困群体，特别是其中的失能、失智老年人群体的政策支持力度。同时把握高龄、空巢、独居、留守老年人的养老需求，统筹规划集中养护服务。加大向低保和中低收入老年人群体的倾斜，进一步缩小城乡差距、区域差异和人群差异。

最后，整合养老服务用地场所与格局设置，优化服务半径。《关于支持整合改造闲置社会资源发展养老服务的通知》中，国家鼓励充分挖掘闲置社会资源，引导社会力量参与，将城镇中废弃的工厂、医院及事业单位改制后腾出的办公用房等经过一定的程序，整合改造成养老机构、社区居家养老设施用房。可在"15 分钟生活圈"的基础上，进一步打造"一刻钟养老服务圈"。

9.2　G 市社区居家养老服务体系的优化策略

9.2.1　政策制定优化策略

第一，建立财政投入动态调整机制并进一步优化财政补贴结构。建立社区居家养老财政投入的动态调整机制，针对目前老年人公共服务财政投入调整依据不明确、补贴调整幅度随意性大的问题，一方面需要政府根据人口老龄化的演化趋势，依据老龄人口的内部结构变化、老年人的需求结构变化、物价上涨、通货膨胀等多方面的因素，建立"养老服务补贴综合指数"动态调整的老年人养老服务财政投入机制；另一方面可广开财源，鼓励各级财政部门加大养老服务业财政资金投入，优化资金使用方式，在养老服务设施实现全覆盖的基础上，推动财政资金支持重点从生产要素环节向终端服务环节转移，逐渐从补建设向补运营转变。

除此之外，还应进一步优化财政补贴结构。一方面，注重对"需方"的合理补贴。采取渐进式、可持续的方式适度放宽或加大老年人养老服务补贴政策，优化补贴方式，将老年人的潜在购买需求转化为有效购买需求。另一方面，优化对"供方"补贴的结构。李博认为，政府不应再投入大量的资金去兴办事业性质的养老机构。公办养老机构因为有政府财政补贴，收费低、设施好，所以大多人满为患；而民办养老机构由于建设和运营成本高，收费贵，致使空床率很高。他表示，应逐渐减少并最终停止对公办养老机构的财政补贴，让公办养老机构也能真正参与到市场竞争中来。而政府的资金用来支持民办养老机构的发展，可选择的途径是直接支持有需要但缺乏支付能力的老人。① 政府在适当的条件下可以考虑提高对民间资本投资基本养老服务的补助水平，通过税收优惠、贷款贴息、直接补助、以奖代补等多种方式，鼓励和激发民间资本投资参与养老服务事业的热情，并合理安排财政资金、彩票公益金、慈善资金和社会捐赠资金在养老服务项目中的分担比例。鼓励民间和社会资本通过 PPP、购买服务、融资贴息等方式参与到社区居家养老服务供给中来。

第二，出台配套政策，支持城乡间养老服务资源配置整合及优化。加强农村和落后城区的社区居家养老服务资源配置。在"15 分钟生活圈"老年人养老服务资源配置上，根据圈层人口密度、土地资源情况采用不同的配置指标和建设要求，优化养老服务的空间布局，通过建立更加有效的区域协调发展机制实现不同区域之间的养老服务供给协调发展。由于地区经济发展水平直接影响老年人养老服务提供水平，所以针对中心城区人多地少的特点，可将工作重点放在闲置资源的改造升级上，盘活现有资源，开发养老服务设施场地；新城区和生态保护区土地资源相对丰富，可考虑引进社会资本、企业等参与养老服务设施建设，形成集养老、健康、文体娱乐、失能照料、教育等功能于一体的养老服务综合设施，并综合运用定制化服务和智能化手段，开发个性化、人性化的高品质养老服务，以满足不同层次的老年人需求。

由于农村社会养老的基础设施薄弱、资源利用有限，在改善乡镇社会养老机构的基础设施条件上可尝试运用现代信息管理技术，以保障"五保"老年人为重点，提高社会养老服务水准。充分发挥农村日间照料中心、托老机构的互助功效，利用农村自然资源、集体场地开发社会养老服务，提供生活抚养和情感照料，及时发现、有效化解农村老年人的社会养老服务困难。同时建立起城乡互济机制，发挥城市社区养老服务在人才、技能、资源等方面的先发优势，以城市发展带动农村发展，建立对口支援和协作机制，推动农村社区居家养老服务的发展。

此外，G 市"独立型"养老服务设施较多，未来可考虑"复合型"养老服务设施建设，在兼顾老年人人口比重和服务半径的基础上，将家庭综合服务中

---

① 李博，养老. 在潜在需求转化为有效需求上做文章[N]. 中国经济导报，2015-11-03(A02).

心、日间托老机构、星光老年人之家等场地和功能进行进一步优化整合，搭建"区综合体—街镇综合体—村居活动站点"三级实体服务平台。同时，新建城区和新建住宅区应当根据规划要求和建设标准，配套建设居家养老服务设施，并与住宅建设项目同步规划、同步建设、同步验收、同步交付使用。老城区和已建住宅区"应当通过购置、置换、租赁、改造等方式开辟养老服务设施"。在农村，当地政府应依托行政村、较大自然村，将闲置的村办学校、厂房、农户住宅、公共设施、集体用房和场地等建设改造为居家养老服务设施。农村及落后地区的养老服务在进行规划时，应在既有的预算约束下，不搞"一刀切"优先向需求弹性大的领域倾斜。

第三，落实政策优惠，释放"政—企—社"参与活力。重新认识社区居家养老服务供给属性，形成"政—企—社"联动的服务供给机制。在优化社区居家养老供给模式的设计中，首先，要正确认识社区居家养老服务的产品属性，为多元主体合作提供更多可能。社区养老服务体现出公共物品、准公共物品和私人物品三重属性，对于具有公共物品属性的社区居家养老服务可按合同规定为特殊老年人提供政府购买服务的免费和低费的养老服务项目；而准公共物品和私人物品可以参与到市场竞争中进行价格确定，由政府部门进行价格监督。针对普通老年人提供具有准公共物品、私人物品性质的养老服务，按照市场供需进行定价的有偿服务；对于具有私人物品属性的社区养老服务，可以在市场定价的基础上进行让利，以满足老年人日趋多样化的养老服务需求。

在此基础上，要更加合理地确定政府功能的合理范围，梳理政社关系和政企关系。政府在养老服务体系规划、养老服务标准制订、养老资源分配使用和养老服务机构选择和监督评价方面具有不可推卸的责任。政府要由主导转为引导，动员社会资本支持，激发民间潜能，提升服务效率和质量。与此同时，还要正确认识企业在提供社区居家养老服务中的优势，政策上的扶持应该与对其经济冲动的规制双管齐下。一方面释放有利的政策信号，减轻企业负担，出台简化补贴、减免税费、土地支持等政策，落实水、电、气费用优惠政策，提升政策落实效率，提高企业参与的积极性、主动性；将企业与社会组织作为平等的社区居家养老服务承接主体，为企业平等参与投标、竞标提供平等起点，不设置歧视性政策；支持企业养老产业金融政策工具创新，采用税收优惠政策激发社会投资和慈善捐赠的热情，建立养老专项基金。对养老服务业的纳税部分，可按适当比例返还专项用于支持其后续发展；采用财政贴息、贷款风险补偿、专项补助资金、担保增信、成立政府引导基金等方式，为金融机构支持企业办居家养老服务提供良好的政策环境，降低投资风险。研究制定非营利组织免税资格认定、公益性捐赠支出企业所得税税前扣除等优惠政策。

"政—企—社"联动的社区居家养老服务供给机制是指在政府的主导下，由众多专业化养老服务机构、社区机构及志愿者团队、慈善公益团体来共同参与，实现资源整合和共享。要充分发挥政府、社会、企业三方的力量，实现可持续的资源整合，各方力量相互作用，相互融合，通过"自身造血"与"外部供血"，提高服务机构的发展能力。第一，划清政府责任界限，夯实基本养老服务"托底网"。第二，树立产业化发展导向，打造社区居家养老服务"市场网"。采用社会化运营机制，走由产业化、社会化、市场化相结合的新型居家养老道路。优先规划一批养老龙头企业，发展广覆盖、长链条、高效益的养老产业集群，提高养老行业标准，健全养老市场规则。第三，引导社会力量，强化非营利和志愿养老服务的"社会网"。培育非营利性专业养老机构成为社区居家养老服务供给的中坚力量，有效地利用社会资源，整合社会力量。

第四，建立政策协调联动机制，推动部门间合作。首先，突破养老服务政策行动者对传统治理路径的依赖，吸纳更多的政策行为者参与，从而为养老服务政策制定带来更多的知识、信息及专业技术上的支持。一般来说，如果政策行为者合作网络（政策子系统）的结构比较封闭，排斥新成员的加入，那么政策变化往往呈现渐进性；而如果政策子系统是较为开放的，使得新成员、新思想能较为容易地进入合作网络时，更能引起"范式性"的政策变化。基于对政策议题变化的判断，要充分发挥人力资源和社会保障部门、税务部门等多个部门的作用。这是考虑到随着失能老人数量的增加，未来将产生更多的长期护理需求，这需要人力资源和社会保障部门的广泛持续参与，确定保障人群、报销比例、报销范围等标准，拓宽市场化养老服务机构建设空间；税务部门的税收优惠政策可以引导更多的社会资本参与养老服务实体机构建设，为创新社会主体参与养老服务提供资金融通便利。

此外，还要建立政府间合作机构的正式协调机制和非正式协调机制，提升养老服务政策网络行为者的互动协作水平，使政策网络更加连贯。其中，正式的协调机制包括建立交流信息和反馈意见的机制、交换资源的机制、沟通合作与联合行动的平台与机制，建立跨部门全流程综合审批指引等；非正式的协调机制可通过联合开展调研、课题研究和业务交流活动不定期交流和沟通有关信息，推动合作协议执行及有关项目的进程。

进一步优化政策网络行为者结构，逐步建立起适应政策情境的养老服务政策网络。将养老服务政策行为者按照行政职能归属进行划分。其中，服务机构如民政部门、老龄部门负责确定政策目标；经济机构如财政部门、税务部门、发改部门，负责经费规划、分配及落实，并解决财政、金融、税务管理等问题；任务机构包括人力资源和社会保障部门、卫健部门、教育部门、住建部门、工业和信息化部门等负责具体养老问题的解决；支持机构包括农业部门、国家林业部门、文明办、质检局等，提供养老服务的支持以及创新活动。四类机构的行动要以目标需求为导向，注重政策目标群体也就是老年人的服务体验，并根据老年人真实需求探索不同政策工具的最优化组合选择，适时对现有政策工具进行合理性检验和效用评估，以老年服务的实际效率和效果作为选择政策工具的依据，并进一步协调政策工具的使用，尽力避免单一政策工具的选择而带来的单向性偏差，促进形成与政策环境相适应的养老服务政策网络。

9.2.2 需求管理优化策略

首先，精准把握老年人有效需求，合理设置社区居家养老服务项目。养老服务的结构设置需要针对养老服务的不同类型，坚持公共服务属性，优先支持保障型基本养老服务需求，其次是改善型中端养老服务需求。通过精准对接公众养老服务需求，动态完善"基本养老公共服务清单"，厘清基本公共服务职责，采取多维标准，有效甄别养老服务需求。一是从经济角度，按照老年人收入水平将老年人划分为无支付能力、潜在支付能力和具有支付能力的三类群体；二是从健康角度，按照活力老年人、轻度失能老年人、中度失能老年人和重度失能老年人进行区分；三是从人口特点角度，对高龄老年人、独居老年人、纯老家庭老年人等特殊群体，实施梯度式等级补贴。政府养老服务政策的制定应该更具有针对性，考虑到不同特征老年人接受服务的意愿和支付能力，有的放矢地提供给他们更优惠的政策。

由于不同收入水平、受教育程度以及职业的老年人对养老服务的需求既存在共性又存在显著的差异，但基本养老服务必须要抓住需求共性。前述分析表明，医疗服务及其衍生类项目需求是广泛存在且具有普遍共性的。但日托服务、助餐配餐、精神慰藉等服务需求则具有一定的高龄化倾向。从目前老年人的需求来看，应将满足医疗需求作为重点，考虑建立围绕医疗服务提供为中心的老年人养老服务体系构建。一是鼓励医养融合发展，开展医养结合多种形式。包括在医疗机构内部增设老年病科、老年病床、老年康复等服务，将市/县一级医院夹心层开发转型为老年康复院、老年护理型医院等专科医院。鼓励社区卫生服务机构兴办、托管社区养老服务设施，促进社区养老服务对接。二是完善配套政策，改善家庭医生、家庭病床等服务实效。首先要打通家庭医生、家庭病床等服务与医疗保险部门之间的衔接，明确界定收费标准、病种、建床周期等问题，使在家庭中发生的医疗消费能够按照规定标准报销。同时，优化"上门—看诊—治疗—拿药—巡诊"的就诊流程，真正减轻老年人及其家属的就诊就医负担。

其次，把握老年人社会分层趋势，做好社区居家养老服务动态管理。首先，针对低层群体老年人要加强养老服务政策宣传。由于低层老年人获取信息的能力和使用资源的能力相较于中高层老年人群体要差得多，如果想提高低层群体的政策参与度、服务设施使用度和服务项目利用度，就必须加强对这一部分群体的政策宣传。可以采取"提高知晓率—提高参与率—提高满意率"的策略，使低层老年人群体真正享受到政府提供的老龄公共服务。政府还要特别针对低层群体中的弱势老年人群体，由政府提供养老服务兜底保障，通过多渠道筹措资金、多方面动员社会力量的方式，包括社会捐赠、企业慈善、志愿服务等，为老年人定期开展日常照料、家政服务、节日慰问等活动。

再次，要预见到中间阶层老年人群体正在崛起，并将逐渐成为老年人群体中最具消费潜力的人群。随着我国整体社会结构由金字塔型向橄榄型结构转型，老年人群体内部的人群结构也同样会发生变化，中间老年人群体的数量将逐渐增加。这部分老年人群体的经济收入能力、资产状况、受教育程度、获取信息能力等方面综合素质较好，他们也能较快地接受和使用互联网、手机等新媒体工具。这一部分人群将成为未来养老产业领域，如保险领域、医疗保健等领域消费的中坚力量。

最后，高层老年人群体的养老服务需求正由数量需求向质量需求转型。高层老年人群体有着社交、受尊重和自我实现的需要。他们有着较多的财富积累，更积极健康的生活心态，他们对旅游、休闲娱乐、兴趣爱好仍保持着较高的热情，他们的行为习惯与年轻人有着更多的相似之处。他们的消费模式逐渐从节俭型消费向享受型消费过渡，购买服务的能力强，特别是购买高质量的服务需求强烈。虽然目前高层老年人群体在数量上还比较有限，但他们的崛起仍将对未来的养老观念、养老产业、养老消费产生巨大的冲击。

9.2.3　运作机制优化策略

在微观层面，社区养老服务在资源递送上需要提升服务供给效率和效果。特别是在信息化社会，养老服务递送要超越社区本身的狭小空间，充分利用互联网技术，将现有的、发展成熟的互联网、物联网和移动通信网技术，深度融入养老服务提供中去。利用"互联网+"技术提高养老服务供需信息传递效率，提高社会化资源使用效率以及服务管理效率。

第一，社区居家养老服务横向及纵向的基础数据库系统建设。基础数据库是"互联网+社区养老"的基础条件，其应用领域主要集中在养老服务项目设置、养老补贴发放信息记录等。这既是养老服务提供机构接收信息的基础，也是根据服务接受者反馈评价服务效果的新方式。在基础数据库建设方面，必须坚持以完善大数据为中心，采取入户调查与走访、社区专项宣传、遗漏信息补录等方式，完成老年人基础数据的获取和录入。

通过纳入大数据的核心信息来构建四大基础信息数据库：一是辖区内社区老年人的个人基本信息子数据库(包括年龄、性别、受教育程度、个人生活自理程度、个人家庭的经济状况等)；二是老年人对于养老服务潜在的需求信息子数据库(包括居家日常照料需求、情感或精神慰藉需求、家政服务需求、日常活动或文化娱乐需求等)；三是为社区老年人建立个人健康档案子数据库(主要记录患常见病或慢性病的情况并动态跟踪和更新信息)；四是养老服务资源情况子数据库(包括专业性养老服务机构信息、社区卫生及护理机构信息、参与养老服务提供的社会组织信息、养老服务志愿者信息等),以上数据库需专人维护并适时更新。为了让基础数据库发挥效用,还应确保该数据库能便捷地与相关部门的数据库(如社保、民政、卫生、养老机构等部门系统的数据信息)实现数据的横向交互联通。纵向上要逐步建立社区、街道、区县、市、省乃至全国的养老服务信息网络,实现基础数据的交互利用。

第二,社区居家养老服务的服务信息系统建设。服务信息系统的设计应体现为老服务的便捷性和全面性的特点,由社区管理子系统、医疗服务子系统和一般民生服务子系统三个部分组成。社区管理子系统主要实现的功能包括为老服务信息发布,整合供需信息,对社区养老资源进行整理和配置,同时为参与社区养老服务的主体提供信息支持;医疗服务子系统通过与医疗机构和其他健康护理机构(如体检机构)的联网,满足老年人诊疗预约挂号、诊疗信息记录查询、老年人体检预约、健康养生咨询等健康服务需求,对于不便出行的老年人还可以组织专业人士提供远程医疗诊断服务和健康状态监测等服务;一般民生服务子系统主要服务于老年人的日常生活和精神娱乐需求,通过该系统可以提供订餐、家政、外出辅助等日常服务,还可以组织老年人外出参加社区集体活动。且该系统通过与物联网技术的联结,可以帮助老年人应对紧急事件进行老年人居家安全管理和监控(如需要),以及进行社区居家老年人的亲情关怀服务。

第三,社区居家养老服务的功能操作系统和软件开发。除前述提及的两个系统外,为了更便捷高效地提供养老服务,还要开发两个操作系统作为信息载体和桥梁。一是提供给服务供方的社区居家养老服务运营业务终端,另一个是面向服务需方的社区居家养老服务个人终端。前者主要供社区居家养老管理中心(站)、家政服务机构以及医疗保健机构等服务提供主体接收服务信息,主管部门还可以通过系统的监测评价功能,掌握社区老年人日常服务情况,及时安排服务,并对服务机构及人员进行绩效考核,考核结果可以向社会和接受服务的老年人公布。服务承接方能更迅速接地收服务信息,进行服务细分和业绩考察,也可以根据老年人及主管部门反馈的信息提升服务质量;个人终端主要供老年人或其亲属操作,主要利用电脑终端软件和手机

APP 等终端设备，完成养老服务搜寻、紧急事件呼叫、提交服务订单、事后服务评价等操作。两个平台通过数据交互中心各取所需。

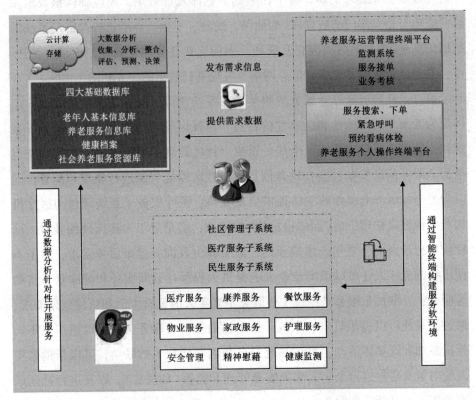

图 9-3 "互联网+"社区居家养老模式创新图

第四，在市级层面，适度开发市场在社区居家养老服务供给中的作用，重构政府、企业和个人三者的职能。首先，政府以互联网平台为支撑托起供需两方。政府的主要任务一方面是为公众和企业搭建云服务平台，对提供相应服务的企业进行监管与监督，以确保其提供的产品和服务的品质及服务质量；另一方面是对公众进行跟踪调查，收集公众目前对相关公共服务的满意度，及时获知公众的真正需求。政府通过制定相关的政策或完善相应的法律、法规来保障满足公众多样化、多层次的需求。

第五，企业通过市场信息服务平台系统(服务云)，来获取养老服务需求方的各种服务需求，并通过公共服务系统(水滴系统)，为需求方提供多样化的服务。进入公共服务市场的各企业可以通过市场信息服务平台系统(服务云)了解服务市场中其他企业所提供的产品及服务,通过该平台进行合作、协作与交流,进行自身的资源整合及技术和产品的提升。

最后,公众可以通过政府搭建的市场信息服务平台系统(服务云)表达服务需求,获取自身所需服务(如图 9-4 所示)。

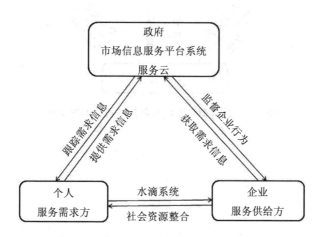

图 9-4　市场机制介入社区居家养老服务模式的基本框架图

此外,充分发挥社区网络每一个节点的能量,展现群体智慧,进而形成具有经济效率的免费生产单位。"众包"服务供给模式最大的特点在于让消极的社区服务获取者参与到服务的创造和供给过程中。① 首先需要建立社区网络服务平台,并在此基础上搭建社区公共服务、社区商业服务、社区互助服务三个供给平台。社区居民通过"随需服务"原则,不仅可以对社区公共服务表达需求而且可以从自身的需求出发进行服务设计。社区商业服务的供给虽然遵循市场机制调节,但也受到社区居民的评价和监督的影响,社区居民通过微博、博客、贴吧口碑评价等方式对服务企业进行评价,社区居民的评价结果将极大地影响其他人的购买行为。社区互助服务可以在整合社区丰富的资源基础上,基于社区内熟人的信任关系形成匹配度更高的互助形式,实现服务供给的低成本高效率(如图 9-5 所示)。

---

① 史云桐. 新型社区服务体系的建构:以社区居民参与为中心[J]. 哈尔滨工业大学学报(社会科学版), 2013, 15(06): 25-31.

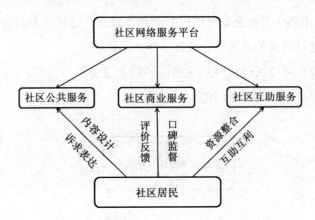

图 9-5　社区型养老服务众包模式基本框架图

附　录

附录一：G市老年人生活状况调查问卷(2017年)

A部分：基本情况

A1. 性别：1. 男　　2. 女

A2. 现在，您与谁一起居住：

1. 单独居住　2. 配偶　3. (岳)父母　4. 儿子　5. 儿媳　6. 女儿

7. 女婿　8. (外、重)孙子女　9. 保姆　10. 其他人

A3. 您有几个孩子：1. 儿子＿＿＿＿＿＿人　2. 女儿＿＿＿＿＿＿人

A4. 您的出生年月：＿＿＿＿＿＿年＿＿＿＿＿＿月

A5. 教育程度：

1. 文盲/半文盲　2. 小学　3. 初中　4. 高中/职高/技校　5. 中专

6. 大专　7. 本科及以上　8. [不清楚]

A6. 婚姻状况：

1. 未婚　2. 已婚有配偶　3. 离异　4. 丧偶　5. [不清楚]

A7. 退休前职业：

1. 农民　2. 工人　3. 服务人员　4. 商业人员　5. 专业技术人员

6. 一般干部　7. 处级以上干部　8. 军人　9. [不清楚]

A8. 您退休前工作单位属于什么性质：

　　1. 党政机关　　2. 事业单位　　3. 国有企业　　4. 集体企业　　5. 私营企业

　　6. 三资企业　　7. 部队　　8. 农村集体　　9. 其他　　10.［不清楚］

A9. 您的户口是：

　　1. 农业户口　　2. 居民户口(之前是非农业户口)　　3. 居民户口(之前是农业户口)　　4.［不清楚］

A10. 您每月有没有固定收入：1. 有　　2. 无

A11. 您现在的退休金是_____元。

A12. 除了退休金，您还有其他收入吗(请在下表中选择)？

序号	收入来源	收入金额(元)	序号	收入来源	收入金额(元)
1	再就业收入		6	资产性收入	
2	房租或其他租金		7	职业/企业年金	
3	子女(孙子女)供给		8	长者长寿保健金	
4	企业与社会救济		9	养老服务补贴	
5	商业养老保险金		10	其他(请注明)	

A13. 在 2016 年中，您家庭平均一个月的消费支出是_____元，具体支出是：_____

序号	支出项目	支出金额(元)	序号	支出项目	支出金额(元)
1	食品		2	衣服	
3	房租/水电/管理费		4	通信支出	
5	交通		6	医疗卫生支出	
7	辅助器具		8	保健品	
9	人情往来		10	旅游型消费	
11	资助子女或孙子女		12	雇佣保姆/钟点工/护工	
13	其他(请注明)				

A14. 您觉得您现在的生活自理能力怎样？

　　1. 完全自理　　　　2. 部分自理　　　　3. 不能自理

A15. 您患有哪些老年疾病(可多选)：

　　1. 白内障/青光眼　　2. 高血压　　3. 糖尿病　　4. 心脑血管疾病(冠心病/
心绞痛/脑卒中等)　　5. 胃病　　6. 关节病(骨质疏松/关节炎/风湿/椎间
盘疾病等)　　7. 哮喘　　8. 慢性肺部疾病(慢阻肺/气管炎/肺气肿等)

　　9. 恶性肿瘤　　10. 生殖系统疾病　　11. 其他慢性疾病(请说明)

　　12. 都没有

A16. 您会定期去医院做身体检查吗？

　　1. 定期　　2. 偶尔　　3. 不会

A17. 您平时去的最多的医疗卫生机构是(可多选)：

　　1. 私人诊所　　2. 卫生室/站　　3. 街道社区卫生服务中心/乡镇卫生院

　　4. 区级医院　　5. 市级医院　　6. 省级医院　　7. 其他

A18. 过去两周，您去医院看门诊 ＿＿＿＿＿＿ 次；过去一年，您住院
＿＿＿＿＿＿ 次。

A19. 2016 年您花费的医疗费用总数＿＿＿＿＿＿元，其中自己(不能报销)花了
＿＿＿＿＿＿元？

A20. 您是否存在有病不能及时治疗的情况：

　　1. 经常有　　　　2. 偶尔有　　　　3. 从来没有

A21. 影响您不能及时看病的原因是(可多选)：

　　1. 医疗费用太贵　　2. 交通不方便　　3. 挂不到号　　4. 无人陪伴护送

　　5. 自己能够治疗小毛病　　6. 到医院也看不好　　7. 就医麻烦

　　8. 其他原因

B 部分：老人需求基本状况

B1. 下面哪些方面较为困扰您？(最多选三项)

　　1. 经济困难　　2. 起居生活　　3. 饮食卫生无人照料　　4. 家务事繁重

　　5. 自己/老伴身体不好，多有疾病　　6. 和子女关系不好

　　7. 为后辈事操心　　8. 住房困难　　9. 娱乐文化生活太少

　　10. 常感觉寂寞无聊　　11. 暂无　　12. 其他

B2. 您感觉您在平时生活中亟须哪些养老服务项目？（可多选）

　　1. 生活照料（诸如洗衣做饭、打扫卫生、买菜购物、洗澡穿衣、陪同外出等）　　2. 医疗保健　　3. 心理护理（聊天解闷，心理开导等）

　　4. 日托服务（如日托站等）　　5. 紧急救助　　　6. 休闲娱乐

　　7. 身体锻炼　　8. 其他（请说明）＿＿＿＿＿＿

B3. 您是否需要社区提供以下助老服务？

序号	助老服务项目	您对各项目的需求		序号	助老服务项目	您对各项目的需求	
		需要	不需要			需要	不需要
1	紧急呼救	1	2	11	助浴	1	2
2	上门巡诊	1	2	12	老年辅助用品租赁	1	2
3	陪诊	1	2	13	健康教育宣传/服务	1	2
4	康复保健	1	2	14	心理咨询/聊天解闷	1	2
5	定期体检	1	2	15	日常交费（水电手机）	1	2
6	社区护理	1	2	16	法律援助（维权）	1	2
7	家庭病床	1	2	17	代购服务	1	2
8	健康管理	1	2	18	日常维修	1	2
9	家居清洁	1	2	19	日间托老	1	2
10	助餐配餐	1	2	20	其他（请注明）	1	2

B4. 距离您家步行 15 分钟的范围内有无下列设施，您对该设施的需要程度如何？

序号	活动设施	是否知道		需求程度		
		知道	不知道	需要	一般	不需要
1	医院或诊所	1	2	3	2	1
2	菜场	1	2	3	2	1
3	商场	1	2	3	2	1
4	银行	1	2	3	2	1
5	公共汽车站/地铁站	1	2	3	2	1
6	社区居家养老设施（社区居家养老示范中心/服务部/日间托老服务机构等）	1	2	3	2	1

序号	活动设施	是否知道		需求程度		
		知道	不知道	需要	一般	不需要
7	养老院	1	2	3	2	1
8	星光老年之家/农村老年人活动站点	1	2	3	2	1
9	家庭综合服务中心	1	2	3	2	1

B5. 距离您家步行 15 分钟的范围内是否有下列活动场所，您经常去参加活动吗？是否需要此类活动场所？

序号	服务内容	有无场所	是否经常去	是否需要
1	广场	1 有　2 无	1 从不　2 偶尔　3 经常	1 需要　2 不需要　3 无所谓
2	公园	1 有　2 无	1 从不　2 偶尔　3 经常	1 需要　2 不需要　3 无所谓
3	健身场所	1 有　2 无	1 从不　2 偶尔　3 经常	1 需要　2 不需要　3 无所谓
4	老年活动中心/站/室	1 有　2 无	1 从不　2 偶尔　3 经常	1 需要　2 不需要　3 无所谓
5	图书馆/文化站	1 有　2 无	1 从不　2 偶尔　3 经常	1 需要　2 不需要　3 无所谓

B6. 您遇到下列情况时，谁提供的支持更多：

序号	困难	配偶	子女	亲戚	朋友	邻居	居委会干部	原单位干部	自己想办法解决
1	财、物支持	1	2	3	4	5	6	7	8
2	做家务	1	2	3	4	5	6	7	8
3	日常照料(饮食、洗澡等)	1	2	3	4	5	6	7	8
4	陪护逛街、购物、买东西	1	2	3	4	5	6	7	8
5	陪护求医看病	1	2	3	4	5	6	7	8
6	陪伴聊天、解闷	1	2	3	4	5	6	7	8

B7. 您是否愿意接受社区卫生服务？

　　1. 是　　2. 否

B8. 您愿意接受社区卫生服务的原因(可多选)：

　　1. 有可信赖的医生　2. 医疗技术好　3. 服务态度好　4. 能报销

　　5. 方便　6. 价格低　7. 其他

B9. 您更愿意接受哪种养老形式？

　　1. 家庭养老　 2. 社区养老　 3. 公办养老机构

　　4. 社会办养老机构　 5. 农村敬老院

B10. 您在什么情况下愿意入住养老机构(老人院)？

　　1. 无子女照料　 2. 无老伴陪伴　 3. 行动不便　 4. 完全不能自理

　　5. 其他

B11. 您更希望养老机构提供的哪方面服务？(可多选)

　　1. 饮食营养，生活起居　 2. 娱乐设施，健康运动　 3. 医疗卫生护理

　　4. 情感沟通，人际融洽　 5. 管理规范人性化　 6. 不清楚　 7. 其他

C 部分：养老服务设施及服务满意度

C1. 您知道您所在社区有哪些社区服务设施？(可多选，并对应回答 C3、C4)

　　1. 居家养老服务示范中心/服务部　 2. 日间托老服务机构

　　3. 星光老年之家/农村老年人活动站点　 4. 社区家庭综合服务中心

　　5. 街道/社区文化站　 6. 社区卫生服务中心(镇卫生院)

　　7. 社区环境(如绿化、照明、卫生)　 8. 街道/社区老年健身设施

C2. 您知道您所在社区有哪些社区养老内容？(可多选，并对应回答 C5)

　　1. 助餐配餐服务　 2. 紧急援助服务　 3. 社区提供的日间托老服务

　　4. 家政服务　 5. 精神慰藉服务　 6. 生活照料服务　 7. 文体娱乐活动

　　8. 医疗护理服务　 9. 康复保健服务　 10. 其他

C3. 您对社区养老服务设施的位置满意吗？3 分表示非常满意，2 分表示一般，1 分表示不满意

序号	社区服务设施	布点情况满意度评价		
		满意	一般	不满意
1	居家养老服务示范中心/服务部	3	2	1
2	日间托老服务机构	3	2	1
3	星光老年之家/农村老年人活动站点	3	2	1
4	社区家庭综合服务中心	3	2	1

序号	社区服务设施	布点情况满意度评价		
		满意	一般	不满意
5	街道/社区文化站	3	2	1
6	社区卫生服务中心(镇卫生院)	3	2	1
7	社区环境(如绿化、照明、卫生)	3	2	1
8	街道/社区老年健身设施	3	2	1

C4. 您对社区养老服务设施的便利程度满意吗？3分表示非常满意，2分表示一般，1分表示不满意

序号	社区服务设施	服务便利程度满意度评价		
		满意	一般	不满意
1	居家养老服务示范中心/服务部	3	2	1
2	日间托老服务机构	3	2	1
3	星光老年之家/农村老年人活动站点	3	2	1
4	社区家庭综合服务中心	3	2	1
5	街道/社区文化站	3	2	1
6	社区卫生服务中心(镇卫生院)	3	2	1
7	社区环境(如绿化、照明、卫生)	3	2	1
8	街道/社区老年健身设施	3	2	1

C5. 您对社区居家养老服务质量情况进行满意度评价：3分表示非常满意，2分表示一般，1分表示不满意(请调查员逐一问答)

序号	服务内容	服务质量满意度评价		
		满意	一般	不满意
1	助餐配餐服务	3	2	1
2	紧急援助服务	3	2	1
3	社区提供的日间托老服务	3	2	1
4	家政服务	3	2	1
5	精神慰藉服务	3	2	1

续表

序号	服务内容	服务质量满意度评价		
		满意	一般	不满意
6	生活照料服务	3	2	1
7	文体娱乐活动	3	2	1
8	医疗护理服务	3	2	1
9	康复保健服务	3	2	1

C6. 您对社区居家养老服务人员工作情况的满意度评价：3 分表示非常满意，2 分表示一般，1 分表示不满意(请调查员逐一问答)

序号	服务内容	服务质量满意度评价		
		满意	一般	不满意
1	社区居家养老服务工作人员的服务质量	3	2	1
2	社区居家养老服务工作人员的服务态度	3	2	1
3	与老年人之间的人际关系	3	2	1
4	对社区居家养老服务的总体评价	3	2	1

C7. 您对社区提供的卫生服务满意吗：3 分表示非常满意，2 分表示一般，1 分表示不满意(请调查员逐一问答)

序号	服务内容	满意	一般	不满意
1	卫生服务环境	3	2	1
2	医疗技术水平	3	2	1
3	服务态度	3	2	1
4	医疗设施	3	2	1
5	卫生服务项目	3	2	1

C8. 您到医院或诊所看病遇到过下列问题吗？（可多选）

1. 排队时间太长　2. 手续烦琐　3. 无障碍设施不全　4. 不能及时住院

5. 服务态度不好　6. 收费太高　7. 其他

C9. 您对下列养老政策的参与情况及了解程度(请调查员逐一问答)

序号	老年政策	政策参与情况		政策认知程度	
		享受	未享受	了解	不了解
1	老年人优待证(卡)	1	2	1	2
2	长者长寿保健金	1	2	1	2
3	老年人家庭及居住区公共设施无障碍改造	1	2	1	2
4	"银龄安康行动"(老年人意外伤害综合险)	1	2	1	2
5	基本养老保险	1	2	1	2
6	基本医疗保险	1	2	1	2
8	城乡居民大病保险	1	2	1	2
9	商业养老保险	1	2	1	2
10	入住公办养老机构轮候	1	2	1	2
11	助餐配餐	1	2	1	2
12	65岁以上免费体检	1	2	1	2

C10. 您通常通过哪些途径了解以上政策(可多选)?

　　1. 报刊　2. 电视/广播　3. 板报/宣传单　4. 网络　5. 手机信息

　　6. 社区座谈会/政策宣讲　7. 村(居)干部通知　8. 其他(请说明)

C11. 您参加了哪种养老保险?

　　1. 城镇职工养老保险　2. 城乡居民养老保险　3. 机关事业单位养老保险

　　4. 商业养老保险　5. 未参加　6. 不知道　7. 其他(请说明)

C12. 您参加了哪种医疗保险?

　　1. 城镇职工基本医疗保险　2. 城乡居民基本医疗保险　3. 公费医疗

　　4. 商业医疗保险　5. 未参加　6. 不知道　7. 其他(请说明)

附录二:

民政部门访谈提纲

1. 民政部门在推动养老服务机构建设的过程中各区执行情况如何？遇到哪些难题和阻力？具体问题是如何化解和有序推进的。
2. 民政部门对街道筛选养老服务运营机构是否有明确规定以及要求？如何对机构运营进行有效的监督和绩效评估？
3. 如何看待养老服务运营机构中的供需不匹配问题？比如老人知晓率低、参与率低等问题。
4. 对于养老服务定价超出老年人接受能力的问题，政府可以在其中做哪些工作？政府补贴的运营费用是主要补机构还是补老人？政府兜底部分的老人数量有多少，每年投入的福利资金有多少？
5. 请相关人员介绍平安通的运行情况、存在问题以及下一步的发展思路。

卫健部门访谈提纲

1. 请介绍一下卫健部门支持医养结合型养老机构发展中发挥的作用，面临的问题以及主要的应对办法。
2. 请介绍一下长期护理保险目前的参保状况、使用情况，以及其在应用过程中遇到的主要问题。
3. 请介绍一下基本医疗保险政策如何在社区居家养老服务中心以及养老机构中发挥作用？医保政策的使用范围能否满足老年人需求？
4. 卫健部门和民政部门在具体推进医养结合工作中如何有效衔接？比如家庭病床和养老床位政策之间是否已经建立衔接转换机制？
5. 请谈一谈医养结合养老工作在实际推进过程中面临哪些难点？下一步工作中如何应对？

附录三：

社区居家养老服务机构访谈提纲

1. 请简要介绍一下机构运营的现状，包括机构运营时间，为老服务开展情况，绩效目标达成情况，取得的主要成绩，服务开展中的特点和亮点等。

2. 机构对政府政策支持(土地支持、财政支持、设施建设支持、水电费减免支持等)的运用情况、效果评价(政策落实)、运营中亟待政策支持和解决的问题有哪些？

3. 机构向老人提供服务的过程中，老年人的参与意愿和接受程度如何？目前的稳定用户数量是多少？哪些服务项目老年人的接受程度比较高，这些项目有什么特点？有哪些服务项目目前老人接受比较困难或使用率比较低？主要原因是什么？

4. 请重点谈谈机构提供医养结合服务的需求以及具体实施情况。

5. 机构在运行中主要遇到了哪些困难？

6. 请谈一谈机构未来的发展展望以及相关政策支持的优化建议。

附录四：

老年人访谈提纲

1. 老年人的个人经历：性别、年龄、健康状况、教育水平、退休金、退休前的职业、现在和谁一起居住、家人的基本情况、与子女的关系、社会福利、社会组织参与等情况；

2. 经济状况：收入、消费、养老金够不够花、子女每月给不给钱、给不给子女/孙子女钱、住房(租或自有)、与同吃同住的子女生活费分担情况。

3. 照料状况：需不需要照料，谁来照料，生病时谁来照顾？有困难首先想到找谁帮助，接不接受去机构养老？什么时候考虑？为什么不考虑？子女怎么照顾您的？是否经常打电话？您需要照顾谁？配偶、子女还是孙子女？

4. 健康状况：疾病有没有干扰生活、疾病有没有带来生活压力，是否给生活带来不便？

5. 退休后都在家做些什么？有哪些娱乐活动？有没有交往的亲戚、朋友、邻居？联系多不多？生活中主要有哪些烦心事？退休后的生活有什么积极/消极的生活事件？生活当中有没有不顺心的事情？遇到不顺心的事情怎么解决？

6. 是否参加社区活动？有没有去过社区的养老服务站或者街道的服务平台？知不知道？愿不愿意参加？

参考文献

中文文献

[1]蔡玉敏. 社区养老"时间银行"可持续发展的路径选择——基于"老有所为"的理论视角[J]. 浙江树人大学学报(人文社会科学)，2017，17(01)：58-63.

[2]常敏，朱明芬. 政府购买公共服务的机制比较及其优化研究——以长三角城市居家养老服务为例[J]. 上海行政学院学报，2013，14(06)：53-62.

[3]陈天祥，郑佳斯，贾晶晶. 形塑社会：改革开放以来国家与社会关系的变迁逻辑——基于广东经验的考察[J]. 学术研究，2017，(09)：68-77+178.

[4]党俊武. 老龄蓝皮书：中国城乡老年人生活状况调查报告(2018)[M]. 北京：社会科学文献出版社，2018.

[5]邓大松，李玉娇. 医养结合养老模式：制度理性、供需困境与模式创新[J]. 新疆师范大学学报(哲学社会科学版)，2018，39(01)：107-114+2.

[6]丁煜，杨雅真. 福利多元主义视角的社区居家养老问题研究：以 XM 市 XG 街道为例[J]. 公共管理与政策评论，2015，4(01)：43-53.

[7]董红亚. 居家养老服务的温州模式：强社会大服务[J]. 西北人口，2016，37(05)：24-30.

[8]范世明. 马克思主义社会公平理论指导下的农村养老服务供给实证研究——基于湖南省 528 份调查问卷[J]. 老龄科学研究，2018，6(09)：23-36.

[9]方俊，李子森. 政府购买社区居家养老服务的探索——以广州 Y 区为例[J]. 中共中央党校学报，2018，22(03)：67-75.

[10]盖宏伟，刘博. 改进完善我国城市社区养老服务供给运行机制探讨[J]. 理论导刊，

2019，（03）：39-44.

[11]高和荣. 签而不约：家庭医生签约服务政策为何阻滞[J]. 西北大学学报(哲学社会科学版)，2018，48(05)：48-55.

[12]郭竞成. 农村居家养老服务的需求强度与需求弹性——基于浙江农村老年人问卷调查的研究[J]. 社会保障研究，2012，（01）：47-57.

[13]侯志阳. 城市老年人对居家养老服务的满意度及其影响因素[J]. 北京科技大学学报(社会科学版)，2010，26(03)：31-37.

[14]胡宏伟，李玉娇，张亚蓉. 健康状况、社会保障与居家养老精神慰藉需求关系的实证研究[J]. 西华大学学报(哲学社会科学版)，2011，30(04)：91-98.

[15]胡宏伟，张小燕，郭牧琦. 老年人医疗保健支出水平及其影响因素分析：慢性病高发背景下的老年人医疗保健制度改革[J]. 人口与经济，2012，（01）：97-104.

[16]胡宏伟，张亚蓉，郭牧琦. 心理健康、城乡差异与老年人的居家养老保障需求研究[J]. 中北大学学报(社会科学版)，2012，28(02)：1-9.

[17]黄春元. 人口老龄化对我国财政稳定性影响的定量解析[J]. 西北人口，2015，36(02)：13-19.

[18]纪莺莺. 从"双向嵌入"到"双向赋权"：以 N 市社区社会组织为例——兼论当代中国国家与社会关系的重构[J]. 浙江学刊，2017，（01）：49-56.

[19]姜玉贞. 社区居家养老服务多元供给主体治理困境及其应对[J]. 东岳论丛，2017，38(10)：45-53.

[20]蒋军成，高电玻，张子申. 我国社会养老服务体系供给侧改革：个省案例研究[J]. 湖北社会科学，2018，（04）：48-57..

[21]康晓光，韩恒. 分类控制：当前中国大陆国家与社会关系研究[J]. 开放时代，2008，（02）：73-89+243-244.

[22]李焕，张小曼，吴晓璐，等. 社区老年人居家养老服务需求调查[J]. 中国老年学杂志，2016，36(05)：1171-1173.

[23]李进芳. 社区居家养老服务的需求特征及对策探析[J]. 统计与咨询，2015，（02）：22-23.

[24]李长远，张举国. 我国医养结合养老服务的典型模式及优化策略[J]. 求实，2017，（07）：68-79.

[25]李长远. 社区居家医养结合养老服务模式的比较优势、掣肘因素及推进策略[J]. 宁夏社会科学，2018，（06）：161-167.

[26]李长远. 我国政府购买居家养老服务模式比较及优化策略[J]. 宁夏社会科学，2015，（05）：87-91.

[27]李兆友，郑吉友. 农村社区居家养老服务需求强度的实证分析——基于辽宁省S镇农村老年人的问卷调查[J]. 社会保障研究，2016，（05）：18-26.

[28]林闽钢，王章佩. 福利多元化视野中的非营利组织研究[J]. 社会科学研究，2001，（06）：103-107.

[29]林卫斌，苏剑. 供给侧改革的性质及其实现方式[J]. 价格理论与实践，2016，（01）：16-19.

[30]刘艺，范世明. 公共产品理论指引下构建农村养老服务供给主体支持体系研究——基于不平衡不充分的视角[J]. 湖南社会科学，2018，（03）：130-137.

[31]刘媛媛. 中国当代农村老年人养老现状与需求分析——以大连市旅顺口区柏岚子村为例[J]. 人民论坛，2014，（19）：241-243.

[32]鲁迎春. 政府供给养老服务的动力机制研究[J]. 中共浙江省委党校学报，2016，32（01）：109-114.

[33]陆洁如. 社会组织参与养老服务供给过程中的障碍因素[J]. 管理工程师，2018，23（05）：68-72.

[34][美]马克·格兰诺维特. 镶嵌：社会网与经济行动[M]. 罗家德等译. 北京：社会科学文献出版社，2015.

[35][英]迈克尔希尔. 理解社会政策[M]. 刘升华译. 北京：商务印书馆，2005.

[36]钱宁. 中国社区居家养老的政策分析[J]. 学海，2015，（01）：94-100.

[37]申立. "积极老龄化"理念下的社区居家养老与弹性应对策略——以上海市为例[J]. 上海城市管理，2016，25（05）：34-40.

[38]宋言奇. 居家养老中资源整合问题——基于苏州的实践[J]. 苏州大学学报（哲学社会科学版），2015，36（01）：40-45.

[39][英]苏珊·特斯特. 老年人社区照顾的跨国比较[M]. 周向红，张小明，译. 北京：中国社会出版社，2002.

[40]唐德龙. 资源依赖、合作治理与公共服务递送——以深圳市阳光家庭综合服务中心项目运作为例[J]. 华东理工大学学报（社会科学版），2014，29（03）：88-97+104.

[41]李博. 养老：在潜在需求转化为有效需求上做文章[N]. 中国经济导报，2015-11-03（A02）.

[42]唐文玉. 行政吸纳服务——中国大陆国家与社会关系的一种新诠释[J]. 公共管理学

报, 2010, 7(01): 13-19+123-124.

[43]田奇恒, 孟传慧. 城镇空巢老人社区居家养老服务需求探析——以重庆市某新区为例[J]. 南京人口管理干部学院学报, 2012, 28(01): 30-33+68.

[44]田钰燕, 包学雄. 居家养老服务: 需求、供给与衔接研究——基于供给侧结构性改革的视角[J]. 辽宁行政学院学报, 2018, (05): 52-59.

[45]汪波. 需求—供给视角下北京社区养老研究——基于朝阳区 12 个社区调查[J]. 北京社会科学, 2016, (09): 73-81.

[46]王建民. 嵌入性与中国社会的伦理场域[J]. 晋阳学刊, 2006, (01): 33-38.

[47]王建生, 姜垣, 金水高. 老年人 6 种常见慢性病的疾病负担[J]. 中国慢性病预防与控制, 2005, (04): 148-151.

[48]王俊文, 文杨. 我国农村养老服务需求现状及对策研究——基于江西赣州的调查[J]. 江西社会科学, 2014, 34(09): 181-185.

[49]王莉莉, 杨晓奇, 董彭滔. 城市社区养老服务业发展现状分析[J]. 老龄科学研究, 2014, 2(03): 29-36.

[50]王宁. 消费行为的制度嵌入性——消费社会学的一个研究纲领[J]. 中山大学学报(社会科学版), 2008, (04): 140-145+206.

[51]王倩. 人口老龄化背景下城市社区"嵌入式"养老模式研究——以合肥市庐阳区为例[J]. 安徽行政学院学报, 2019, (01): 102-108.

[52]王亚婷, 曹梅娟. 时间银行互助养老模式的概念及其关键要素[J]. 护理研究, 2017, 31(20): 2453-2455.

[53]王震. 居家社区养老服务供给的政策分析及治理模式重构[J]. 探索, 2018, (06): 116-126.

[54]熊茜, 钱勤燕, 王华丽. 社区养老服务体系的构建——基于居家老人需求状况的分析[J]. 山东大学学报(哲学社会科学版), 2016, (05): 60-68.

[55]姚俊, 张丽. 嵌入性促进、个体性感知与农村居家养老服务需求——基于三省 868 名农村老人的问卷调查[J]. 贵州社会科学, 2018, (08): 135-141.

[56]易艳阳, 周沛. 元治理视阈下养老服务供给中的政府责任研究[J]. 兰州学刊, 2019, (04): 184-193.

[57]张海川, 张利梅. 个性化养老服务需求的调查分析——以成都市为例[J]. 首都经济贸易大学学报, 2017, 19(01): 58-65.

[58]张红凤, 孙敬华. 居家养老服务供给模式比较分析及优化策略——以山东省为例[J].

山东财经大学学报，2015，27(05)：61-69.

[59]张瑾. 服务型政府与公共服务的多元供给[J]. 天津师范大学学报(社会科学版)，2008，(02)：23-27.

[60]张举国. "一核多元"：元治理视阈下农村养老服务供给侧结构性改革[J]. 求实，2016，(11)：80-88.

[61]张世青，王文娟，陈岱云. 农村养老服务供给中的政府责任再探——以山东省为例[J]. 山东社会科学，2015，(03)：93-98.

[62]张旭升，牟来娣. 政府购买背景下草根养老组织社会资本建构的行动逻辑——以 M 市 Y 区 S 组织为例[J]. 社会发展研究，2017，4(01)：94-110+243-244.

[63]张耀华. 养老方式转变与当前社区资源供给关系研究[J]. 改革与开放，2018，(10)：80-81.

[64]赵淼，张小丽，韩会，等. 不同健康状况对老年人居家养老需求的影响[J]. 中国老年学杂志，2019，39(01)：189-192.

[65][美]珍妮特·V. 登哈特，罗伯特·B. 登哈特. 新公共服务：服务，而不是掌舵[M]. 丁煌译. 北京：中国人民大学出版社，2016.

[66]郑娟，许建强，卓朗，等. 健康状况对老年人居家养老服务需求影响[J]. 中国公共卫生，2020，36(04)：545-548.

[67]郑雄飞. 身份识别、契约优化与利益共享——我国养老保险的制度变迁与路径探索[J]. 社会学研究，2016，31(01)：98-122+244.

[68]周云，封婷. 老年人晚年照料需求强度的实证研究[J]. 人口与经济，2015，(01)：1-10.

外文文献

[69]A. H. Maslow. A theory of human motivation [J]. Psychological Review, 1943(50).

[70]Abrams, P. Community Care：Some Research Problems and Priorities [J]. Policy and Politics, 1977(2)：125-131.

[71]Bayley, M. Mental handicap and community care：A study of mentally handicapped People in Sheffield[M]. Routledge & Kegan Paul, 1973：26-27.

[72]Benson, J. K., "A framework for policy analysis", D. L. Rogers and D. Whitten, Inter-Organizational Coordination：Theory, Research ang Implementation, Ames：Iowa State University Press, 1982, pp：148

［73］Blumer Martin. The social basic of community care ［M］. London： Unwin Hyman Ltd, 16-17.

［74］Brugha, Ruairi, Zsuzsa Varcasovszky. Stakeholder analysis： a review［J］. Health Policy and Planning , 2000, 15(3)： 239-246.

［75］Cantor M. H. Strain among caregivers： A study of experience in the U. S ［J］. The Gerontologist, 1983(23)： 47-54.

［76］Challis D, Davies SB. A new approach to community care for the elderly ［J］. British Journal of social work, 1980, 10(1)： 1-18.

［77］Davey B, Levin E. Integrating health and social care： Implications for joint working and community care outcomes for older People ［J］. Journal of Interprofessional Care, 2005(1)： 22-34.

［78］David Challis, Robin Darton, Lynne Johnson, Malcolm Stone, Karen Trasks. Care management and health care of older people ［M］. University of Kent, 1995： 10.

［79］Goldman H H. Deinstitutionalization and community care： social welfare policy as mental health policy. ［J］. Harv Rev Psychiatry, 1998, 6(4)： 219-222.

［80］Hans Th. A. Bressers and Laurence J., Jr., O'Toole, "The Selection of Policy Instruments： A Networks – based Perspective", Journal of Public Policy, Vol. 18, 1998：. 213.

［81］Higgins J. Comparative social policy ［J］. The Quarterly Journal of Social Affairs, 1986, 2(3)： 221-242.

［82］Johnson P, Wistow G, Schulz R, Hardy B. Interagency and interprofessional collaboration in community care： The interdependence of structures and values ［J］. Journal of Interprofessional Care, 2003, 17(1)： 69-83.

［83］Larsson, K. Care needs and home help services for older people in Sweden： does improved functioning account for the reduction in public care ［J］. Ageing & Society, 2006, 26(3)： 413-429.

［84］Lewis, Glennerster. Implementing the new community care［M］. Open University Press, 1996： 77.

［85］Midgley J, Tracy M B, Livermore M. Handbook of Social Policy［M］. Thousand Oaks, CA： Sage Publications, 2000： 15-45.

［86］PSSRU, Community Care, in PSSRU Newsletter, Summer 1983.

［87］Salvage, A. Developments in domiciliary care for the elderly, London, Kings Fund, 1984.

［88］Shannon GR, Wilber KH, Allen D. Reductions in Costly Health Care Service Utilization: Findings from the Care Advocate Program ［J］. Journal of the American Geriatrics Society. 2006, 54(7): 1102.

［89］Sharfstein SS, Nafziger J C. Community care: Cost and Benefit for a Chronic Patient ［J］. Psychiatric services, 1976(27): 170-173.

［90］Walker, A. Community Care and the Elderly in British: Theory and Practice ［J］. International Journal of Health Services, 1981(4): 541-557.

［91］William C. Cockerham. The Social Basis of Community Care by Martin Bulmer ［J］. Contemporary Sociology, 1988(17): 686-687.